ZHE JIUSHI ZONGHE SHIJIAN

这就是综合实践

马丽英◎著

中国文联出版社

图书在版编目（CIP）数据

这就是综合实践 / 马丽英著. -- 北京：中国文联出版社，2023.8
ISBN 978-7-5190-5287-4

Ⅰ.①这… Ⅱ.①马… Ⅲ.①活动课程－教学研究－中学 Ⅳ.①G632.3

中国国家版本馆 CIP 数据核字(2023)第 151838 号

著　　者　马丽英
责任编辑　闫　洁　王　萌
责任校对　陈　雪
装帧设计　张　凯

出版发行　中国文联出版社有限公司
社　　址　北京市朝阳区农展馆南里 10 号　　邮编　100125
电　　话　010-85923025（发行部）　010-85923091（总编室）
经　　销　全国新华书店等
印　　刷　三河市龙大印装有限公司

开　　本　710 毫米×1000 毫米　　1/16
印　　张　16.75
字　　数　220 千字
版　　次　2023 年 8 月第 1 版第 1 次印刷
定　　价　68.00 元

版权所有·侵权必究
如有印装质量问题，请与本社发行部联系调换

自　序

从 2001 年的《基础教育课程改革纲要》，到 2017 年的《中小学综合实践活动课程指导纲要》，再到 2022 年的新《义务教育课程方案》，综合实践活动课程的发展已走过 21 年。纵观综合实践活动课程的发展，综合实践活动课程越来越受到教育专家、学校主管、学科教师的关注与重视，但我们也清醒地认识到，作为一门没有教材、没有课标、缺少资源、缺少专职教师的课程，综合实践活动课程在发展中遇到了很多的困境，有些困境是源于对政策的理解不透，有些困境是源于对课程的认识不清，有些困境是源于对课程的重视不够，有些困境是课程的实施路径不明，因此，编写了这本《这就是综合实践》，希望能帮助学校、教师在实施综合实践活动课程时可以灵活应对困境。

本书分为上、下两篇，共包括五章。上篇，走进综合实践活动的课堂。2001 年，《基础教育课程改革纲要》指出：综合实践活动课程是一门国家规定、地方指导、校本开发的必修课程，与学科课程并列设置。但综合实践活动课程作为一门实践类的课程不同于学科课程，它没有课标、没有教材，甚至没有相关专业的教师，很多教师在面对综合实践活动课程时都选择了望而却步。因此，此书的开篇就是带领读者"走进综合实践活动的课堂"，这里的读者可以是老师，也可以是学生。上篇包括三章内容，第一章这就是综合实践，第二章生活处处是课堂，第三章永远像孩子一样提问。每一章都从故事引入，通过故事，让读者深刻理解综合实践活动课程的性质、内容及价值。第一章这就是综合实践，围绕综合实践活动课程的自主性、实践性、开放性的特征，让读者认识到，综合实践活动课程的内容源于自身的兴趣以及未来发展的需要，课本不再是必需品。课程更加强调亲身经历各项活动，在全身心参与的活动中，发现、分析和解决问题，体验和感受生活，发展实践创新能力，让学生能像科学家一样思考。课程面向学生的整个生活世界，课程的内容是基于已有兴趣和专长，打破了学科间的壁垒，使得内容更加具有综合性。第二章生活处处是课堂，围绕综合实践活动课程实施的四种主要活动方式以及劳动教育，为读者呈现出了五种不同的综合实践活动的课堂。2017 年，教育部出台《中小学综合实践活动课程指导纲要》，提出综合实践活动课程的四种主要活动方式为考察探究、设计制作、社会服务、职业体验。每一种活动方式都明确了具体的内容及关键要素，因此，综合实践活动的活动方式成为课程实施的主要依据。围绕这四种主要方式，结合一个个真实的案例展现出每一种活动方式的完整实施过程。2015 年，教育部出台了《关于加强中小学劳动教育的意见》，该意见指出：要将国家规定的综合实践活动课程、通用技术课程作为实施劳动教育的重要渠道，开足开好。因此，在综合实践活动中开展劳动教育也成为综合实践活动的课堂之一。第三章永远像孩子一样提问，围绕一系列的问题呈现出综合实践活动的完整的过程。综合实践活动分为选题阶段、实施阶段、总结阶段。在选题阶段，问题的提出既是重点也是难点，因此，会提出问题是开展综合实践活动的第一步。在实施阶段，要选择合理的方法来解决问题，其中，问题既包括研究的问题，也包括遇到的困难，因此，思考解决研究问题、现实问题的办法是此阶段的重点。在总结阶段，要形成成果、总结收获，哪些能力得到了提升，哪些问题得到了解决，在总结的同时更有助于提升。

　　下篇，综合实践活动课程的新生态。综合实践活动课程的发展走过 22

年，在这22年间，STEM为综合实践活动注入了新活力，学科实践开启了综合实践活动的新征程，双减呼唤综合实践活动课程的新形态。下篇包括三章内容，第四章STEM为综合实践注入新活力，第五章学科实践开启综合实践新征程，第六章双减呼唤综合实践活动课程新形态。每一章都从案例导入，通过案例，让读者明确综合实践活动的主题的选择及方法的实施。第四章STEM为综合实践注入新活力，围绕STEM与综合实践活动课程各自发展的背景，对两者进行对比与分析，从而帮读者更好地理解综合实践活动课程，为综合实践活动课程的实施注入新活力。第五章学科实践开启综合实践新征程。2014年，北京市出台《北京市基础教育部分学科教学改进意见》，文件指出：学校要组织学生走出校门，中小学校各学科平均应有不低于10%的课时用于开展校内外的综合实践活动课程。10%的学科实践激发起更多学科教师开展综合实践活动，但是，在众多的学科实践活动中，有些活动虽有实践活动但远离学科，有些活动虽有学科但实践活动未真正开展，因此，正确认识10%学科实践是有效促进综合实践活动课程实施的关键。我们既要正确认识10%学科实践，还要明确它与综合实践活动课程的区别，既不能用10%学科实践替代综合实践，也不能用综合实践等同于10%学科实践。第六章双减呼唤综合实践活动课程新形态。2021年，双减政策出台，北京市的相关文件明确指出：要积极开展丰富多彩的科普、文体、艺术、劳动、阅读、兴趣小组及社团活动等综合素质拓展类活动。因此，综合素质拓展类活动成为推动综合实践活动课程实施的有效路径。此章通过政策解读、实践探索、课程实施等方面，为读者呈现出双减背景下所要构建的一种新型的综合实践活动课程形态。

  本书不同于以往的综合实践活动课程指导用书，本书的内容从学校、教师关心关注的问题入手，通过故事、案例，生动直接地呈现综合实践活动课程的实施流程及方法。聚焦教师在开展课程中遇到的问题，为教师答疑解惑、拨云见日。本书既是一本指导教师开展综合实践活动的指导用书，也是帮助教师正确认识综合实践活动的学习用书。该书的作者在一线教学九年，从事综合实践活动课程的研究与指导工作14年，在"十一五""十二五""十三五""十四五"期间，聚焦综合实践活动课程不同发展阶段的关键问题开展研究，在积累经验的同时，也开发形成了很多的实践成果，例如：综合实践活动课程的十五种课型范式、在微课题中学习研究方法、在综合实践活动中开展劳动教育等，这些研究都为此书的形成提供了参考与依据。希望本书能真正从开展跨学科活动的角度助力课后服务，真正提升课后服务的水平。希望本书能真正助力学校打造综合实践活动新生态，真正提升教师综合实践活动指导力。

目 录

上篇　走进综合实践活动的课堂

第一章　这就是综合实践　　　　　　　　　　003
　　一、故事：纸上谈兵　　　　　　　　　　　003
　　二、课本不是必需品　　　　　　　　　　　005
　　三、像科学家一样思考　　　　　　　　　　014
　　四、打破学科壁垒　　　　　　　　　　　　023

第二章　生活处处是课堂　　　　　　　　　　034
　　一、故事：香草冰淇淋　　　　　　　　　　034
　　二、大自然中的综合实践　　　　　　　　　036
　　三、生活中的综合实践　　　　　　　　　　044
　　四、社会中的综合实践　　　　　　　　　　049
　　五、职场里的综合实践　　　　　　　　　　058
　　六、劳动中的综合实践　　　　　　　　　　066

第三章　永远像孩子一样提问　　　　　　　　076
　　一、故事：蝴蝶破茧而出　　　　　　　　　076
　　二、你会提出哪些问题？　　　　　　　　　077

三、你能想到解决问题的办法有哪些？　　　　　　　　084

四、你会遇到哪些困难？　　　　　　　　　　　　　　098

五、你需要提高哪些能力？　　　　　　　　　　　　　106

六、你解决问题了吗？　　　　　　　　　　　　　　　109

下篇　综合实践活动课程的新生态

第四章　STEM 为综合实践注入新活力　　　　　　　113

一、案例：自制滤水器　　　　　　　　　　　　　　　113

二、STEM 的前世今生　　　　　　　　　　　　　　　115

三、综合实践活动课程的二十二年　　　　　　　　　　120

四、综合实践活动与 STEM 的对比　　　　　　　　　　125

第五章　学科实践开启综合实践新征程　　　　　　　130

一、案例：统计与概率在遗传学中的应用　　　　　　　130

二、从深度学习中定义 10% 学科实践活动　　　　　　 135

三、学科实践有多难？　　　　　　　　　　　　　　　141

四、跨学科综合实践活动的开展　　　　　　　　　　　146

第六章　双减呼唤综合实践活动课程新形态　　　　　150

一、案例：解决贫困地区上学难的行动与建议　　　　　150

二、开展综合素质拓展类活动　　　　　　　　　　　　160

三、布置跨学科作业打通家、校、社育人链条　　　　　166

四、构建综合实践活动课程新形态　　　　　　　　　　171

五、建设综合实践活动课程资源　　　　　　　　　　　181

参考文献　　　　　　　　　　　　　　　　　　　　　256

上 篇

走进综合实践
活动的课堂

第一章
这就是综合实践

一、故事：纸上谈兵

赵括，是战国时期赵国名将赵奢的儿子。赵括从小学习兵法，熟读各种兵书。在谈论兵事时，有时候连他的父亲都难不倒他。但赵括的父亲却并不因此觉得骄傲，反倒认为他缺乏战场的实战经验，对待打仗过于轻率，不懂得灵活应变。他很担忧自己的儿子一旦上了战场，如若为将，整个国家都会断送在他的手里。

长平之战中，赵孝成王中了秦国的反间计谋，撤下老将廉颇，换上赵括为赵军主将。赵括的母亲在得知此事之后，马上向赵孝成王上了一道奏章，请求赵孝成王千万别派她儿子去。赵括的母亲对赵孝成王说，"他父亲赵奢临死的时候再三嘱咐，说：'打仗是多么危险的事儿，战战兢兢，处处都得照顾到，总怕有疏忽的地方。可是，赵括却把军事当作闹着玩儿似的，一谈起兵法来，眼空四海，目中无人，如果大王用他为大将，我们一家大小遭了灾祸倒还在其次，怕的是连国家都要断送在他的手里。'我请求大王千万不要用他"。可是赵孝成王却坚持要任命赵括为赵军主将。赵括上任后，统领着四十多万大军，声势浩大。他下了一道命令，说："秦国来挑战，必须迎头打回去。敌人打败了，就得追下去，非杀得他们片甲不留不算完。"他更换了军中的官吏和制度，改变了廉颇之前的作战策略，主动出兵攻打秦国。秦军的主将白起听闻消息，他针对赵括骄傲轻敌的弱点，一路佯败，将赵军吸引到秦军的阵地附近，实施反包围，切断了赵军的后路，赵括的大军成了孤军，他们守了四十多天，内无粮草，外无救兵。最终，赵括亲自率领精锐部队强行突围，虽然他英勇杀敌，但还是死在了秦军的乱箭之下，赵军大败。赵括最终为自己的"纸上谈兵"付出了生命的代价。

纸上谈兵，出自《史记·廉颇蔺相如列传》，用来比喻空谈理论，不能解决实际问题。提到纸上谈兵，不经想到陆游的那首教子诗《冬夜读书示子聿》中的经典诗句：纸上得来终觉浅，绝知此事要躬行。从书上学习到知识是一件很简单的事，但知识若不能转为实践，也不过是纸上谈兵。但若想将知识转化为实践，则需要一个桥梁，也就是转化条件，具备条件，知识就可以转化为实践，不然只能是纸上谈兵。

千百年来，多少思想家、教育家总在为我们阐述一个亘古不变的真理：百闻不如一见，百见不如一做。明朝著名教育家王阳明先生提出了"知行合一"这一著名教育理论。他强调，要真实地"知"一件事，必须诉诸"行"才有可能；而"知"也只有在被表达为行动的时候，才体现了"知"的真实性，行动即是"知"的完成形态，所以他说："知为行之始，行为知之成。"我们"知"一件事，到了真真切切、实实在在的地步，就是"行"；我们"行"一件事，到了清清楚楚、一丝不乱的地步，就是"知"，所以他说："知之真切笃实处即是行，行之明觉精察处即是知。知行工夫，本不可离。"因此，我们教学生，不能纸上谈兵，而是要知行合一。

> 学贵于知之，更贵于行之。

齐白石学画虾时，曾终日蹲坐在虾池旁观虾的动态。徐悲鸿的奔马图，是他常在马厩观马的结果。李时珍为确保所著医术的准确详尽，亲自到深山采取草药，向药农询问情况。徐霞客为完成游记，跋山涉水，遍游名川大山，历经许多城市。巴尔扎克为了使书中人物具有狮子般品性和毅力，曾亲自到非洲猎狮；托尔斯泰为了刻画逼真的战争场面，曾亲自前去战场观察。所有的事例一再证明：实践出真知，唯有"行"了，方可验证所"闻"所"见"，只有"行"了，才能掌握真正意义上的"知"。

综合实践活动课程，正是一门让学生关注生活、发现问题、探求真理，知行合一的课程。

二、 课本不是必需品

2017年9月，教育部出台了《中小学综合实践活动课程指导纲要》（以下简称《纲要》），《纲要》中指出，综合实践活动课程的内容选择与组织应遵循自主性、实践性、开放性、整合性、连续性的原则。

在五大原则中，自主性是综合实践活动课程区别于所有传统学科课程的主要特征。《纲要》中对自主性的原则原文表述是这样的，"在主题开发与活动内容选择时，要重视学生自身发展需求，尊重学生的自主选择。教师要善于引导学生围绕活动主题，从特定的角度切入，选择具体的活动内容，并自定活动目标任务，提升自主规划和管理能力。同时，要善于捕捉和利用课程实施过程中生成的有价值的问题，指导学生深化活动主题，不断完善活动内容"。也就是说，综合实践活动课程开展什么活动、如何开展活动、活动效果如何，这些内容不在受课本或者教师的限制，学生可以结合自身的兴趣、未来发展的需要自主选择主题，自定活动目标任务，活动效果老师、学生都是无法预知的。与语、数、外等学科课程相比，综合实践活动课程的课本不再是必需品。

在学科课程中，课本被称之为教材或者教科书，因此，本章内容将从教材、课程、教材与课程的关系、综合实践活动课程的价值四个方面来论述此观点。

关于综合实践活动课程的开展，学校、老师经常会问这样一个问题，综合实践活动没有教材该怎么教呢？这个问题直到现在还始终困扰着很多学校与老师，因此，为了让综合实践活动课程有老师教，综合实践活动老师有内容教，一些学校开发了综合实践活动校本教材，一些区域开发了地方教材。纵观综合实践活动课程推进的22年，综合实践活动课程的开展形成两种势头，一种趋向好、更好，另一种趋向弱、更弱。那么，造成这种趋势的主要原因是否就是"教材"呢？为了回答这个问题，我们先从教材、课程的定义来看二者的区别，进一步明确综合实践活动课程所属的课程类型，从而准备把握综合实践活动课程的价值定位，帮助我们更好地正确认识综合实践活动课程。

（一）什么是教材？

许多教师把教材理解为教科书，认为教科书就是教材的全部，并常与学科、课程、教学资源等概念混淆。到底如何界定教材，下面列举几种具有代表性的观点，有助于我们更好地理解教材的定义，理解教材的广义性与多样性。

《中国大百科·教育卷》对教材的解释是：第一，根据一定学科任务，编选和组织具有一定范围和深度的知识技能体系，一般以教科书的形式来具体反映；第二，教师指导学生学习的一切教学材料。

顾明远先生主编的《教育大词典》对教材的界定为：教材是教师和学生据以进行教学活动的材料，教学的主要媒体，通常按照课程标准（教学大纲）的规定，分学科门类和年级顺序编辑。包括文字教材和视听教材。

日本学者欢喜隆司教授认为：从总体上说教材是受学校教学内容所制约的。它源于实质性的科学、文化、艺术、生活的各个领域，并以计划的形式表现出来。它包括学生在教师的指导之下通过学习活动在心理上和实践上主动地作为普通教育和专业教育的成分加以掌握的物质对象和观念对象。

传统教育派认为：教材是历史积累的人类经验，是学校各学科的目的内容或材料。现代教育派认为：教材既包括师生所从事的活动，又包括完成此类活动所应用的各种材料或工具。教材可分为有形的（物质的）和无形的（精神的）。

在新课程师资培训资源包《新教材将会给教师带来些什么》中，将教材定义为：教材是教师为实现一定教学目标、在教学活动中使用的、供学生选择和处理的、负载着知识信息的一切手段和材料。它既包括以教科书为主的图书教材，又包括视听教材、电子教材以及来源于生活的现实教材。

教材的定义有狭义和广义之分。狭义的教材就是教科书。教科书是一个课程的核心教学材料。从目前来看，教科书除了学生用书以外，大多配有教师用书，很多还配有练习册、活动册以及配套读物、挂图、卡片、媒体资源等。广义的教材指课堂上和课堂外教师和学生使用的所有教学材料，比如，课本、练习册、活动册、故事书、补充练习、辅导资料、自学手册、媒体资源、复印材料、报纸杂志、广播电视节目、幻灯片、照片、卡片、教学实物等。

教师自己编写或设计的材料也可称之为教学材料。另外，计算机网络上使用的学习材料也是教学材料。

总之，广义的教材不一定是装订成册或正式出版的书本。凡是有利于学习者增长知识或发展技能的材料都可称之为教材。

（二）什么是课程？

1. 课程的概念

在我国，最早使用"课程"一词的是唐朝的孔颖达。唐朝孔颖达为《诗经·小雅·小弁》中"奕奕寝庙，君子作之"句作疏："维护课程，必君子监之，乃依法制。"但这里的"课程"指"寝庙"，喻义"伟业"。含义远远超出学校教育的范围。宋朝的朱熹在《朱子全书·论学》中多次提及课程，如"宽着期限，紧着课程"，"小立课程，大作工夫"等。他说的"课程"，既包括礼、乐、射、御、书、数六艺，又包括孝、悌、忠信等伦理道德，还包括洒扫、应对、进退之节，正心、诚意及修己治人之道。虽然他对这里的"课程"没有明确界定，但含义是很清楚的，即指功课及其进程。

在西方，"课程"（curriculum）一词最早出现在英国教育家斯宾塞所著的《什么知识最有价值》（1859年）一文中。它是从拉丁语"currere"一词派生出来的，其名词形式为"the course of run"或"race-course"，意为"跑道"。根据这个词源，最常见的课程定义是"学习的进程"（course of study），简称学程。在当代的课程理论文献中，许多课程学者对"currere"表现出浓厚兴趣，因为"currere"原意指"跑的过程与经历"，它可以把课程的含义表征为学生与教师在教育过程中的活生生的经验和体验。与名词的"课程"（curriculum）相比，"currere"是"过程课程"。

美国的蔡斯把课程概念归纳为六类，即课程是学习方案、课程是学程内容、课程是有计划的学习经验、课程是在学校领导下"已经获得的"经验、课程是预期的学习结果的构造系列、课程是书面活动计划。我国的施良方教授将课程也归纳为六类，课程即教学科目、课程即有计划的学习活动、课程即预期的学习结果、课程即学习经验、课程即社会文化再生产、课程即社会创造。

2. 课程的表现形式

课程的表现形式可以概括为文本与实践两种形式。

课程的文本形式有课程计划、课程标准、教科书与其他教学材料。其中，课程计划是关于学校课程的宏观规划，它规定学校课程的门类、各类课程的学习时数以及在各年级的学习顺序、教学时间的整体规划等。课程标准是具体规定某门课程的性质与地位、基本理念、课程目标、内容标准、课程实施建议等。

课程的实践形式，主要借鉴美国学者古德莱德（J. I. Goodlad）将课程划分的五个不同层次：理想的课程、正式的课程、领悟的课程、实行的课程、经验的课程。理想的课程，它是指由学者尤其是课程制定者提出的应开设的课程，是理论层面上的课程，是对课程发展的理想设计。正式的课程，它是由课程研究者制定的一套文件，是理想课程的物化，包括课程计划、课程标准和相应的教材等。领悟的课程，它是实际工作者对正式课程中所反映的理念、目标和具体内容方法的理解。不同的人可能对同一个文件所规定的东西有不同的理解。实行的课程，它是实际教学过程中发生的课程。这往往与正式的课程有一定的差别，与领悟的课程有密切的联系。经验的课程，它是指学生实际得到的东西，可以认为是学生经过有关课程的学习所得到的经验。

3. 课程的主要形态

在现代中小学的课程表中，有语文、数学、英语、道德与法治、综合实践活动课程、校本课程等科目课程，这些不同课程分属于不同的课程类型。我们可以将这些课程按照学科课程、综合课程、活动课程进行分类。

学科课程，是一种主张以学科为中心来编定的课程。学科课程主张课程要分科设置，分别从相应科学领域中选取知识，根据教育教学需要分科编排课程，进行教学。

综合课程，是一种主张整合若干相关联的学科而成为一门更广泛的共同领域的课程。综合课程的作用主要体现在以下三个方面，第一是认识方面的作用，综合课程既可以提供整体观念又有利于联系知识的不同领域；第二是心理方面的作用，综合课程是按儿童心理需要、兴趣、好奇心和活动来编制的，有助于学生学习和学生个性发展；第三是社会方面的作用，综合课有利于教学与社会方面的联系，有利于课堂间的相互影响。

活动课程，它的主要特征是，第一，主张一切学习都来自经验，而学习就是经验的改造或改组；第二，主张学习必须和个人的特殊经验发生联系，教学必须从学习者已有的经验开始；第三，主张打破严格的学科界限，有步骤地扩充学习单元和组织教材，强调在活动中学习，而教师从中发挥协助作用。

综上所述，课程是指学校学生所应学习的学科总和及其进程与安排。广义的课程是指学校为实现培养目标而选择的教育内容及其进程的总和，它包括学校所教的各门学科和有目的、有计划的教育活动。狭义的课程是指某一门学科。

（三）教材与课程的关系

著名的教育家夸美纽斯认为，课程即教材。教材取向以知识体系为基点，认为课程内容就是学生要学习的知识，而知识的载体就是教材。课程内容在传统上历来被作为要学生习得的知识来对待，重点放在向学生传递知识这一基点上，而知识的传递是以教材为依据的。所以，课程内容被理所当然地认为是上课所用的教材。这是一种以学科为中心的教育目的观的体现。

杜威认为，课程即活动。他认为"课程最大流弊是与儿童生活不相沟通，学科科目相互联系的中心点不是科学，而是儿童本身的社会活动"。通过研究成人的活动，识别各种社会需要，把它们转化成课程目标，再进一步把这些目标转化成学生的学习活动。这种取向的重点是放在学生做些什么上，而不是放在教材体现的学科体系上。以活动为取向的课程，注意课程与社会生活的联系，强调学生在学习中的主动性，是一种探究性的教学。

泰勒认为，课程即经验。在泰勒看来课程内容即学习经验，而学习经验是指学生与外部环境的相互作用，他认为"教育的基本手段是提供学习经验，而不是向学生展示各种事物"。这种观点强调学生是主动参与者，学生是学习活动的主体，学习的质和量决定于学生而不是课程，强调学生与外部环境的互相作用。教师的职责是构建适合学生能力与兴趣的各种情境，以便为每个学生提供有意义的经验。

教材与课程，课程是"教什么"的问题，教材是"用什么教"的问题。其实课程的核心问题，是"何种内容最有价值？""如何有效传递这些内容？"整个课程的发展就是为了解决这些问题的。而教材是"教什么""如何教得更好"的依据。

（四）综合实践活动课程的价值

22年前，21世纪之初，我国启动了基础教育课程改革，综合实践活动课程的提出与开展成为此次教育改革的标志性实践。从2001年的《基础教育课程改革纲要》，到2017年的《中小学综合实践活动课程指导纲要》，再到2022年的《义务教育课程方案》，综合实践活动课程的发展已走过22

年。如果用一句话概括综合实践活动课程的价值，那就是"让学生在真实情境中学会获得直接经验，在学以致用中提高解决问题能力"。因此，综合实践活动课程价值的主要体现就是促进学生的全面发展。而培养"全面发展的人"正是中国学生发展核心素养的核心。

《中小学综合实践活动课程指导纲要》指出，综合实践活动课程是一门培养学生综合素质的跨学科实践性课程，本课程强调学生综合运用各学科知识，认识、分析和解决现实问题，提升综合素质，着力发展核心素养，特别是社会责任感、创新精神和实践能力，以适应快速变化的社会生活、职业世界和个人自主发展的需要，迎接信息时代和知识社会的挑战。因此，综合实践活动是一门承载着培养学生六大核心素养，以适应快速变化的社会生活、职业世界和个人自主发展需要的跨学科实践性课程，该课程设置的初衷就是要全面发展学生的核心素养。具体表现如下：

第一，从综合实践活动课程的目标来看，综合实践活动课程目标定位在素养价值本位。与学科课程不同，综合实践活动课程的价值追求不再是纯粹的知识，而是经验与认识，即从个体生活、社会生活及与大自然的接触中获得的丰富的实践经验以及对自然、社会和自我之内在联系的整体认识。在经验获得、认识形成的过程中，个人的思想、观念、态度、能力都逐渐形成并不断发展，知识只是一种外显的媒介或者载体，最终将落在社会责任、创新意识和实践能力等综合素质的发展上。第二，从综合实践活动课程的性质来看，综合实践活动的跨学科属性定位在素养价值。综合实践活动是一门跨学科的实践性课程，而中国学生发展的六大素养的培养正是需要跨学科的土壤的。单独的学科由于都有自己专门的知识体系与结构，因此，对标核心素养，都划分出了专属每个单独学科的核心素养要点，但是，这样的核心素养培养也亟须一门跨学科的课程将所有的分支核心素养回归核心，即培养全面发展的人，而综合实践活动课程通过跨学科，将所有的核心素养要点都直指培养全面发展的人这一核心，打破学科之间的壁垒，知识获取不再是学习的直接目的，运用跨学科的知识理解并解决问题，做出基于证据的解释，形成在实践操作中学习的意识，提高综合解决问题的能力才是综合实践活动课程区别于其他课程的根本属性。第三，从综合实践活动课程的内容来看，综合实践活动课程的全时空定位在素养价值。综合实践活动的空间超越了学科界限，延伸至学生完整的生活世界，打破了以课堂、教师和课本为中心的学科课程一统天下的局面，拓宽了学生学习的空间，在学生的学习与生活之间建立起了桥梁，学生被置于教学活动的中心，教师所要关注的不再是统一标准答案的考试成绩，而是学生当下的状况与真实体验的收获。而中国学生发展核心素养所要培养的正是适应学生终身发展和社会发展需要的必备品格和关键能力。因此，综合实践活动课程内容的全时空才真正符合培养适应学生终身发展所需要的必备品格与关键能力。

总结

通过对教材、课程概念的认识，我们清晰地认识到，综合实践活动课程是区别于分科课程的活动类课程，它注重学生在真实情境中探究，它注重学生在探究中获得知识、学会方法、提升能力，它注重为学生搭建学校与社会、学校与自然的联系，引导学生深度学习。教材虽然是知识的载体，但是，综合实践活动课程所包含的知识覆盖学生完整的生活世界，在书本中，在社会中，在自然中，一切的知识都是综合实践活动可供学生学习、探究的内容，这样的知识通过一本或者几本教材是难以容纳的，因此，综合实践活动课程的开展，课本不再是必需品。

三、像科学家一样思考

2016年3月,在《中华人民共和国国民经济和社会发展第十三个五年规划纲要》中的第十六篇 加强社会主义精神文明建设 第六十七章 提升国民文明素质中,提出了"公民具备科学素质的比例超过10%"的目标任务。五年后,2021年1月,中国科学技术协会公布了第十一次中国公民科学素质抽样调查结果。调查显示,2020年我国公民具备科学素质的比例达10.56%,比2015年的6.20%提高了4.36个百分点,圆满完成了"公民具备科学素质的比例超过10%"的目标任务。这一数据也意味着我国公民科学素质水平跨入创新型国家行列。对中国而言,实现创新发展、建设创新型国家,既需要一批有建树的科学家,更应该让越来越多的人具备科学素养,学会"像科学家一样思考"。

学会"像科学家一样思考",不是要让人们都成为科学家,而是当其面对日常生活中的真实问题和事件时,可以运用科学的思维方式、知识、方法等进行准确合理的判断和决策,较好地解决现实问题。这种能力就是指人的"科学素养"。

那么,什么是科学素养?如何提升科学素养?接下来,围绕这两个问题来回答综合实践活动课程如何培养学生能像科学家一样思考。

(一)科学素养的定义

"科学素养"这一概念是伴随20世纪五六十年代美国"课程改革运动"而系统确立起来的。美国科学教育专家,美国研究理事会科学、数学与技术教育中心执行主任拜比（Rodger W. Bybee）在研究了众多关于科学教育改革的代表性文献后指出：科学教育的目标是达成科学素养。60多年过去了，这一判断已经成为大家的共识。特别是在核心素养导向下，又凸显出新的价值。

科学素养是孩子在接受科学教育过程中逐渐形成的适应个人终身发展和社会发展需要的必备品格和关键能力，由四个核心要素构成，即科学兴趣、科学知识、科学方法和科学精神。其中，科学兴趣，是指对科学的好奇心和求知欲，以及由此生发的亲近科学、体验科学、热爱科学的情感，是一种积极的心理倾向。科学知识，是用语言、文字、符号或图像等形式准确描述客观事物的名称、本质特征以及不同客观事物之间的相互关系。科学方法，是人们在认识和改造世界中遵循或运用的、符合科学一般原则的各种途径和手段，包括在理论研究、应用研究、开发推广等科学活动过程中采用的思路、程序、规则、技巧和模式。简单地说，科学方法就是人类在所有认识和实践活动中所运用的全部正确方法。科学精神，是人们在学习、理解、运用科学知识和技能等方面所形成的价值标准、思维方式和行为表现。具体包括理性思维、批判质疑、勇于探究等基本要点。理性思维：崇尚真知，能理解和掌握基本的科学原理和方法；尊重事实和证据，有实证意识和严谨的求知态度；逻辑清晰，能运用科学的思维方式认识事物、解决问题、指导行为等。批判质疑：具有问题意识；能独立思考、独立判断；思维缜密，能多角度、辩证地分析问题，做出选择和决定等。勇于探究：具有好奇心和想象力；能不畏困难，有坚持不懈的探索精神；能大胆尝试，积极寻求有效的问题解决方法等。

（二）如何提升科学素养？

科学素养是国民素养的重要组成部分，是社会文明进步的基础。提升科学素养，对于公民树立科学的世界观和方法论、增强国家自主创新能力和文化软实力、建设社会主义现代化强国，具有十分重要的意义。因此，在中国学生发展核心素养中，科学素养作为六大核心素养之一位居其中。

从教育的视角下看科学素养。科学素养可以提高人们敏锐地观察事件的能力、全面思考的能力，以及领会人们对事物所做出的各种解释的能力。此外，这种内在的理解和思考可以构成人们决策和采取行动的基础。科学素养对人的终身发展和培养未来良好公民具有重要价值。

从发展的视角下看科学素养。孩子天生就有探索世界的欲望，从出生就带着"好奇心"来到这个世界。他们总爱问"十万个为什么"，可家长、老师真的满足了孩子的好奇心吗？在家长、老师没有时间，或引导能力不足的情况下，很多孩子的求知欲望没有得到满足。此种环境下科学素养的必要性对孩子的成长和大脑发育会起到重要作用：第一，科学地认识世界，能让孩子做出明智的决定；第二，良好的科学素养，是解决问题的一部分；第三，保持科学探索精神，能够让孩子快乐，且受益一生。

因此，科学素养无论是从人的终身发展还是人的成长发育都有重要的价值和作用。那么，如何提升人的科学素养呢？科学素养由科学兴趣、科学知识、科学方法和科学精神四个核心要素构成，因此，科学素养的培养主要体现在提升科学兴趣、丰富科学知识、掌握科学方法、培养科学精神四个方面。接下来，通过分析综合实践活动中的一些经典案例，来说明综合实践活动是如何培养学生科学素养的。

综合实践活动的主题选择主要来源于学生的日常生活、社会热点、学科学习三个方面，接下来，我们就从这三个方面结合案例进行说明。

1. 关注日常生活

接下来，为大家分享三个案例，通过三个案例来了解综合实践活动课程是如何引导学生从关注日常生活的角度激发学生科学兴趣，从而开展有意义的科学探究活动的。

案例一： 流行病专家的告诫

流行病专家常常告诫，公共图书馆的书报、公共场所的扶手以及纸币上，都留有许多种类的病菌，接触过后须洗手、消毒，以免传染疾病……

但美国华盛顿市12岁的若奈达·布罗克和9岁的咪咪·拉却并不人云亦云，在他们父亲的支持下，兄妹俩进行了一次有趣的"取证"和研究。他们把经过消毒的棉布条放在12个地铁车站的电梯和楼梯的扶手上，然后在3天后收回棉布条并进行细菌培养，结果并没有发现任何可能传染疾病的有害病菌。此后，他们利用相类似的方法对15本畅销书和100张纸币做了同样的检测。结果证实，前者也没有很多病菌，而后者却滋生有大量病菌。对此，他俩分析说，书本上和扶手上之所以没有很多病菌是由于生长环境并不良好，而纸币上往往沾有油污，而且常常置入衣袋或钱袋中，因而温度较高，于是创造了一个特别有利于病菌生长、繁殖的良好环境。他俩的研究报告后来发表在权威的《流行病学》杂志上，受到了专家的关注和肯定。据悉，他俩是该杂志创刊以来发表论文的最年轻作者。

这个案例所提出的问题就是从关注日常生活的角度提出的。综合实践活动课程面向学生完整的生活世界，关注日常生活，既可以引导学生提出具有教育意义的活动主题，还可以在提出问题的过程中提升学生的科学兴趣。此案例中关于"流行病专家的告诫"是否可信问题的探究并不是源于两个孩子自身的兴趣开展的，而是"流行病专家的告诫"是否可信激发了两个孩子开展科学探究的欲望，"流行病学专家的告诫"是正确的吗？带着这样的疑问两个孩子开展了系列的科学探究活动，这样的科学探究活动对于孩子科学素养的提升是很有帮助的。

案例二： 市场上哪个牌子的洗衣粉洗涤效果最好？

在超市货架上有很多不同品牌的洗衣粉，那么，哪一个品牌洗衣粉洗涤效果最好呢？

九年级的学生分组进行讨论探究的方案，他们针对很多问题进行了争论，例如，市场上最常见的洗衣粉有哪些，要用什么规格的洗衣机进行洗涤，用什么样的洗涤程序，水温多少，洗衣粉应放多少，用什么样的布做为洗涤对象等。有些同学还考虑到了很多有可能发生的情况，例如，在讨论洗什么的问题时，先有人提议洗校服，但是，校服有新旧、大小之分，于是被否决了。再有人提议用一般衣服、用几块不同的旧布等，但由于难以控制实验条件也被否决了。经过讨论，大家一致认为用布比用衣服容易保证实验条件相同，因此决定用布，并不断补充控制条件，例如，布要都是新的，颜色相同，大小一样，再弄得一样脏；但都用浅色布也不行，不能全面说明洗涤效果。最后，他们买了五块颜色和深浅不同的布，裁成同样大小，弄得同样脏，然后用相同型号的洗衣机在同样的水量、温度、程序、洗衣粉量之下洗涤。又如，在比较洗涤效果时，应把布一起放在光线相同的地方，相互比较，再与一小块没有弄脏过的同颜色新布做比较等。根据超级市场提供的资料，学生们选了4种销量最大的洗衣粉进行比较。因为学校里没有4台相同的洗衣机，就让几位同学带回家中去洗，还派了监督人，保证洗的方法程序符合预先计划安排。

第一次洗出来的结果怎样也看不出差别，有的同学就打算下结论，这时，老师就提醒大家注意，是否这样一次实验就可以下结论了，全班又进行讨论。大多数同学认为只做一次实验，洗衣粉的用量只有一种，下结论太早了。于是决定逐步减少洗衣粉的量，再重复做实验。前几次结果都看不出差别，直至第四次才看出差别。然后，老师要求每个小组写一份研究报告，要写明研究的问题，为什么要做这一研究，做的方法和过程，对比的方法和过程，得到什么结论。报告是集体讨论写出来的，全部张贴在教室里，让学生们比较，哪一份有什么优点，选出最好的一份，并让这个小组把别人的优点都吸收过来，得出一份代表全班的报告。利用教师周会的时间，该小组的三名学生向全校老师做了一次很生动的报告。一个月后，新学期开始了，老师提醒学生看看上学期的活动有没有影响。怎样做老师没有说，同学们经过讨论，决定对老师们进行调查。他们在校门口给老师发调查表，内容是"你最近有没有买洗衣粉？如果买了，买的是什么牌子？"结果，买洗衣粉的老师中有80%买了他们证明洗涤效果最好的那种。

这个案例所提出的问题同样也是从关注日常生活的角度提出的。案例二提出的问题是学生通过对日常生活的观察所提出来的，与案例一中所探究的问题相比，案例二的问题靠近学生的兴趣，通过对日常生活的细致观察，学生们提出了自己感兴趣的科学问题，即"市场上哪个牌子的洗衣粉洗涤效果最好"，这是一个来源于日常生活的科学问题，在教师的引导下学生通过观察现实生活提出了自己感兴趣的问题进行探究，这个探究既结合了学生的兴趣，又融入了很多的科学知识与方法，整个学习过程就是提升学生科学素养的过程。

案例三：纸飞机飞行比赛

纸飞机是学生们课间喜闻乐见的玩具，无论小学生、中学生、大学生都会玩纸飞机游戏。但是，你制作的纸飞机能飞多远的距离呢？请自主设计一款纸飞机，比一比谁的纸飞机飞行的距离最远、滞空最久、准确度最高吧！

首先，开展纸飞机的设计和制作，通过测试进行改进和创新。然后，屏蔽掉放飞过程中的一些制约因素，选取同样的条件下进行比试。

这个案例所提出的问题贴近学生的日常生活，是将学生感兴趣的纸飞机作为研究的主要内容。相比较案例一、案例二，案例三更符合从学生的兴趣角度提出一个科学问题，科学知识、方法的体现就在于如何让纸飞机能飞得更高、更远。不断追求纸飞机飞得更高、更远的永不停歇的探究力就是一种科学精神。

2. 聚焦社会热点

综合实践活动内容的选择不仅可以关注日常生活，还可以聚焦社会热点，从社会热点中选择自己感兴趣的科学的内容进行探究，从而提升自身的科学素养。

2022年2月，北京成功举办了第24届冬季奥林匹克运动会，这是继2008年北京成功举办夏季奥运会后，在中国举行的第二次奥运盛会。朝阳区作为两次奥运会开幕式、闭幕式的承办方，是名副其实的"双奥"之区。2022年寒假也是"双减"政策深入推进后学生迎来的第一个长假。为全面贯彻党的教育方针，全面落实立德树人根本任务，深入贯彻中共中央办公厅、国务院关于"双减"工作的要求，抓住冬奥会的契机做好奥林匹克教育，我们开展了以人文奥运、科技奥运、绿色奥运、激情奥运为主题的综合实践活动。

在冬奥期间，围绕冬奥主题开展综合实践活动正是一个聚焦社会热点开展的综合实践活动，在主题"科技奥运""绿色奥运"中，学生们结合自身的兴趣提出了很多想要探究的科学问题，例如：火炬"飞扬"为什么会选用碳纤维及其复合材料制成？冬奥运动员的战袍是如何实现"暖""快""护""美"的问题等。

案例：逐梦冰雪一起向未来——探究北京冬奥运动员战袍中的科技

本次主题实践活动，老师通过三个背景资料的介绍引导学生将视线对焦到冬奥运动员的战袍上，采用线上、线下的调查及访谈的形式开展活动；通过视频播报、图文板报、做物理小实验和设计作品等多种方式记录和感受北京冬奥运动员战袍中的高科技，挖掘冬奥主题的中国科技力量，科技，令冬奥更精彩！

本次主题实践活动共提出四个问题：问题一，冬奥运动员的战袍是如何实现"暖"的？学生通过资料收集，了解历届冬奥会战袍实现"暖"的相关技术，通过调查了解战袍中的"暖"技术在日常生活中的应用情况。问题二，冬奥运动员的战袍是如何实现"快"的？学生通过资料收集，了解历届冬奥会战袍实现"快"的相关技术，通过调查了解这些"快"的技术在日常生活中的应用情况。问题三，冬奥运动员的战袍是如何实现"护"的？学生通过资料收集，了解历届冬奥会战袍实现"护"的相关技术，通过调查了解这些"护"的技术在日常生活中的应用情况。问题四，冬奥运动员的战袍是如何实现"美"的？学生通过资料收集，了解历届冬奥会战袍实现"美"的相关设计，调查身边的人对历届奥运战袍"美"的看法及建议。

综合实践活动课程从价值体认、责任担当、问题解决、创意物化四个方面提出了具体的目标。在目标的指引下，综合实践活动不仅要围绕日常生活开展活动，还要结合社会中的现象、热点问题进行探究，这样才能更好地落实价值体认、责任担当的目标。"冬奥"主题活动中有很多绿色、节能、环保方面的科学问题，通过聚焦冬奥的社会热点，既有助于学生落实综合实践活动课程目标，更有助于学生学习科学知识、运用科学方法，从而进一步提升科学素养。

3. 深度学科学习

在设计与实施综合实践活动课程中，要引导学生主动运用各门学科知识分析解决实际问题，使学科知识在综合实践活动中得到延伸、综合、重组与提升。学生在综合实践活动中所发现的问题要在相关学科教学中分析解决，所获得的知识要在相关学科教学中拓展加深。因此，综合实践活动内容的选择可以是学科学习中的一些难题。

案例： 校园残疾人轮椅通道

一次函数 $y = kx + b$

学校计划建设残疾人通道。关于通道，通道坡度太陡容易摔，坡度太缓费材料又费劲。到底斜率多少才合理呢？

数学课堂上，全班同学出谋划策，参与学校即将开始施工建设的残疾人通道。学生开启动手模式，制作搭建模型来进行实验，比如拿乒乓球模拟轮椅来计算速度，尝试多次实验、收集足量的数据并分析计算，最终写成报告。老师最后选出做得比较好的小组去学校后勤部门进行展示报告，并现场接受点评和反馈，后勤部门的工作人员不仅会问到具体的执行问题，也会问到经费预算等非常实际的问题。

虽然最后学校不一定采纳学生的方案，但从前期做实验到提出提案，再到展示给后勤部门，学生不仅对知识斜率和截距等相关数学知识有了更深的理解，同时锻炼了试错挑战、讨论沟通、公众演讲、毅力坚韧、解决问题等很多21世纪必备的技能。

一次函数是学习函数的基础，学生此后还会学到很多的函数，但都要运用到一次函数进行相关的计算，尤其是二次函数的部分，学不好一次函数，二次函数几乎是学不会的，所以在学习一次函数时一定要打好基础，这样在后续的学习中才不会吃力，因此，学好一次函数很关键。但传统的学习只是在做题上下功夫，学生即使会使用一次函数但也未必能真正理解。本案例中，教师结合学生所学的一次函数，让学生从校园中选取了一个真实的科学问题，即校园残疾人轮椅通道的设计，让学生运用一次函数进行问题的探究，这样的学习内容激发了学生运用所学知识解决真实问题的兴趣。因此，聚焦学生学习过程中的难题来提出一个科学问题，可以很好地激发学生科学探究的兴趣，而科学兴趣正是科学素养形成的动力源泉。

总结

正如前面所说，学会"像科学家一样思考"，不是要让学生都成为科学家，而是当学生面对日常生活中的真实问题和事件时，可以运用科学的思维方式、知识、方法等进行准确合理的判断和决策，较好地解决现实问题，这才是我们所要培养的"科学素养"。综合实践活动课程作为一门活动类课程，它聚焦了中国学生发展核心素养中的六大素养，与学科课程相比，综合实践活动课程为培养提升学生的核心素养提供了宽广的实践场域，没有课本的束缚，没有思维的束缚，学生可以张开想象的翅膀，在世界这个大课堂中自由地翱翔。

四、打破学科壁垒

《中小学综合实践活动课程指导纲要》明确了综合实践活动是一门跨学科实践性课程，因此，综合实践活动就是要打破学科壁垒，开展跨学科的实践活动。那么，如何正确理解跨学科呢？接下来，综合各界对跨学科的定义来重新定义综合实践活动，通过分析跨学科在实施中的机遇来探寻打破学科壁垒开展综合实践活动的路径与方法。

（一）跨学科的定义

"跨学科"一词由两部分组成：跨和学科。其中，"跨"的意思是"之间、之内、之中"或"源自两个或多个"。"学科"的意思是特定研究领域、与特定研究领域相关或专业化。在中小学阶段，"学科"具体指学校教学的科目，如语文、数学、科学、物理、生物等。因此，"跨学科"就是对原有单一学科界限的跨越。

关于跨学科的定义，有三个定义赢得了广泛的认同。

第一个定义的提出在1972年，这一年是跨学科活动发展历史上的重要一年，经济合作与发展组织（OECD）的教育研究与创新中心（Centre for Educational Research and Innovation，CERI）在该年组织了一次专门针对跨学科活动的研讨会，研讨的成果结集成册，题为《跨学科：大学中的教学与研究问题》。书中总结了对"跨学科"的各种定义，指出：

跨学科旨在整合两个或多个不同的学科，这种学科互动包括从简单的学科认识的交流到材料、概念群、方法论和认识论、学科话语的互通有无，乃至研究进路、科研组织方式和学科人才培养的整合。在一个跨学科研究集群内，研究人员应当接受过不同学科的专门训练，他们不断地相互交流材料、观点、方法和话语，最终在同一个主题和目标下实现整合。

第二个定义的提出在2005年，美国国家科学院、国家工程院等单位联合发布的《促进跨学科研究》报告继承了OECD在30多年前的那个定义：

跨学科研究是一种经由团队或个人整合来自两个或多个学科（专业知识领域）的信息、材料、技巧、工具、视角、概念和/或理论来加强对那些超越单一学科界限或学科实践范围的问题的基础性理解，或是为它们寻求解决之道。

第三个定义是由长期致力于研究跨学科理论与实践问题的两位学者克莱因和纽厄尔在1998年提出的：

跨学科研究是一项回答、解决或提出某个问题的过程，该问题涉及面和复杂度都超过了某个单一学科或行业所能处理的范围，跨学科研究借鉴各学科的视角，并通过构筑一个更加综合的视角来整合各学科视角下的识见。

在以上三种对"跨学科"的定义中,有以下几个共同的要素:

· 跨学科关注现实问题;

· 跨学科所关注的内容超出单门学科的视野;

· 跨学科所关注的问题较为复杂;

· 跨学科要以学科为依托;

· 跨学科以整合为目的;

· 跨学科的目的是务实的:以新认识、新产品或新意义的形式推动认知进步。

在《中小学综合实践活动课程指导纲要》中,将综合实践活动课程定位为一门跨学科实践性课程,具体的描述如下:

综合实践活动是从学生的真实生活和发展需要出发,从生活情境中发现问题,转化为活动主题,通过探究、服务、制作、体验等方式,培养学生综合素质的跨学科实践性课程。

综合实践活动作为一门专门的跨学科实践性课程,它体现了以上三种定义中跨学科的几个关键要素,即以学科为依托,以整合为目的,超出单门学科视野,关注现实中的复杂问题,最终的目的是务实的。在此基础上,综合实践活动领域更加宽泛,视野更加广阔,关注问题的同时既在学科之间,又跨越不同学科,并超越所有学科。

因此,综合不同学者对跨学科的定义,以及综合实践活动的课程性质,对"综合实践活动"做了重新的定义:

综合实践活动,就是从学生的真实生活和发展需要出发,从生活情境、学科学习中发现问题,转化为活动主题,以学科为依托,通过融合来自两个及两个以上学科或专门知识领域的信息、数据、技能、工具、观点、概念或理论,来解决那些单一学科或研究实践无法解决的问题,以整合其见解、构建更全面认识为目的的课程。

（二）跨学科的机遇

社会问题的综合性

我们现在的中小学课程普遍以分科形式进行设置，在每一学科中，我们也总会把学科知识进行模块化分割，如小学科学，我们分成物质科学、生命科学、地球和宇宙科学、技术与工程四个领域；语文教学，我们分为字词教学、阅读教学、写作教学；物理，我们分为力学、电学、光学；化学，我们分为无机化学、有机化学等。这一模块化设置客观上提升了学生的学习效率，但也带来了相应的副作用。在具体的课程内容设计及教学实施时，知识也是按照设计者的逻辑顺序从易到难进行排列的，如在语文教学中，我们总是强调先认识掌握生字。这样的教学，虽然与教学逻辑相吻合，却未必与实际生活逻辑相吻合。因为在阅读时，学生对于阅读内容的兴趣显然要远远大于对生字的兴趣。这种现象，在理科教学中也是非常常见的。如物理中的力学，我们先讲运动，再讲力的现象，然后讲力与运动状态之间的关系，似乎唯有如此，学生才能学好力学。但社会问题都是综合性的，很少出现具有明显学科特质的问题。我们可以设想一下，如果让一个学生观察家庭的装修过程，他会看到我们一会儿用到了电学知识，一会儿用到了化学知识，一会儿用到了力学知识吗？事实上，学生看到的东西是综合性的。所以，分科学习的副作用就是阻碍了学生对事物本质的整体了解。

知识的快速增长

有研究显示，人类近30年积累的科学成果相当于前面5000年积累的科学成果的总和。不仅如此，知识每天仍在以指数式增长，不断有新的知识扩充进我们的教学。知识在不断地增长，可是教学时间却是基本保持不变的，这就迫使课程设计者不得不重新考虑选择和组织课程内容的方法。

知识爆炸也迫切需要我们从机械记忆型学习向探究理解型学习转变。教育的现实需求也是如此，基础教育要求主题多，相关课程庞杂，从目标到内容都有重复现象，为减少学生的负担，课程需要整合。从以上分析，我们不难得出这样一个结论：课程整合是一种现实生活和时代发展的需要，其目的是让学生整体认识并理解世界，其主要形式就是跨学科的整合。

跨学科是当代科学发展的必然趋势。

科学问题产生于客观世界，科学问题本身是不分学科的。而学科划分作为一种科学研究的手段，是人为的假设，只具有方法论意义而非客观世界的本来面目。当今时代，由于全球化运动以及一些重大社会工程的出现，导致社会问题巨型化，使社会治理难度大大增加，向人类理智提出了前所未有的挑战。可以说，一切重大课题不通过跨学科研究都是不可能完成的。譬如，寻找新冠疫情的病源，对癌症、艾滋病的防治，航天探索，地震预测，环境保护等，都不是任何一门学科或技术甚至一地一国所能解决的，这些问题有时又是相互联系的，从而必需综合多学科、多方面社会力量开展集成性的研究。这种学科的多对象化和对象多学科化趋势，必将导致跨学科研究成为必然和普遍的模式。

科学的发展一方面表现为知识的专门化，形成不同学科，学科的分化又带来专业化，使人们对研究对象的认识更加深刻。但是，学科间孤立研究也造成了学科之间的分离，削弱了整体性研究，制约着对相关科学问题和社会问题的解决。因而，科学的发展另一方面又需要知识的综合，需要各学科之间相互渗透、彼此借鉴，这就是跨学科。跨学科不是否定分科治学，而是在其基础上发展并实现超越。

（三）打破学科壁垒开展综合实践活动

正确地认识跨学科，把握跨学科的机遇，为更多学科教师打破学科壁垒开展综合实践活动提供了更多的思路与方法。

学科教师在综合实践活动的设计上要注重三方面的内容。

1. 选题上要注重现实情境下真实问题的研究与解决

真实合理的情境是学习的重要一环，在情境中解决真实的问题，可以帮助学生明晰学习目的，进而提高学习兴趣。在跨学科课程设计实践中，很多教师都觉得现实情境中的真实问题难以寻找。接下来，为大家提供几种常见角度供选择：

一是有效利用国家课程标准或重要知识点。课标呈现的是各个学科下重要的能力范畴，会涉及项目实施操作中的相关知识、技能、方法、策略的目标要求。比如开展语文与其他学科结合的跨学科写作课程，写各种主题、话题的研究报告或者小论文。

二是利用网络搜索。目前，许多网站有针对各个年级、各个学科开展得十分成熟的项目介绍，可以借此激发灵感，形成自己的跨学科研究选题。比如，研究水果电池、太阳能应用、3D打印、Arduino、传感器与物联网等。

三是联系人们的日常工作。跨学科学习的核心目标是以解决日常生活中最实际的问题为出发点，所以要把关注点聚焦到校园外的社会环境下，寻找人们在各行各业工作时遇到的实际问题并给予解决办法。比如，桥梁的设计与搭建、能源的生产与使用等问题。

四是结合当地或国家大事。跨学科的项目学习，要培养学生关注国家大事、城市大事、身边大事。比如，如何更好地向北京市民宣传南水北调工程进而影响市民的节水行为？如何实现校园内的垃圾分类与回收？

五是结合服务于社区的理念，调研一些非营利机构、公司、政府、高校，从他们现阶段的需求中寻找跨学科项目灵感。比如，从身边人的健康问题想到如何寻找并引导人们健康的生活方式。

六是充分调动其他可利用的资源。比如，雾霾天气走高架桥迷路、学校有一半同学戴眼镜、科学家发现了引力波等。这些真实的事件都可以提炼出非常好的研究主题作为课程选题。

2. 内容上要注重学科核心概念及学科间的大概念

学科不扎实，跨学科也就无从谈起。学科之所以自成体系是因为其具备完整的知识架构和研究方法，这是完成跨学科的基础。因此，即便是跨学科课程，其涉及的学科核心概念与研究方法也必须是严谨的、经得住推敲的。

对于跨学科课程而言，除了学科内容精准、选题真实外，还要利用学科间的大概念（Big Ideas）来支撑。"大概念"一词伴随 STEM 教育的兴起而进入公众视野，它是指能够用于解释和预测较大范围自然界现象的概念。温·哈伦在《科学教育的原则和大概念》一书中就明确提出了科学教育的 14 个大概念，例如"科学的应用经常会对伦理、社会、经济和政治产生影响"就是一个大概念，与此相对应，我们很容易在美国的初高中学校发现学生在研究《寻找替代能源》《医学发展和立法以及社会伦理的关系》等研究课题。

3. 设计上要注重学生高阶思维能力的培养

伊万尼特斯卡雅、克拉克等人在《跨学科学习：过程与结果》中提出，跨学科学习可以帮助学生强化高阶思维技能，也可以帮助学生在不同学科领域之间建立更完善的知识体系和更有意义的研究。所谓高阶思维，是指发生在较高认知水平层次上的心智活动或认知能力，它在教学目标分类中表现为分析、综合、评价和创造。

综合实践活动的设计可以从某一学科或某几个学科出发来进行设计。

从下面案例看如何从一个或多个学科来设计综合实践活动。

案例：我是勤劳的劳动者

这是小学高年级的综合实践活动课程，是从语文与美术两门学科的融合进行的设计，需要3课时180分钟完成，以下是活动目标：

学生要学会分析让·弗朗索瓦·米勒的名画《扶锄的男子》；

学生学习画家怎样用线条与空间强调主题；

学生将就怎样理解油画、如何使用视觉证据证明自己的观点等问题展开讨论；

学生对画中人物进行情感揣测，并写一首小诗表达自己的观点；

学生通过为一位辛苦工作的家庭成员作画，来证明自己已经理解如何使用线条及空间强调主题。

从目标中，可以看到有历史、美术知识与创作、讨论、诗的写作、德育等要素。很多老师都好奇，这些内容是怎么有机整合到一起的呢？

在本课中，学生要了解艺术史方面的内容，不但要学会从作品当时的社会、宗教、物质、事件等多个角度对名作《扶锄的男子》进行分析，还要了解艺术家的生平与作品特点；学生学习审美，练习美术方面的基本功，通过观察画家对于空间和线条的把握来学习怎样用线条与空间强调主题；学生还需要猜测画中人物的内心与情感，但这种猜测要建立在丰富细节的基础上，包括成画的年代、画作的主题、画作中的矛盾与冲突、画作中的远近虚实对比等，学生要用细节作为论据证明自己对于画中人的情感揣测并与他人分享、讨论乃至辩论，这就是分析、评价与综合，展示了对学生高阶思维能力的培养；在充分了解的基础上，学生要写一首小诗描写画中人物；最后，通过要求学生为一位辛苦工作的家庭成员作画，又巧妙地将创作与德育进行了融合。这个课程告诉我们，通过教师的有效合作，传统的课程也可以改良成很好的综合实践活动课程。

通过上面的案例我们可以了解到，从跨学科的角度设计开展综合实践活动，要遵循问题解决的一般流程，即发现问题、分析问题、解决问题。如下图所示：

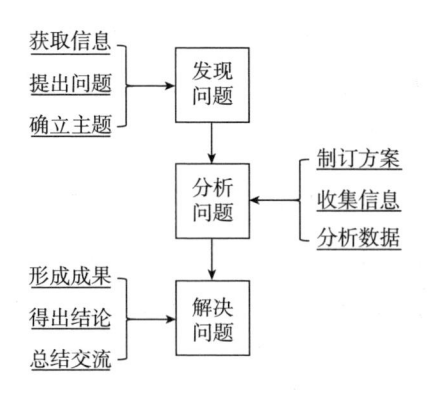

```
获取信息
提出问题  →  发现问题
确立主题

                              制订方案
              分析问题    ←   收集信息
                              分析数据

形成成果
得出结论  →  解决问题
总结交流
```

发现问题

发现和确立主题是跨学科开展综合实践活动的起点，发现一个有价值的问题往往比解决问题更重要。跨学科开展综合实践活动，主题的选择可以从学科教学中来，也可以从现实生活中来，还可以从社会热点中来。

学科教学中的主题，既可以是各科内容的综合，也可以围绕某一学科展开。从选题的角度来看，学科教学中产生的较好的主题，常常是在学科知识的基础上选出的具有拓展性和开放性的问题。如数学中黄金分割知识在实际生活中的应用；物理中调查家用电器的发展带来的安全问题；化学学科提出的生活污水的处理和再利用等。

跨学科开展综合实践活动，主题的选择也可以从学生最熟悉的生活世界中来。学生的生活世界最能够激发学生的兴趣，使学生主动地开展实践活动。

现代中高考与社会热点关联紧密，因此，从社会热点中确立主题跨学科开展综合实践活动也是符合现代教育的大背景。学生通过关注社会热点问题，收集相关话题的资料并进行分析，从中发现与自身密切相关或自己感兴趣的问题，例如，交通拥堵是当前城市发展中的重大问题。

分析问题

分析问题阶段主要包括制订方案、收集信息、分析数据三个阶段。

制订一份切实可行的方案是活动顺利开展的基础和保证，它将直接影响着活动的质量和效果。在确立活动主题之后，要拟订整个活动的计划，形成具体完整的活动方案。

方案制订完成后就可以开展实践探索了。实践探索是跨学科开展综合实践活动的核心部分。在实践探索环节，学生以活动小组为单位，自主、能动地在校内外的各种情境中开展实践活动，综合运用多学科的知识来分析问题、解决问题，并获得多方面的体验。

解决问题

实践活动既重过程也重结果，最终成果的形成是非常重要的。成果可以采用多种形式，例如，论文、实验报告、调查报告、创意作品等。

跨学科开展综合实践活动，要注重活动的现实性与真实性，避免得出已知的结论。

总结

打破学科壁垒开展综合实践活动表现出四个鲜明的特点，即自主、实践、开放、融合。自主，要重视学生自身发展的需求。实践，要强调学生亲身经历各项活动。开放，内容要面向学生的整个生活世界、融合，学科之间要注重内在的融合。跨学科开展综合实践活动，不是简单地打破学科间的壁垒开展整合性的活动，而是通过主题实践活动，训练培养、提升学生跨学科思维的能力。我们面向的世界是复杂的，在面对复杂问题时，跨学科的方式为我们提供了解决问题的思路与方法，但问题是多元的，跨学科的思维能让我们具有解决同一个问题的多种不同的方式方法，而这些方式方法需要依托学科知识的学习与积累，这种积累不仅仅是掌握更多的知识，而是掌握这门学科背后的思维方式，因此，我们在关注学生运用跨学科知识解决现实问题的同时，更注重培养、提升学生运用更全面的思维方式思考问题解决的方式方法，这才是跨学科开展综合实践活动真正的魅力所在。

第二章
生活处处是课堂

一、故事：香草冰淇淋

香草冰淇淋

有一天，美国通用汽车公司的庞蒂雅克分部收到一封客户抱怨信，信上是这样写的："这是我为了同一件事第二次写信给你，我不会怪你们为什么没有回信给我，因为我也觉得别人会认为我疯了，但这的确是一个事实。

我们家有一个传统的习惯，就是我们每天在吃完晚餐后，都会以冰淇淋当我们的饭后甜点。由于冰淇淋的口味很多，所以我们家每天在饭后会投票决定要吃哪一种口味，等大家决定后我就开车去买。

但自从最近我买了一部新的庞蒂雅克后，在我去买冰淇淋的这段路程问题就发生了。

你知道吗，每当我买的冰淇淋是香草口味时，我从店里出来后车子就发动不了了，但如果我买的是其他口味，车子发动就很顺利。我要让你知道，我对这件事情是非常认真的，尽管这个问题听起来很不可想象。

为什么这部庞蒂雅克当我买了香草冰淇淋后它就出问题，而我不管什么时候买其他口味的冰淇淋，它就没有问题呢？为什么？为什么？"

事实上，庞蒂雅克的总经理对这封信还真的心存怀疑，但他还是派了一位工程师去查看究竟。当工程师去找这个人时，很惊讶地发现这封信是出自一位事业成功、乐观且受了高等教育的人。

工程师安排与这个人见面的时间刚好是在用完晚餐的时间，两人于是一个箭步跃上车，往冰淇淋店开去。那个晚上投票结果是香草口味，当买好香草冰淇淋回到车上后，车子又发动不了了。

这位工程师之后又应约来了三个晚上。第一晚，巧克力冰淇淋，车子没事。第二晚，草莓冰淇淋，车子也没事。第三晚，香草冰淇淋，车子有事。

这位思考有逻辑的工程师到目前始终不相信这个人的车子对香草过敏。因此，他仍然不放弃继续安排相同的行程，希望能够将这个问题解决。工程师开始记下从头到现在所发生的种种详细资料，如时间、车子使用油的种类、车子开出及开回的时间……根据资料显示他有了一个结论，这个人买香草冰淇淋所花的时间比其他口味的要少。

为什么呢？原因就出在这家冰淇淋店的内部设置的问题。因为，香草冰淇淋是所有冰淇淋口味中最畅销的口味，店家为了让顾客每次都能很快地取拿，将香草口味特别分开陈列在单独的冰柜，并将冰柜放置在店的前端；至于其他口味则放置在距离收银台较远的后端。

现在，工程师所要知道的疑问是，为什么这部车会因为从熄火到重新激活的时间较短就会无法再次启动呢？原因很清楚，绝对不是因为香草冰淇淋的关系，工程师很快想到问题应该是"蒸气锁"。

因为当这个人买其他口味冰淇淋时，由于时间较久，引擎有足够的时间散热，重新发动时就没有太大的问题。但买香草口味冰淇淋时，由于花的时间较短，引擎太热以致还无法让"蒸气锁"有足够的散热时间。

上面的这个故事充分地体现了我国著名教育家陶行知先生所主张的

"生活即教育、社会即学校"的教育主张。

陶行知先生提出了"生活即教育、社会即学校"的教育主张。"生活即教育"指生活本身就是教育。详细来讲，生活即教育包含三层基本含义：第一，生活决定教育，是教育的中心，教育来源于生活。教育随着生活的变化而发展。第二，教育对生活具有反作用，即能够改造生活，生活需要通过教育才能发出力量。教育应当是为生活服务，不应该消极地适应生活，而应该促进生活向前向上发展。第三，生活和教育共始终。有"生"便会"有生活"，有生活即有教育。"社会即学校"指社会本身就是学校，整个社会便是一个大学校。这是生活教育在空间上的扩展。社会即学校也包含三层基本含义：第一，生活教育的范围不局限于学校，而应该是在整个社会。第二，社会即学校，使读书的教育变成"行动"的教育。第三，社会即学校，使教育对象从"小众"变为"大众"的教育。

综合实践活动课程正是践行陶行知"生活即教育、社会即学校"这一教育主张的课程。生活处处是课堂正是综合实践活动课程的真实写照。本章围绕"生活处处是课堂"这一命题，结合丰富的案例，为大家呈现在大自然、在生活中、在社会中、在职场中、在劳动中的综合实践活动课堂。

二、大自然中的综合实践

大自然为学生开展综合实践活动提供了一个天然的场域，学生在大自然中可以发现、可以观察、可以实验、可以研究，可以开展丰富多样的考察探究活动。考察探究是综合实践活动课程四种主要活动方式之一。

什么是考察探究？

《指导纲要》中这样定义：考察探究是学生基于自身兴趣，在教师的指导下，从自然、社会和学生自身生活中选择和确定研究主题，开展研究性学习，在观察、记录和思考中，主动获取知识，分析并解决问题的过程，如野外考察、社会调查、研学旅行等，它注重运用实地观察、访谈、实验等方法，获取材料，形成理性思维、批判质疑和勇于探究的精神。

考察探究，从字面意义上来看，包含了"考察"和"探究"两个部分，与研究性学习相比，虽然在内涵上进行了拓展，但这两个部分最终的落脚点还是"探究"，即研究性学习。因此，研究性学习虽然包含在"考察探究"形式中，但是在整个综合实践活动的开展过程中，研究性学习仍然是主题活动开展的核心内容。关于研究性学习，在2001年教育部印发的《普通高中"研究性学习"实施指南（试行）》（以下简称《实施指南》）文件中这样定义，研究性学习是学生在教师指导下，从自然、社会和生活中选择和确定专题进行研究，并在研究过程中主动地获取知识、应用知识、解决问题的学习活动。无论是2001年的《实施指南》还是2017年的《指导纲要》，都强调了研究性学习在综合实践活动课程中的核心地位。《实施指南》中指出，设置研究性学习的目的在于改变学生以单纯地接受教师传授知识为主的学习方式，为学生构建开放的学习环境，提供多渠道获取知识，并将学到的知识加以综合应用于实践的机会，促进他们形成积极的学习态度和良好的学习策略，培养创新精神和实践能力。开展以研究性学习为核心的考察探究，有助于让学生获得亲身参与研究探索的体验，有助于培养学生发现问题和解决问题的能力，有助于培养学生收集、分析和利用信息的能力，有助于学生学会分析与合作，有助于培养学生科学态度和科学道德，有助于培养学生对社会的责任心和使命感。因此，研究性学习不仅是考察探究的核心内容，更是综合实践活动课程的核心内容。

如何开展考察探究？

考察探究的核心内容是研究性学习，因此，考察探究的开展可以按照研究性学习实施的一般程序展开。研究性学习的实施分为准备、实施、总结三个阶段。在《指导纲要》中，规定了考察探究实施的几个关键要素，即发现并提出问题；提出假设，选择方法，研制工具；获取证据；提出解释或观念；交流、评价探究成果；反思和改进。以上关键要素包含在研究性学习实施的各个阶段中。其中，准备阶段包括发现并提出问题一个关键要素；实施阶段包括提出假设、选择方法、研制工具，获取证据，提出解释或观念三个关键要素；总结阶段包括交流、评价探究成果，反思和改进两个关键要素。接下来，就按照这三个阶段来介绍考察探究的开展。

准备阶段，本阶段主要任务是学生在教师的指导下提出问题，明确学习活动主题、项目或课题；组建活动小组，明确活动目标，制订活动方案，准备必要的活动条件等。此阶段，教师要指导学生发现并提出问题，在此基础上确立活动主题。确立活动主题后，指导学生撰写活动方案，并组织学生交流活动方案。例如，教师可以带领学生走进自然，走进周边的社区、公共场所、厂矿企业等，进行实地参观和考察，引导学生注意观察，多方面收集信息，从中发现并筛选出有研究价值的问题。这样可以充分调动学生原有的知识和经验。然后经过讨论，提出核心问题，诱发学生探究的动机。在此基础上确定研究范围或研究问题。接着，研究分析问题产生的原因。教师可以引导学生围绕主题开展各种研究活动，如问卷调查、访谈、实地考察、科学实验等，多方面收集信息和证据，分析导致问题的原因，提出解决问题的思路和方法。在此基础上，学生可以建立研究小组，共同讨论和确定具体的研究方案，包括确定合适的研究方法、如何收集可能获得的信息、准备调查研究所要求的技能、可能采取的行动和可能得到的结果。在此过程中，学生要反思所确定的研究问题是否合适，是否需要改变问题等。在此阶段，主题的确立是重点也是难点。确立主题即我们常说的选题，选题遵循的基本原则是，价值重大优先原则、可操作原则、兴趣有限原则、活动方式指向实践或直接经验、能对自身生活品质产生影响等。在选题时，还要注意以下问题：问题不是坐在教室里想出来的，学生与研究对象接触得越深入，越有可能提出具体有价值的真实的问题；在归纳问题形成课题时，不能把学生的问题丢了，形成课题后，仍需要围绕课题，厘清问题；小学、初中、高中，在选题指导的方法上不一样，学生选题的自主权要和其选题能力相匹配；不是由教师来判断课题的好不好，有没有价值，重要是教会学生判断，反思失败的选题一样有教育意义；选题指导年级越低越需要在具体的情境中指导，不是一次就能完成的，关注自主选题能力；学生选题能力不是一次就能达成的，需要有学习、运用的机会；选题时，兴趣是重要的，但不是唯一的依据等。以下是一位老师在指导学生选题后的教学反思，授课的班级是初二的学生，授课的内容就是选题课。老师先从选题的方法给学生进行了指导，紧接着学生们开始天马行空地提出问题，其中有一个学生提出想研究四维空间的问题，老师同意学生的研究，但是，在后续的讨论中，大家很快将这个问题排除了，并向老师说明了排除的原因，即四维空间的研究在他们现有的知识背景下是很难开展的。因此，在选题中，老师虽然要给学生指导选题的方法，但重要的是让学生亲自参与选题的过程，在亲身参与中去领会理解选题的基本原则及注意事项，才能提出真正适合学生开展的探究活动。

实施阶段，本阶段是综合实践活动的核心部分，一次主题活动的多数时间将用于这一阶段。学生以活动小组为单位，自主地、能动地在校内外的各种情境中开展实践探索活动，综合运用所学到的知识技能来分析问题、解决问题，并获得多方面的体验。实践阶段包括提出假设、选择方法、研制工具、获取证据、提出解释或观念三个关键要素，因此，此阶段最关键的就是要运用方法解决问题。这里的方法主要是指研究性学习的研究方法，主要包括文献收集、观察记录、调查研究、参观考察、实验探索、作品制作、方案设计、情景模拟、公益劳动、岗位体验等。在实施阶段，教师一方面要指导学生选对方法，另一方面要指导学生用对方法。接下来，以观察记录方法为例，了解老师是如何指导学生选方法、用方法的。

教师活动：同学们听说过"孤儿商品"吗？所谓"孤儿商品"就是在超市里被顾客放错位置的商品，例如，本应该放干果的位置放了一条带鱼，本应该放糖的位置放了一瓶酱油等，还有很多，我想同学们去超市的时候可能或多或少都见过。那么面对这种情况，你们想到了什么？你们做了什么？或者说你们曾经是不是也是其中的一员呢？有一位同学看见这种状况后，就提出了一个很好的研究课题《孤儿商品的处理问题研究》。课题是提出来了，而且她的指导老师也觉得问题提出的角度很好，可是这位同学目前面临的问题是下一步应该怎样研究这个课题，你能否帮帮她想想办法。

师生活动：（学生）首先应该到超市观察，看看有哪些商品容易成为"孤儿商品"，再看看成为"孤儿商品"的数量。（老师）到哪家超市？是一家还是多家？（学生）应该是多家。（老师）多长时间去一次？是一天一次？还是一周一次？（学生）我们是学生当然得一周去观察一次了，主要是利用周六日中的一天。（老师）那要持续多长时间呢？（学生）一个月吧！（老师）我们是公开地去超市观察还是隐蔽式的观察，为什么这么说呢，学生们看过中央台的《道德与观察》栏目的节目吧，这个栏目有的记者采用的观察就是隐蔽式观察。(学生)我们采用的肯定是公开式的观察。(老师)除了要观察有哪些商品容易成为"孤儿商品"外,我们要不要观察使这些商品成为"孤儿"的人呢?(学生)当然要,而且还要在最后想出一个办法来对这些人进行教育呢。(老师)如何记录呢?是用一张纸和一支笔就可以了吗?(学生)这是一种方法,我们还可以用照相机或者摄像机的方式来记录。(老师)为了便于资料的整理,你们能自己制定一个观察记录表吗?(学生)可以。

学生活动:制定观察记录表,经过同学们共同的讨论最后制定了一个令多数人满意的观察记录表。

观察内容					
观察人		时间		地点	
观察计划					
观察记录					
分析原因					
观察结论					

师生活动:(教师)通过前面的讨论,同学们多少意识到了观察其实并不是一件特别容易的事情,而且绝对要避免的就是随意性,毫无目的的观察还不如不观察的好,那么如果想指导别人怎样能更好更有效地进行观察,你会跟别人怎么说呢?(学生)首先观察要有目的性,也就是我们为什么要进行观察,如果毫无意义那就不要浪费时间进行观察了。比如有的同学喜欢观察每位老师多长时间换一次衣服,但是你问他为什么这么喜欢观察这件事情,他说只是因为好玩,这就是毫无目的的观察,毫无目的的观察就是好奇,好奇跟观察是两回事,好奇可以没有目的,但是观察一定要有目的性。(老师)你说得太好了,观察最重要的一条就是目的性。(学

生）除了目的性还应该有别的吧，比如说我想观察北京的兰花什么时候开，那么就只观察兰花的开放时间，而不能一会儿观察兰花、一会儿又观察樱花，也就是提醒大家要观察什么就注意什么。（老师）你的意思是观察的内容要有确定性，就像我们刚才谈到的"孤儿商品"一样，我们到超市就只观察"孤儿商品"，而那些打折商品、特价商品就不是我们观察的对象。（学生）还有一个问题就是观察的范围，像前面讨论的问题，是观察一家超市还是观察多家超市。（老师）你的提醒很好，这也是我们必须要考虑的。（学生）观察的时间必须明确，还有就是公开式的还是隐蔽式的观察。（学生）还有观察是用照相机还是用摄像机进行观察。（老师）这就是观察的手段。（学生）为了便于观察，还要将上面的内容整理在一个表格中。（老师）没错，这样就更完美了。下面我们将上面的讨论总结一下：观察要目的明确、内容清楚、范围确定、时间固定、手段多样、制定表格、详略得当。

此外，在实施阶段还要开展交流讨论，例如，学生通过收集资料、调查研究得到的初步研究成果在小组内或个人之间要充分交流，学会认识客观事物，认真对待他人意见和建议，正确地认识自我，并逐步丰富个人的研究成果，培养科学精神与科学态度。

总结阶段，本阶段的主要任务是学生对整个综合实践活动过程进行全面的回顾和总结，以获得较好的活动成果。此时学生主要运用归纳、演绎等方法将实践中所取得的大量信息资料进行加以处理或验证实施阶段提出的假设，或正确解释社会科学中的各种现象。无论哪种形式的活动，都必须阐明研究者对问题的正确观点，并最终形成一定形式的文字材料或实物模型。学生一方面要展示活动成果，另一方面要对活动进行反思。在展示活动成果时，学生要将取得的收获进行归纳整理、总结提炼，形成书面材料和口头报告材料。成果的表达方式要提倡多样化，除了按一定要求撰写实验报告、调查报告以外，还可以采取开辩论会、研讨会、搞展板、出墙报、编刊物（包括电子刊物）等方式，同时，还应要求学生以口头报告的方式向全班发表，或通过指导老师主持的答辩。在对活动进行反思时，既要交流总结成功的经验，还要反思研讨失败的教训，只有开展深入的研讨与反思才能真正成长。例如，在开展关于"北京市东大桥路口的交通状况调查及措施"的研究性学习中，学生有如下的交流与反思：通过这次社会实践活动，我们亲身感受和体验了社会调查的全过程，不论是设计调查问卷、选择调查对象，还是进行实地调查采访；不论是收集资料、分析数据，还是发现问题、研究解决方案，直到最后反复修改整理成文，我们都付出了很多辛苦和课余时间，但也收获了很多。其中，给我们印象最深的就是进行实地调查的经过。我们从下午 4 点到 6 点，在东大桥路口各个地点采访了市政管理人员、停车场负责人和路口交警以及交通协管员。采访的过程比我们预想得要顺利，我们觉得通过这次采访，我们不仅获得了大量有用的资料和信息，而且也在社会实践方面得到了锻炼。在进行实地调查与数据分析之后，结合各方面获得的资料，我们渐渐意识到交通问题的严重性以及解决交通问题的紧迫性。这次调查不仅仅反映了东大桥十字路口的交通问题，而且折射出了北京的城市交通拥堵问题。要想使此路口的交通状况得到改善其实并不容易，它还涉及周边重要交通干道以及 CBD 中心商务区的交通问题，涉及北京城市道路网的合理规划以及合理的城市总体规划。这是一件"牵一发而动全身"的事。作为北京市民，我们应当从自身做起，自觉遵守交通规则，积极为北京的城市建设献计献策。虽然我们的调查还不够深入、我们的建议还很稚嫩，但希望本文的调查与研究能对解决东大桥周边地区的交通问题起到一定的作用，对有类似问题的交通路口具有一定的参考价值。希望今后北京的道路更通畅、更便捷，给来自世界各地的人们展现北京新的交通风采，新的城市风貌！我们将会把我们通过这次活动所学到的知识，更好地应用到今后的学习和生活中去。

三、 生活中的综合实践

如果说大自然为开展综合实践活动提供了一个天然的场域，那么，生活则为开展综合实践活动提供了一个真实的场域。综合实践活动的开展离不开大自然，更离不开学生的真实生活。这种真实生活有的已经发生，有的正在发生，有的将要发生，综合实践活动的开展就是要聚焦生活中已经发生、正在发生或者将要发生的各种问题，进行感受、体验、探索。综合实践活动课程有一种重要的活动方式，即设计制作，设计制作活动的开展需要的就是生活这个大的活动场域，因为生活少不了设计，而设计来源于生活。

什么是设计制作？

《指导纲要》中这样定义：设计制作指学生运用各种工具、工艺（包括信息技术）进行设计，并动手操作，将自己的创意、方案付诸现实，转化为物品或作品的过程，如动漫制作、编程、陶艺创作等，它注重提高学生的技术意识、工程思维、动手操作能力等。在活动过程中，鼓励学生手脑并用，灵活掌握、融会贯通各类知识和技巧，提高学生的技术操作水平、知识迁移水平，体验工匠精神等。

在我们的生活中处处都存在"设计"，几乎生活中所有的东西都是被"设计"出来的。例如各个品牌的商标、街上随处可见的告示板和警示牌、买东西时产品的包装袋、包装纸。这些东西都是设计师们用自己的智慧和知识设计出之后，再由专人将真实的产品原原本本真实地做出来，展现在世人眼前。在设计时还要根据大众的审美需求来进行无数次的改动，颜色搭配、线条流畅、圆润或是方正，所有的细节都是要根据严格的考量来进行的。设计是一条漫漫长路，除了需要专业的知识，还需要发挥自己的想象力以及时刻关注现代社会中人们的各种需求，才能打造出大家想要去买的产品。设计制作就是看着一样东西从无到有、从想法到实际产品的过程，这就是综合实践活动中"设计制作"的活动方式。

如何开展设计制作？

在《指导纲要》中，规定了设计制作实施的几个关键要素，即创意设计；选择活动材料或工具；动手制作；交流展示物品或作品，反思与改进。设计制作，从字面意义上来看，包含了"设计"和"制作"两个部分，因此，设计制作活动方式的开展，可以分为三个阶段，即设计阶段、制作阶段、展示阶段。设计阶段，包括创意设计这一关键要素。制作阶段，包括选择活动材料或工具、动手制作两个关键要素。展示阶段，包括交流展示物品或作品、反思与改进两个关键要素。

设计阶段，此阶段的主要任务是设计。什么是设计？这个问题很宽泛，不同的人会有不同的答案。设计的通俗解释是，设计就是把一种设想通过合理的规划、周密的计划、各种形式传达出来的过程。那么，设计什么呢？在回答这个问题前，我们先来探讨设计的意义及价值这个问题。综合实践活动课程聚焦了《中国学生发展核心素养》提出的六大素养，其中，实践创新作为六大素养之一，指出，实践创新主要是学生在日常活动、问题解决、适应挑战等方面所形成的实践能力、创新意识和行为表现。具体包括劳动意识、问题解决、技术应用等基本要点。因此，设计的意义和价值就是通过设计培养学生的设计意识，养成良好的设计习惯，从而提升学生的创造力。那么，设计什么可以提升学生的创造力呢？实际上，生活中的方方面面都包含着设计，大到城市规划、园林、家具，小到服饰，甚至一块小小的橡皮，无一例外都需要设计，因此，生活中处处是设计。真正的设计是与创新不可分割的，即设计的本质就是创新。创新设计是指充分发挥设计者的创造力，利用人类已有的相关科技成果进行创新构思，设计出具有科学性、创造性、新颖性及实用成果性的一种实践活动。如何设计呢？创新的设计是建立在观察、发现的基础上，而且还与文化、成本、环保、需求等很多因素相关联。

制作阶段，此阶段的主要任务是制作。制作与设计同等重要。设计是为了创造，创造出一种前所未有的东西。而制作就是实现这个创造思维，把理想变为现实。二者相辅相成，缺一不可。制作阶段，包括选择活动材料或工具、动手制作两个关键要素。在制作环节，既要考虑相应的成本，还要考虑使用的安全等要素。很多学生在制作环节，由于材料、工具以及制作场地的限制，很难真正完成设计的制作，因此，学校、教师要尽可能满足学生制作的需求。另外，还可以充分利用家庭中、社会中的资源，为学生开辟制作的空间。因为，设计本身不是很有价值，它只是搞清楚我们想要什么和应该做什么。只有动手去做，才能让其变得有价值。

展示阶段，此阶段的主要任务是展示与交流、反思与评价。展示无论是在学科教学中还是在综合实践活动中，都表现出了非常重要的作用。首先，展示，最直接的作用就是让学生有一种成就感；其次，在展示过程中，一个人的展示还能够激发起其他学生的表现欲，增强学习的动机；展示还有利于教师及时了解学生对知识的掌握情况、活动的开展情况等；最后，展示成果也是学生之间交流的一种很好的方式，不仅能够使学生及时地辨别正误，也有利于学生及时接受各种不同的思想和方法，形成包容的心理。每个学生都有一定的表现欲望，当他通过自己的学习和探究，有了一定的成果时，我们一定要给予他一个展示的机会，这是学生的一种权利。

接下来，我们通过《了解人体器官》这个主题案例来了解综合实践活动课程中的设计制作这种活动方式吧！

《了解人体器官》是高中生物学科中的内容，在传统的学习中，大多通过人体模型进行器官的认识，还有的同学通过参观博物馆或者实验室，会看到器官的实物等。在综合实践活动课程中开展《了解人体器官》主题活动，突破了传统教学的限制，教师采用的活动方式就是设计制作。教师让学生用身边常见的食品，模仿不同人体器官的材质、外貌，做成好吃的糕点。这个设计制作的创意在于，用食品模拟人体器官，还有一个很大的创意就是，了解人体器官不是仅仅认识器官，还将器官与健康联系在了一起。例如：健康的肺、吸烟过多的肺。在制作面部皮肤的食物时，学生选用的材料是果冻、鸡蛋、巧克力、葡萄、麦片，选用的工具是制作蛋糕所用的工具，在制作过程中，为了能够较真实地模拟出面部皮肤，学生用果冻做了面部皮肤，鸡蛋是眼睛，巧克力是眼球，葡萄是鼻子，麦片是头发、嘴巴。而在做手的肌肉解剖模型时，学生选用的材料是橡皮糖、奶油、面粉，在制作过程中，学生用橡皮糖来模仿肌肉组织，橡皮糖肌肉组织的走向、结构都是按照解剖图设计的。在人体腹腔器官模型制作中，学生用C形状的烤饼干，深红、浅红、白色的奶油，切片蛋糕做成了人体腹腔器官模型。学生充分利用了一盘糕点可以做到的颜色变换和可以占据的空间，撑起了"肋骨"，撑起了腹腔。除此之外，学生们还制作了头骨蛋糕、人手饼干、眼球饼干、人体骨骼饼干、眼球蛋糕、人体皮肤多层组织蛋糕、大肠、声带、肾脏、细胞、嘴唇、牙齿、舌头等食物模型，这样的设计制作不仅让学生更好地掌握了知识，更重要的是提升了学生对人体器官的兴趣，教师给学生营造了设计与创造的空间，学生们的想象力、创造力得到了充分的锻炼。

《了解人体器官》设计制作的活动是从学科中拓展出来的，接下来的设计制作活动是从学生的日常生活中提出来的，这是小学的一个设计制作活动，主题是《小小产品经理》。这个主题提出的生活问题是：我们用的日常用品都是如何生产出来的，又是通过什么渠道跑到商店里出售的。在这个大的主题背景下，有的学生提出了如下的问题：看看我们喜欢吃的冰淇淋是怎么做出来，又是怎么跑到商场里的。首先，学生们进行了知识学习，了解了从牛奶到冰淇淋生产的完成过程；其次，学生们亲自走进冰淇淋加工厂进行实地考察，品尝了冰淇淋，了解了冰淇淋生产的全过程，以及如何消毒、如何保证食品安全等一系列知识；再次，学生们就要开始动手制作属于自己的独特的冰淇淋了。选材要独特，制作要科学、健康，外观要精致，这些都是学生们需要考虑的；最后，学生们将制作好的冰淇淋拿在学校组织的"市场销售日"上进行售卖。这样的设计制作，就是充分结合了学生的真实生活以及年龄特点，为学生营造了可以充分展示设计与创造空间的主题活动。

以上为大家展示了两个成功的设计制作的综合实践活动案例，但在实际的设计制作活动开展过程中，很多的设计制作活动不够深入，表现在有设计无制作，有制作无创造。因此，在开展设计制作过程中，需要学校、教师、家庭、社会共同的努力。学校方面，要尽可能为学生提供设计制作的材料、工具、场所。教师方面，要更多地引导学生进行创造的设计体验。家庭方面，可以充分利用家中的资源，为学生的设计制作提供材料或者工具，这样就可以减轻学校在开展设计制作方面的负担。社会方面，可以为学生提供设计制作的展览或讲座，还可以为学生组织一些设计类的活动，鼓励更多的学生参与设计制作活动，从而更好地提升学生在设计制作方面的能力。

那么，在场地有限、材料短缺、师资匮乏的情况下，学生如何开展设计制作活动呢？前面我们说过，生活中处处是设计，生活离不开设计。设计大师诺曼说过，只有你能设计出自己需要的东西。例如，非洲人想出了在没有制冷、没有电的情况下制作药物的方法。葡萄牙一个叫"病人创新"的小组，他们想出如何通过监控发现祖母何时需要帮助，或者制作出专业人士永远设计不出来的巧妙假肢。有一个小孩他觉得自己的手太小，而且少了一只手臂，于是他为自己制造了一条2米长的手臂。这些设计与制作都是设计者自主开展的。在我们身边也有很多可以利用的设计材料与可以开展的设计主题，例如旧家具，可以利用旧家具开展家居设计的设计主题，桌子、椅子或书柜这些家具实际上可以通过旧物改造以及零部件的重新组装就可以变成另外一种设计的家具。

综合实践活动方式的划分是相对的。在主题活动设计时，引导学生参与和经历多种方式的活动，能够使活动更加深入和完善，从而更好地实现综合实践活动的课程价值。因此，我们提倡将设计制作与其他几种活动方式整体设计、综合实施，使不同活动方式彼此渗透、融会贯通。实现多种活动方式的整合，可以将设计制作活动作为活动的基础和核心，将几种主要活动方式融合在一个主题活动当中实施。

四、社会中的综合实践

在20世纪20年代，陶行知先生提出了"社会即学校"的教育主张，这一主张将教育的场域从学校面向了整个社会。他指出，传统以知识为中心的学校并不是真正的学校，真正的学校必须以"社会生活"为中心。综合实践活动课程正是一门以社会生活为中心的课程，社会为综合实践活动的开展提供了一个开放的场域。《指导纲要》规定了综合实践活动的四种主要活动方式，其中，社会服务的活动方式凸显了"社会即学校"的教育主张。综合实践活动课程其他的活动方式虽都与社会有关，但社会服务的开展直指社会，因此，本章内容将聚焦社会中可以开展的服务性的综合实践活动，与大家分享社会服务这一主要的活动方式。

什么是社会服务？

《指导纲要》中这样定义：社会服务指学生在教师指导下，走出教室参与社会活动，以自己的劳动满足社会组织或他人的需要，如公益活动、志愿服务、勤工俭学等，强调学生在满足被服务者需要的过程中，获得自身发展，促进相关知识技能的掌握，提升实践能力，成为履职尽责、敢于担当的人。

综合实践活动课程中的社会服务与社会中爱心人士献爱心、志愿服务是一样的吗？事实上，不能单纯把社会上的服务等同于课程中的社会服务，无论是将课程中的社会服务视为一种教育哲学思想还是一种具体的课程类型，课程中的社会服务的重点都应该放在"学习"上。社会中爱心人士献爱心、志愿服务既包括无偿性、服务性的社会志愿服务，也包括其他类型的实践和体验，往往以服务和回馈社会为主要目的，在此过程中学生的确可以收获知识、发展能力，但是这些收获往往作为服务的副产品，与学校的课程知识缺乏联系。而社会服务作为综合实践活动课程一种主要活动方式，它强调对社会服务进行良好的组织，将学校的课程内容与社会服务进行整合，对学生社会服务的过程和结构进行评价，以达到学生和社会共同发展的课程目标。课程中的社会服务是学习、服务、教学相结合的一种独特的方式。在社会服务中，学校与社会协同育人，学习从教室延伸到社会，并给学生提供了一定的时间，学生通过参与一系列融合个人和小组的活动与服务，反思自己的服务与学习经历。社会服务能够发展和丰富学生真实的知识与实践技能，增强他们的社会责任感及在真实情境中运用知识、技能的能力，在此过程中培养对他人的关怀感。课程中的社会服务有效地把学生的知识获得和不断发展与丰富联系在了一起。课程中的社会服务需要同时具备服务性、实践性、学习性三个特点。社会服务依托社会的真实需求展开，要求学生在社会实践中增进对社会的了解，在有组织的社会服务中意识到自己的社会责任，形成服务意识和习惯。学生进行服务性学习的场所是学校外的真实社会情境，这些真实情境涉及社会各个领域的问题，具有开放性和灵活性，同时给予学生充分的选择权。学生可以根据自己的兴趣和个性自由地选择不同的活动进行体验，在实践中获得反思经验。没有学习和反思的社会服务不能称为社会服务。社会服务的最本质特征是将学校课程与社会需要紧密结合，学生要在社会服务中理解、应用书本上的知识，利用学校教育中获得的知识在实践中探索和服务社会。由此可见，课程中的社会服务要对社会中的服务进行良好的组织，将学科知识与社会需求进行整合，帮助学生在真实情境中获得反思经验，从而实现服务与学习并重的综合实践活动课程。

如何开展社会服务？

在《指导纲要》中，规定了社会服务实施的几个关键要素，即明确服务对象与需要；制订服务活动计划；开展服务行动；反思服务经历，分享活动经验。而社会服务的开展，是学生在真实社会情境中的一种学习、服务、探究、体验的活动，因此，社会服务的开展也要遵循问题解决的一般流程，即准备阶段、制订方案、活动实施、总结反思。

准备阶段。社会服务活动的开展需要家庭、学校、社会协同合作，它兼顾服务性、实践性和学习性。社会服务的开展既要满足社会的真实需要，也要考虑学生的发展需求。因此，在准备阶段，一方面，学生要学习与服务相关的知识与方法，明确开展服务要经历的步骤，以及通过服务可以获得哪些收获等。另一方面，要在社会中发现可以开展社会服务的问题。教师要给予学生发现问题的方法指导，还要鼓励学生对自己周围的社区进行初步的社会调查，从而有助于发现可以开展社会服务的问题。例如：针对较低年级学生，最重要的是加强学生对社区的了解，通过调查了解社区中有哪些医院、警察局、超市，梳理自己在日常生活中会与社区哪些部门和职业产生密切联系，从而理解自己在社区中的社会关系，意识到个人生活与社区发展息息相关。对于高年级学生，教师要传授给学生基本的调查方法，使学生可以根据自己的需求选择访谈、问卷等方式了解社会的真正需求，面对这些需求他们可以做什么等。

制订方案。经过前期的准备阶段，学生已经对社会需求有了初步的认识，接下来，学生就可以开始制订方案了。在制订方案过程中，学生可以对已经了解的社会问题发表自己的看法，并且对这些问题和需求的紧迫程度进行排序，基于自己的兴趣和判断选择力所能及的社会服务。教师要考虑学生的发展需要，将社会需求和具体课程内容进行整合。比如，如何资助贫困山区孩子的问题，可以与劳动学科的制作、数学学科的理财、美术学科的宣传等各学科知识结合起来。

确定社会服务主题后，指导教师要将选定的主题与课程内容进行联系和整合，明确教学目标，带领学生回忆已有知识，引导学生根据社会需求对学过的课程知识进行筛选，让学生自己找出服务社会需要掌握哪些知识，哪些知识是已经习得的，为了完成服务需要获得哪些新知识。以资助贫困山区孩子为例，学生通过实地考察发现贫困山区孩子上学困难的问题，教师在获得这个主题之后，将其与数学知识结合起来，确立此次服务学习的教学目标是让学生掌握数学理财知识。因此，教师要引导学生回忆之前学习的哪些知识可以帮助他们完成这项社会服务。学生可能回忆起数学课上曾经有过家庭理财的知识讲授。这些知识能够帮助学生思考可以通过哪些途径合理获取资金来进行资助，教师还可以适时引导和传授学生通过校园、社区义卖或者手工制作等方法来获取资金，并鼓励学生在社会服务中积极尝试使用。

围绕"资助贫困山区孩子"展开的社会服务方案已经可以初步确立，通过此次学习要使学生珍惜当下生活并能认识到尽自己努力帮助有困难孩子的重要性，掌握数学理财的知识，并能通过所学的数学知识，利用生活中常见的生活物品筹集资金。同时，采用义卖等服务方式，将此次社会服务的行动让更多的人了解，让更多的人参与到此次社会服务中来。这样既实现了学生的个人成长，巩固了所学知识，还促进了社会的和谐发展，培养了学生的社会责任感和归属感。我们只是以数学知识与社会服务结合为例，实际上社会服务往往会涉及多学科、多方面知识，并且方案也不是一成不变的，教师和学生会在活动开展的过程中不断因地、因时对方案进行调整。

活动实施。在具体活动实施过程中，学生可以根据自己的兴趣自由组成活动小组。在正式开展活动前，小组成员要明确各自的分工。明确分工对后续活动的开展起到至关重要的作用，因此，小组所有成员要对所要服务的对象充分了解，例如：可以对将要服务的对象进行问卷或者访谈。另外，小组成员分工还要充分结合自身的兴趣以及所擅长的技能，例如：有的成员很善于组织，因此，可以在分工时分配给他一些活动的策划与设计。明确分工后，接下来，小组成员需要在小组计划表中梳理完成社会服务要使用哪些知识和技能，详细制订出在此次社会服务中小组学习的方案。社会服务的开展不是要求全部都要亲身参与到社会服务中的，有些社会服务是间接开展的。因此，综合实践活动课程中的社会服务可以细分为直接服务、间接服务和研究调查三种形式。直接服务是学生参与到社会服务中，直接与受助群体接触并提供服务。例如，探访孤寡老人，为他们讲故事、表演节目。直接服务能够直接让学生参与到服务当中，建立和加强学生与社会的关系及联系，学生会产生强烈的归属感。间接服务虽然不直接提供服务，但是学生可以通过募集善款、旧物捐赠、号召宣传等方式为直接服务提供支持。例如：资助贫困山区孩子的社会服务。这种形式的服务学生缺乏与社会的最直接链接，所以需要教师积极引导学生意识到自己对社会发展所能做出的努力，鼓励学生总结自己的服务成果。另外一种社会服务的形式是研究调查，研究调查更多的是对社会问题和需求进行系统的调查和梳理，虽然不直接为社会问题提出解决办法，但是研究的结果往往对了解社会需求、解决社会问题有积极意义，这种方式更适合高年级学生。采用何种服务形式由学生和教师共同讨论决定，既要考虑学生的年龄、发展阶段和能力，也要考虑社会的实际需求，而且并不是一次社会服务只能采用一种方式，在安排任务时可以循序渐进，多种服务形式互相补充。在社会服务实施过程中，教师要及时指导学生，将学生的社会服务与课程知识结合起来，给学生提供相关的知识技能学习资料。无论采用何种方式，社会服务都需要家长、社会和学校沟通协作，共同促进学生的发展。

接下来，为大家分享直接服务、间接服务、研究调查的三个案例。

"走进北京松堂关怀医院"是初二年级学生开展的一项直接服务的社会服务活动。在准备阶段，学生们通过读书、观看纪录片和了解松堂关怀医院相关的报道，对松堂的老人有了一定的了解。为了更好了解此次服务的意义、知识以及方法，学生们阅读了《草房子》《每天拥抱死亡》《直视骄阳》等书籍。通过阅读三本书，学生们了解了垂暮老人在最后一瞬所闪耀的人格光彩，在死亡体验中对生命的深切而优美的领悟，以及面对死亡我们应该如何做等。纪录片《失控的生命》是一部临终关怀医院中一群在生与死边缘徘徊挣扎的老人与备受煎熬家属的真实记录。通过观看纪录片，一方面让学生了解真实的临终关怀医院是什么样的，另一方面让学生思考能开展的社会服务内容是什么。为了更好地开展服务，小组成员还提前走进松堂关怀医院进行了实地考察，并访谈了松堂员工，了解如何与临终老人相处，以及老人真正需要的服务有哪些等。在制订方案阶段，学生们根据前面所了解的信息，明确了此次社会服务的主要内容，并结合小组成员的特点进行了合理分工。此次开展的社会服务内容包括：陪老人聊天、给老人读书、喂老人喝水、与老人一起听音乐、为老人实现愿望。在活动实施阶段，学生按照各自的服务内容开展相应的服务。在活动反思阶段，学生要绘制自己的成长线，在小组内交流服务的体验与收获，还有哪些不足，今后还需要在哪些方面加强等。

"跑步募捐"是小学开展的一次间接服务的社会服务活动。此次活动覆盖小学所有年级。这个募捐活动是以跑步的形式来募捐。参加跑步的孩子先找到赞助人，通常就是自己的家人了。赞助人可以用两种形式来捐款。一是根据孩子实际跑的圈数（大人一般是根据跑多少千米），比如跑一圈捐1元，那么一共跑20圈就要捐20元。另外一种方式就是无论跑多少圈就捐固定的金额。在跑步募捐结束后，募得的款项就用于资助贫困山区孩子上学，比如买体育器材和科技教学用品之类的，或者用做带孩子出游参观的经费。活动的方案由教师整体来制订，学生是主要的参与者。在活动当天，学生们统一着装，首先进行10分钟的热身，其次参与20分钟的跑步，最后是10分钟的放松。在跑步过程中，学生每跑完一圈都由老师画钩确认，有的小朋友跑了20圈后明显累了，但是，为了获得更多的资助,很多小朋友边擦汗边走,走一会儿跑一会儿,最终孩子们获得了不少的资助资金。这样的间接服务虽然孩子们并未能真正经历资助的过程,但是通过跑步,孩子们既锻炼了意志力,也充分认识到资助的意义和价值,因此,尽自己的最大可能跑最多的圈数。

"雾霾调查"是一个研究调查类的社会服务活动。该活动聚焦了社会中的热点问题"雾霾",通过采访调查、观察记录、实验探究等方式,提出了制止雾霾形成的方法和建议,并积极呼吁社会要集体行动起来。这个社会服务活动的参与者虽然不是学校的学生,但是此次社会服务活动为我们呈现了一个非常好的研究调查的社会服务活动。本次社会服务活动聚焦的内容包括三个问题,即雾霾是什么、它从哪里来、我们怎么办。首先,调查者通过采访调查,了解污染严重地区人们的生活状况。其次,通过观察记录,记录了2014年一整年北京的空气质量,还在同一时间,连续40天观察记录天津、沈阳、成都、兰州、石家庄的天气质量;通过查找文献,了解了什么是雾霾,苯并芘对人体的影响是什么,以及PM2.5的世界卫生组织标准及各国标准值;通过实验探究,将PM2.5采样仪放入采样膜收集24小时空气中的物质,用实验测试采样膜中是什么物质。最后,走访了世界很多地方,例如:了解加州对于汽车不安装DPF过滤装置的管理处罚条例,了解餐馆的油烟净化器,了解汽油的油气回收装置等有效治理大气污染的办法和措施。在一系列的调查研究的基础上,提出了预防以及制止雾霾形成的方法和建议,并积极呼吁社会上的每个人共同做出一个绿色的选择,"如果你不知道应该如何保护,那么,请你先停止破坏它"。

总结反思。综合实践活动课程中的社会服务最重要的步骤是进行反思,反思在社会服务和实践中获得的直接经验是学生成长的重要途径。反思应该贯穿学生社会服务的各个阶段,教师要通过各种方式引导学生对自己的方案、服务和行为进行反思,帮助学生养成独立思考的习惯,成为独立的学习者。除了服务过程中的反思，活动结束后学生要对活动进行整体反思。反思活动并不是随机和任意的，而是围绕活动设计和完成度、学生知识获得程度和学生个人成长三个维度展开。反思活动一般从活动本身开始引入，学生首先对活动中的具体任务进行总结和反思，此过程学生之间可以自由讨论在活动中看到了什么，做了什么。接着，学生对自己在活动中的表现进行总结，例如，前期对社会需求的调查是否深入，小组内分工是否合理，每个人是否很好完成了任务，是否承担了自己的责任；在服务中，自己有哪些收获，哪些不足；受助者对服务的评价如何，活动中出现了哪些问题，今后对这些问题如何改进等。由于服务性学习具有很强的开放性，学生在反思过程中也容易天马行空，因此，在反思活动中，教师可以通过问题帮助学生集中在实践活动、课程知识和个人成长的角度进行反思总结。例如，在社会服务中遇到了哪些问题，遇到这些问题时你是什么感觉？为了解决这些问题，你利用了哪些知识？是否成功解决了问题，带给你哪些感受？通过这些问题，学生将学科知识与实践之间建立起联系，在原有经验的基础上形成新的知识，加深学生对社会的情感链接。反思活动不止有一种形式，可以通过学生讨论、个人写作、课堂展示等多种方式帮助学生重新思考实践中获得的直接经验。

  社会服务这一活动方式充分尊重学生的个人兴趣，学生在实践中潜移默化地学习知识，收获情感体验。实践研究表明，参与社会服务能够激发学生的学习内在动机和兴趣，对学生的能力提升有显著效果，特别是人际交往能力和表达能力。参与社会服务还可以加强学生与社会之间的联系，增强了学生的个人责任感和社会责任感。即使是平时学习吃力的学生，在参与社会服务中也可以很好地完成各种服务任务，增强了自信心和自尊心，促进了身心健康发展。

五、 职场里的综合实践

"我是谁？我要去哪儿？我怎样到达那儿？"作为小学、初中、高中的学生，要回答出这三个问题并不容易，因为作为一名学生，仅仅依靠学校的学习很难对未来职业有所了解，而学生最终要结束学业选择职业步入社会，因此，职业的选择成为学生告别校园步入社会的首要的且关键的选择。首都师范大学曾经对高中生、大学生做了一项关于专业、职业满意度的调查，调查显示，高中生对首选专业与大学的了解程度不足30%，而大学生对于自己专业的满意程度也只有16%左右。早在2002年，有一位被保送到清华大学硕博连读的学生，不到一年就申请退学，重新备考，进入清华大学建筑系本科。而在此之前，辽宁省高考文科状元退学，只为追寻更纯粹的国学，于是花一年时间复读，考进了北大。他们都成为传奇，但更多的学生既缺乏从头再来的实力，也没有时间和勇气做出这样的选择。这也成为我们开展职业体验的重要原因。有人认为职业体验是高年级学生甚至是大学生才应该开展的活动，其实不然，职业体验宜早不宜晚，中学阶段尤为关键。通过职业体验，可以让学生尽早识别自己的兴趣和天赋；了解教育成就和工作世界的联系；从各种各样的资源中得到职业信息；懂得在技术社会对高素质的工人的需求；理解和实施决策和生涯规划；了解工作机会和性别平等；熟悉中学课程和项目；懂得学习是一个终身的过程等。接下来，将聚焦职场中可以开展的综合实践活动，与大家分享职业体验这一主要的活动方式。

什么是职业体验？

《指导纲要》中这样定义：职业体验指学生在实际工作岗位上或模拟情境中见习、实习，体认职业角色的过程，如军训、学工、学农等，它注重让学生获得对职业生活的真切理解，发现自己的专长，培养职业兴趣，形成正确的劳动观念和人生志向，提升生涯规划能力。

从字面意思上看，职业体验包括"职业"和"体验"两个词。职业，是指个人所从事的服务于社会并作为主要生活来源的工作。体验，出自《朱子语类》卷一一九："讲论自是讲论，须是将来自体验。说一段过又一段，何补！……体验是自心里暗自讲量一次。"因此，"体验"一词，一指亲身经历，实地领会；二指通过亲身实践所获得的经验；三指查核、考察。体验到的东西使我们感到真实、现实，并在大脑记忆中留下深刻印象，使我们可以随时回想起曾经亲身感受过的生命历程，也因此对未来有所预感。实际上，职业体验这一主要的活动方式也起源于最初的体验式学习。体验式学习可以说是人类最初的学习方法，也是最基本的学习方法。美国学者大卫·库伯以"体验式学习循环圈"理论描述了体验式学习的完整过程，即"具体体验—反思性观察—抽象概念化—主动尝试"不断循环往复、螺旋上升的过程。库伯的理论凸显出体验式学习过程的关键特征是"体验+思考"，它以学习者经验为起点，但不是单纯停留于认知层面，而是兼及学习者的情感、态度、价值观层面，使之完整地去感知周围世界而获得体验；同时学习者将思考带入体验之中，经反思而形成体验的意义——"既有对外部环境的再认识，也包括对自我各方面的再认识"。在体验式学习的基础上建立了职业这一真实的生活情境，就是让学生置身于丰富的、与各种职业活动相关的情境之中，让其全身心地参与各种职业性的实践活动中去，使其获得相应的真切认知与情感体悟，从而加深对自我世界、生活世界、职业世界和社会发展的理解，并将这样的理解与其自身的未来相联系，这就是职业体验。

如何开展职业体验？

在《指导纲要》中，规定了职业体验实施的几个关键要素，即选择或设计职业情境；实际岗位演练；总结、反思和交流经历过程；概括提炼经验，行动应用。在介绍职业体验如何实施前，我们先来看看国外的初中生是如何开展职业体验的。本章一开始，我们提出了三个问题，即我是谁、我要去哪儿、我怎样到达那儿，一所初中学校基于这三个问题设计了三年的职业体验项目。项目一：我是谁？该项目针对初一年级学生，通过开展活动帮助学生理解自身作为中学生的新角色和责任，让学生尝试设立个人的目标，探索喜欢的和不喜欢的东西，并识别那些对他们的生活有重大影响的人，参与兴趣评估和关于学习技巧的会议。最后，完成一幅"我是谁"的拼贴图，在拼贴图里展示自己的喜好，如想住哪、想开哪款车、喜欢的运动种类、喜欢的工作类型等。学生基于各自的职业选择，探索他们渴望的生活风格。项目二：我要去哪儿？该项目针对初二年级学生，帮助学生把学校和工作世界联系起来。该项目要与校外企业合作开展，通过一些工作尝试，让学生参与评估自己的工作习惯和能力，并鼓励学生探索不同的职业选择。最后，让学生们写一篇职业研究论文，要求每位学生就一个特定职业写出研究报告，可使用网络、图书馆、学校及社区职业中心的资源。项目三：我怎样到达那儿？该项目针对初三年级学生，帮助学生做好转入高中的准备。通过升级学生的档案袋，建立学年目标，带领学生参与职业决策评估。最后，通过开展职业探索大会，学生们探索各自的职业选择，并由学生制作出展板，在学校的"学校职业周"展出。这样的职业体验不同于《指导纲要》提出的关键要素，在开始职业体验前，学生要对自我有一个清晰的认知，知道自己的兴趣，能树立未来发展的目标，能发现对自己具有深远影响的人或事等；接着，进入职业探索，一方面可以通过评估来了解自己的工作习惯与能力，另一方面可以通过亲身实践来体验不同的职业，无论是评估还是实践都属于职业探索的内容；最后，在前面的基础上对自己的未来发展做出职业的规划。这种模式的职业体验方式更能凸显综合实践活动课程所倡导的实践性、开放性、整体性、持续性活动的特点。因此，我们将职业体验的开展划分为自我认知、职业探索、职业规划三个阶段。

　　自我认知。自我认知就是对自我的认知，或者说自己对自己的认知。简单地说，自我认知就是对自己及自己与周围环境关系的认识，包括对自己存在的认识，以及对个人身体、心理、社会特征等方面的认识。自我认知是整个规划流程中最为基础、最为核心的环节，这一环节做不好或出现偏差，就会导致整个职业生涯规划出现问题。只有全面、客观地认识自我和了解自我，才能对自己未来的职业生涯做出准确的把握和合理的规划。对自我认知得当与否，将直接影响职业选择的目标。一位犹太作家指出，积极的自我形象是走出贫民窟、危机和不幸童年的门票。自我概念是什么，决定了自己就会成为什么。有什么样的自我，就有什么样的目标。有这样一个故事：一个小孩看完马戏团大象表演后，奇怪地问起他的父亲："大象的力气那么大，为什么脚上只系了一条小小的铁链，难道它无法挣开那条铁链逃脱吗？"父亲说："在大象很小的时候，驯兽师就用那条同样的铁链来系小象的，那时候它还小，力气不够大，小象起初也想挣开铁链的束缚，可是试了很多次以后，知道自己的力气不足以挣开铁链，于是就放弃挣脱的念头。等小象长成了大象，虽然有力气挣脱，但它以为不能挣脱，也就甘心受那条铁链限制，再也不想逃脱了。"这个故事形象地说明了当我们对自己认识不足时，就会被一条生活的铁链系着，而且看不到挣脱的力量。每一个生命都有他存在的价值，每一个人都是独一无二的，我们要好好地对待自己，不断地了解自己，精心地规划自己，这样我们才会拥有一份美丽而无悔的人生。建立积极的自我，形成为事业奋斗中的自信心。通过了解职业价值观、兴趣、性格、能力和技能等内容，思考"我的理想是什么""我的目标是什么"等问题，发展自我意识，建立良好的自我概念，激发成就动机。

职业体验中的自我认知包括哪些主要内容呢？自我评估的内容是与个人相关的所有因素，包括个性、兴趣、特长、学识、技能、智商、情商、思维方式等。在职业生涯规划过程中，我们必须要弄清楚以下四个方面的问题：问题一，喜欢干什么。喜欢干什么指的就是职业兴趣的问题。人们在确定工作时，首先要考虑到自己的兴趣在哪里，喜欢什么。因为一个人在从事自己感兴趣的活动时，能产生愉快的心理体验，并且注意力更加集中，思维会更加活跃，行为会更持久稳定。问题二，能够干什么。我能够干什么？回答这个问题要知道自己的能力和技能。对于一种职业而言，必须要求从业者具备相应的能力。能力是职业适应的基本的制约因素，也是单位聘用人才最重视的因素。问题三，适合干什么。一个人适合干什么，决定于个人特质，其核心是人的性格，我们常说的性格决定命运。它决定着人的活动方向，是个人区别于他人的主要特征。问题四，最看重什么，即职业价值观。价值观是人的动机和行为模式的统率，是一种内心尺度，支配着人的行为、态度、信念及对客观事物的意义理解等。职业价值观是个人对某一种职业的希望与愿望与向往，表明了个人通过职业所要追求的理想。

职业探索。职业探索是学生进行职业体验中最重要的环节，也是澄清学生个人职业倾向选择的重要手段。职业探索能够帮助学生综合自身个人特点、不同的职业、不同的环境关系，增强学生对自我、职业、环境的认识和理解，确立未来职业发展和目标，促进个人职业发展，实现自我完善和自我价值。在职业探索阶段，可以采用资料查找、访谈调查、实践体验的方法开展职业探索。方法一，资料查找。通过互联网、书籍、杂志、相关视频资料、专业生涯规划教育平台等，学生可以对主观感兴趣的职业方向进行初步查询；搜索各种典型的职业，结合从事职业的学历、资格、身体条件、证书等条件；通过查阅对自身理想职业工作所需的知识、技能、生理条件及个性特征等问题有初步的认识。资料查找的方法便于学生在繁忙的学习中进行，而且获取的信息量很大，相比其他方法成本比较低，但不足之处在于，资料查找所能得到的信息是间接的、隔离的，与现实有一定的差距。方法二，访谈调查。在学生的身边有很多可以利用的职业资源，如父母、老师、亲戚等，从他们的访谈过程中可以了解到更多职业现象和职业环境，以及目标职业所需具备的职业技能、证书。方法三，实践体验。实践体验是学生在短时间内通过实践体验活动了解、学习、参观、体验职业工作现场，包含职业工作性质、内容、环境、氛围等。目前，职业探索中的实践体验法主要分为两种，即校内游园会体验活动和校外职业体验。两者体验形式和流程略有差异。校内游园会体验活动在于学生事先通过某个生涯规划教育平台测评工具，结合测评结果和现场工具使用说明，逐步探索自身感兴趣的专业和职业，从而选择某一领域进入面试体验。校外职业体验不同点在于学生根据测评结果选择职业体验方向相关的企业和课程，组织学生深入企业观摩职业现场、职业工作环境、内容、制度等，结合职业体验课程，为学生树立正确的职业价值观，为学生选科、志愿填报确立奠定基础。

职业规划。职业规划指的是一个人对其一生中所承担职务的相继历程的预期和计划，这个计划包括一个人的学习与成长目标，及对一项职业和组织的生产性贡献和成就期望。个体的职业规划并不是一个单纯的概念，它和个体所处的家庭以及社会存在密切的关系。并且要根据实际条件具体安排。并且因为未来的不确定性，职业规划也需要确立适当的变通性。虽然是规划，也不是一成不变的。同时职业规划也是个体的人生规划的主体部分。简言之，职业规划就是：你打算选择什么样的行业，什么样的职业，什么样的组织，想达到什么样的成就，想过一种什么样的生活，如何通过你的学习与工作达到你的目标。职业体验的最终目标就是进行个人职业生涯的规划。

  那么，为什么要进行个人职业的规划呢？做好职业规划，第一，可以分析自我，以已有的成就为基础，确立人生的方向提供奋斗的策略；第二，通过职业规划，可以重新安排自己的职业生涯，突破生活的格线，塑造清新充实的自我；第三，通过职业规划，个人可以准确评价个人特点和强项，在职业竞争中发挥个人优势；第四，通过职业规划可以评估个人目标和现状的差距，提供今后前进的动力；第五，通过职业规划可以准确定位职业方向；第六，通过职业规划重新认识自身的价值并使其增值；第七，通过自我评估，知道自己的优缺点，然后通过反思和学习，不断完善自己使个人价值增值；第八，通过职业规划，全面了解自己，增强职业竞争力，发现新的职业机遇；第九，职业规划通常建立在个体的人生规划上，因此，做好职业规划将个人生活、事业与家庭联系起来，让生活充实而有条理。

  如何进行职业规划呢？职业规划的步骤可以通过以下六个问题展开。问题一，你是什么样的人？首先问自己，你是什么样的人？这是自我分析过程。分析的内容包括个人的兴趣爱好、性格倾向、身体状况、教育背景、专长、过往经历和思维能力。这样对自己有个全面的了解。问题二，你想要什么？这是目标展望过程。包括职业目标、收入目标、学习目标、名望期望和成就感。特别是学习目标，只有不断确立学习目标，才能不被激烈的竞争淘汰，才能不断超越自我，登上更高的职业高峰。问题三，你能做什么？自己专业技能何在？最好能学以致用，发挥自己的专长，在学习过程中积累自己的专业相关知识技能。同时个人工作经历也是一个重要的经验积累，以此判断你能够做什么。问题四，什么是你的职业支撑点？你具有哪些职业竞争能力？以及你的各种资源和社会关系。个人、家庭、学校、社会的种种关系都能够影响你的职业选择。问题五，什么是最适合你的？行业和职位众多，哪个才是适合你的呢？待遇、名望、成就感和工作压力及劳累程度都不一样，关键在于个人的选择。选择最好的并不一定是最合适的，选择适合的才是最好的。这就要根据前四个问题再回答这个问题。问题六，最后你能够选择什么？通过回答上面的六个问题，你就可以做出一个简单的职业规划了。

接下来，为大家分享两个职业体验的案例。

第一个案例是学生走进物业公司体验物业管理。学生在完成此次职业体验后，详细记录了体验的全过程：保安部经理先对体验人员进行消防培训。主要介绍消防安全的基本知识：怎样预防火灾，火灾发生后怎样逃生，如何进行自救等。然后经理给大家看了火灾逃生的案例，告诉大家到陌生的地方，要事先留意火灾逃生路线图和安全出口，这样就可以以防万一，避免在灾难来临时不知所措，可以尽快找到逃生的路线。经理向体验人员介绍了灭火器的检查方法和使用方法。首先检查生产日期，其次检查保险栓，最后检查压力表，如果一切正常，那么这个灭火器就是可以正常使用的。同时，还介绍了干粉灭火器和二氧化碳灭火器这两种不同的使用方法。特别注意在使用二氧化碳灭火器时要防止冻伤。在了解了以上基础知识后，来到了消防安全控制中心，这里掌控着大楼的消防安全。只要大楼的任何一个地方发生火情，这里都会准确无误地显示出来。之后，又参观了水泵等内部设施，了解身边的基础设施的重要性。最后，体验保洁工人的工作。在地下停车场里，拿着拖把拖地。其间，保洁阿姨要进行一些劳动的指导，例如：怎样正确地拖地。这也是了解基础劳动者的生活和工作。

第二个案例是学生走进汽车装饰公司真实体验生产过程。学生在完成此次职业体验后，详细记录了体验的全过程及感受：第一天：将皮条嵌入汽车踏板的模具上，这一个重复的动作坚持了一个上午。第二天：将螺丝打入模具中，打螺丝时，手都在颤抖，五个模具相当于一个普通工人一天的薪水，稍有不慎，模具就破坏了。所以，一门技术的掌握很不容易。第三天：将各个模具装箱，进行包装，这是纯体力活。经过三天的体验，了解了工人工作的不宜，也明确了未来努力的方向。

六、 劳动中的综合实践

2018年9月10日，习近平在全国教育大会上深刻指出："要努力构建德智体美劳全面培养的教育体系"，"培养德智体美劳全面发展的社会主义建设者和接班人"，并强调："要在学生中弘扬劳动精神，教育引导学生崇尚劳动、尊重劳动，懂得劳动最光荣、劳动最崇高、劳动最伟大、劳动最美丽的道理，长大后能够辛勤劳动、诚实劳动、创造性劳动。"

习近平总书记的这段话，一方面，明确了劳动教育的总目标，即为国家培养德智体美劳全面发展的社会主义的建设者与接班人。另一方面，指明了劳动教育的主要任务，即努力培养并提升学生的劳动素养。

那么，如何开展劳动教育呢？

2015年7月20日，教育部、共青团中央、全国少工委以教基一

〔2015〕4号印发《关于加强中小学劳动教育的意见》（以下简称《意见》）。该《意见》中明确指出：要根据《义务教育课程设置实验方案》和《普通高中课程方案（实验）》，将国家规定的综合实践活动课程、通用技术课程作为实施劳动教育的重要渠道，开足开好。

自此，综合实践活动课程成为实施劳动教育的重要渠道之一。

关于劳动教育，我们首先想到的就是现在小学、初中开设的"劳技"课，很多人简单地认为，劳技课就是劳动教育，而且学校始终按照国家要求开齐开足，有专门的教师，也有专门的教材。这样的认识不在少数。如何让教师真正地了解劳动教育？如何在综合实践活动课程中开展劳动教育？接下来，我将从学校开展劳动教育中存在的问题展开，分析具体问题，寻找解决问题的策略与办法，并通过分享在综合实践活动课程中开展劳动教育的案例，厘清关于劳动教育的相关概念，进一步探讨在综合实践活动课程中如何开展劳动教育。

（一）学校在开展劳动教育中存在的问题

问题一：学校中劳动活动丰富但流于形式

关于劳动教育，很多学校的领导认为组织学生从事劳动活动是比面对中高考轻松很多的事情，只要把学生分好小组，把劳动和劳动工具分配给学生之后就可以让学生从事劳动活动了，这就是很多学校开展的劳动教育。这样的劳动活动虽然丰富但大部分都流于形式，而且很多劳动活动缺少整体的规划与设计，偶然性的、应急性的、表演性的劳动活动居多。

在这种流于形式的劳动中，学生们非但学不到一定的劳动技能和技巧，使劳动成为一种强烈的需求，还会使学生在其他方面也效仿学校的这种形式主义，做事情浅尝辄止，只在表面上下功夫，不注重实效。这种不良的对待事物的态度很容易助长学生巧于应付的懒惰思想。

问题二：教师在开展劳动教育中自身的劳动素养不强

劳动素养，指经过生活和教育活动形成的与劳动有关的人的素养，包括劳动的价值观（态度）、劳动的知识与能力等维度。

那么，教师在组织学生开展劳动教育的过程中，是否能成为学生活动的重要引导者与促进者呢？这就要看教师是否具有较强的劳动素养，即教师能否以其自身高尚的道德影响学生，使学生成为热爱劳动、尊重劳动的人；能否帮助学生树立正确的劳动态度，形成热爱劳动、尊重劳动人民以及珍惜劳动成果的高尚道德；能否通过自身所具有的对劳动的热爱以及创造性精神来紧紧吸引学生、感染学生；能否在学生面前发挥劳动榜样的作用。

综合实践活动课程是国家规定的必修课程，大部分的综合实践教师都是兼职教师，这些兼职教师有学科教师，也有临时担任的其他岗位的工作人员，这些指导者中，有些教师不能成为学生心中的劳动榜样，有些教师自身不具有对劳动的热爱，有些教师不具备劳动的技能等。教师不能从自身的高尚道德去影响学生，不能依靠对劳动的兴趣与热情成为学生们的表率，不能精通某些劳动技能成为学生们的榜样。因此，在组织开展劳动教育的过程中，学校很难充分挖掘劳动教育的育人功能，只能教给学生一些简单的劳动技能和技巧，然后给学生安排一些体力劳动任务，任务完成了也就完成了，学生们对待劳动的态度、学生们的劳动习惯以及劳动素养并没有得到实质性的提高。

问题三：开展劳动教育未能发挥学校、家庭、社会的合力

教育活动常常受到家庭、学校、社会等多方面环境和因素的影响，劳动教育也不例外。家庭是现代学生接受劳动教育的重要场所。一方面，父母的一言一行都会成为孩子不自觉去模仿的对象，如果父母没有正确的劳动态度，不仅不能给孩子树立正确的榜样，反而会让孩子有了错误的认识。另一方面，父母过分的溺爱也是导致孩子自理能力差的一个主要原因。与家庭不同，学校可以为学生接受劳动教育提供一定的物质保障，例如：用来制作的专用教室等。但是，很多学校由于缺乏对劳动教育的高度重视，用于劳动教育的经费有限，许多学校几乎没有专用教室，缺乏了一定物质基础的劳动教育，其教育效果也就可想而知了。除了家庭、学校，开展劳动教育还有一个重要的场所，那就是社会，社会可以为学生提供开展劳动教育更加广阔的活动空间，为学生提供实际锻炼的劳动机会。但是，走出校园步入社会的劳动教育缺少经常性和连续性，往往学生们还未能真正体验到自己的劳动为他人带来便利的成就感时就已经结束了，这样的劳动对于社会责任感和主人翁意识的增强并没有良好的效果。

问题四：体力劳动与脑力劳动的脱节

学生一周在校时间的体力劳动与脑力劳动的时间分别是多少？不难发现，学生脑力劳动与体力劳动之间的比例是失调的，也就是脑力劳动时间大大地大于体力劳动的时间。于是，学校为了缓解两者之间比例的失调，盲目地增加了体力劳动所占的比重，结果常常导致学生的体力负担过重，这样的体力劳动不仅不能丰富和发展人的智慧，而且过重的体力劳动也不能促进脑力劳动的发展，体力劳动与脑力劳动严重脱节，从一个极端走向了另一个极端。

（二）在综合实践活动课程中加强劳动教育

综合实践活动课程是国家规定的一门必修课程，义教阶段，综合实践活动学时总计1083学时，其中，研究性学习、社区服务、社会实践共计280学时，劳动技术、信息技术共计350学时，学科实践活动453学时。高中阶段，综合实践活动共计8学分，劳动教育6学分。而高中的劳动教育侧重社会实践与职业体验。如何利用这些学时、学分开展劳动教育是今后综合实践活动课程的一项重点内容。

结合上面学校在开展劳动教育中所出现的问题，如何更好地在综合实践中开展劳动教育呢？接下来，结合一个综合实践主题活动来具体说明如何在综合实践活动中开展劳动教育。

1. 聚焦身边问题，开展主题活动

主题名称：我校环保小屋的设计与重建

本次主题在初一下学期开展，主要内容围绕环保小屋的设计与重建展开，教师引导学生从关注校园的角度，发现并提出问题，然后在教师的指导和帮助下开展综合实践活动。本次实践活动主要围绕形成《我校环保小屋重建报告》和我校环保小屋的重建，采用多种研究方法，通过前期调研了解原环保小屋中的内容和结构；根据调研结果，设计施工方案，通过施工预算计算出本次活动所需的资金；接下来，小组成员就要开动脑筋筹集资金；当资金筹集到位后，首先要进行小屋内部的装修施工，然后进行屋内的设计布置；当小屋重建完成后，最后请总务老师对小屋进行安全验收，完成环保小屋的重建，形成重建报告。

2. 边研究边劳动，开展劳动教育

在整个活动过程中，学生开展了形式多样的劳动实践活动。

在前期调研中，小组同学为了了解原环保小屋的情况开展了一次访谈调查，一方面了解原环保小屋中的设施或展品，另一方面了解有哪些设施和展品被破坏了。在这个环节，小组同学要提前设计好访谈提纲，与被访谈者预约访谈时间，准备访谈的设备，开展访谈，在访谈中做好访谈记录，访谈后做好资料的汇总等。除了访谈调查外，小组同学还开展了文献收集和参观考察，通过文献收集，主要收集环保小屋的设计方案以及好的环保创意，通过参观考察，考察其他学校的环保小屋，通过学习来更好地设计本校的环保小屋。在这个环节，设计访谈提纲、开展访谈、进行访谈汇总、开展文献收集、参观考察都是在问题研究过程中开展劳动实践活动。

在施工设计环节，主要是为后续的施工做好准备。本次施工方案设计要本着节约资源的原则，尽量做到资源再利用，利用现有资源，以旧翻新，减少重建消耗，从而节约资源。整个施工过程重点从两方面进行准备，人力配备和选取材料。在人力分配方面，粉刷墙面由装修工负责，其他的工作主要由学生负责；施工材料的获得分为三个渠道，一是购买材料，例如墙面漆料、灯泡等；二是资源再利用材料，包括窗帘、桌椅、展柜等；三是亲手制作材料，植物盆栽、墙上饰品、展品等。在明确了人力配备和选取材料后，小组同学列出一份详细的施工预算表格。在这个环节，小组同学开展了市场调查，一是了解装修材料的市场价格，二是对不同市场、不同品牌价格进行对比，在此基础上，填写预算表格。该环节中学生们走进社会，开展了融入社会的劳动实践活动。

在筹集资金环节，小组成员针对"如何筹集资金"的问题展开了讨论，通过讨论，有的同学提出可以将自己看过的书或闲置的学习用具、玩具拿到社区跳蚤市场上进行义卖，还有的同学提出，可以要求学校的校长参与此次活动，在学生大会上号召同学们收集家中和学校的废品，交由总务处统一变卖，变卖资金作为本次主题活动使用资金。在这个环节，学生们走进社区开展义卖活动，收集废品变卖活动是具有公益性的劳动实践活动。

确定了施工方案，资金也筹集到位了，接下来就可以利用这些资金，合理选择环保材料开始施工了。在施工环节，首先要进行屋内的装修施工，按施工方案，粉刷墙面的工作由总务处负责找专人施工，有的同学希望自己动手参与装修，但出于安全考虑，学生年龄只有14岁，因此，学校安排此项工作由专业人员完成。屋内装修施工完成后，进入了小屋的布置环节。在布置小屋过程中，小组成员亲自动手、亲身实践、开展集体劳动。一方面，同学们找到总务处老师，帮忙选取废旧桌椅、展板等材料，进行以旧翻新；另一方面，同学们还开展了废旧物品的 DIY 活动。同学们收集制作所需要的材料，例如空饮料瓶、废旧纸盒等，还在网络上收集关于废旧物品的小创意，再根据制作需要收集所需材料，接下来开始了创作的过程。有的同学用废旧纸盒制作墙上的装饰品，有的同学将废旧报纸编织成了笔筒，此外，有的同学还将自己亲手种植的植物移栽到自制的环保花瓶中，为环保小屋增添一抹绿色。该环节的劳动实践活动既有开动脑筋的动手创作，也有集体参与的劳动体验，脑力劳动与体力劳动相结合，劳动实践活动内容丰富形式多样。

小屋终于完成了装修、装饰的任务，接下来，小组成员将请总务老师对小屋进行安全验收，并且根据验收老师的意见和建议。修改完善小屋的重建报告。

3. 边劳动边教育，遵循教育原则

劳动教育是以促进学生形成劳动价值观和养成劳动素养为目的的教育活动。其中，劳动价值观指的是人们对于劳动价值的主观认识，即劳动观点、劳动态度等；劳动素养则指经过生活和教育活动形成的与劳动有关的人的素养。劳动素养不但包括成熟的劳动技能和劳动技巧，而且还包括劳动创造中的智力内容、道德意义、公民目的性以及劳动在一个人的精神生活中所起到的重要作用。因此，对学生进行劳动教育，提高劳动素养，绝不能脱离其他素养单独进行，而应该与其他素养的培养有机结合。

学校在以往开展劳动教育过程中，出现了劳动丰富但流于形式、教师自身劳动素养不强、未能发挥家庭学校社会合力、体力脑力相脱节等问题，未能真正发挥劳动教育的教育价值。因此，在综合实践活动中开展劳动教育，既要避免以上开展过程中存在的问题，还要遵循劳动教育的基本原则，即全面发展原则、道德性和公益性原则、尽早性原则、量力性原则、经常性和连续性原则、手脑并用的创造性原则、个性发展原则。

那么，在"我校环保小屋的设计与重建"主题活动中，如何五育并举加强劳动教育？如何在劳动活动中遵循劳动教育原则？

在"我校环保小屋的设计与重建"主题活动的筹集资金环节，学生们开展了社区义卖以及校园公益宣传活动，最终为此次小屋的重建筹集到了1000多元的装修资金。在活动中，学生们开动脑筋想办法，想到把闲置物品放到社区跳蚤市场义卖，想到把校园、家中的废品收集进行统一变卖，还想到让校长帮忙进行全员动员，同学们的办法总比问题多，小主意好点子越来越多。在开展义卖活动中，同学们不怕辛苦、不怕累，当他们看到资金数目增多时，内心充满了自豪感与满足感，身体也得到了锻炼。因此，劳动教育与德育、智育、体育、美育是相互促进的，只有当劳动能使人的道德得到完善、智力得到发展、体质得到增强、美感得到提升时，劳动才能真正成为一种教育力量。

小屋的装修施工包括粉刷墙面与室内清洁，其中，粉刷墙面由总务处老师找专人施工，此时，有同学提出了"为什么不让我们自己动手呢？"但由于学生们刚刚初一，年龄较小，出于安全考虑，学校安排此项工作由专业人员完成。室内清洁则由学生们亲自动手、亲身实践，充分体验集体劳动的乐趣。这就是劳动教育中的量力性原则，即劳动任务的安排要符合学生的实际能力及其身心发展的具体特点，在劳动中产生的正常疲劳感是可以接受的，但体力和脑力的过度疲劳是绝不容许的。过度的疲劳不但会威胁孩子的身体健康，而且还容易使他们产生敷衍、抵触的劳动情绪。

小屋的设计布置是由同学们自主完成的。同学们要对小屋内部进行整体的规划，既要合理利用小屋的空间，又要符合小屋环保的理念。因此，小屋的设计从色彩的搭配、陈列展品、公益宣传方面都要突出环保的理念。同学们在色彩上选用了绿色作为主色调，绿色代表自然、健康、和平，绿色很符合环保的理念。环保小屋内所有的陈列展品都是同学们自主创作的，同学们利用环保理念DIY了很多的作品，例如：废旧报纸编织的笔筒、用旧杂志制作的座椅、用可乐瓶制作的收纳盒、用废旧纸箱制作的整理箱等，在这个环节，既锻炼了学生们的想象力、空间思维能力、审美能力，又提升了学生们的动手创作的能力。长时间从事某一项体力劳动很容易使学生感到乏味无趣，在这种情况下，赋予体力劳动以一定的创造意图或研究目的，燃起他们求知欲的火花，用智力来指挥双手或者用双手来丰富智力，那么即使再平凡无味的体力劳动都会成为学生心爱的劳动。为此，应当尽量让各种劳动都以创造性意图为基础，促使学生为实现这种意图积极研究、努力思考。这就是劳动教育的手脑并用的创造性原则。

开展此项主题活动的学校2004年被评为环保先进校，环保小屋成为学校学生学习环保知识、开展环保教育、进行环保创意展示的基地，但是学校在抗震加固后，环保小屋由于没有及时地进行装修装饰，因此屋内的展品都被打包，小屋也不再对外开放了。为了让环保小屋重新成为大家开展学习、教育的基地，同学们于是开展了"我校环保小屋的设计与重建"主题活动，这个主题活动是一件为学校、为师生谋福利的无报酬的公益性活动，参与的学生来自初一年级。这既体现了劳动教育的尽早性原则，也体现了劳动教育的公益性原则。要让孩子们尽早通过亲身经验理解并体验劳动的意义，没有劳动就不可能生活，因此，在学生的兴趣爱好开始显现出来时就应该对他们进行劳动教育。学生们在初一的年龄就能参加到这种无报酬的公益性活动中来，对他们今后社会责任感和义务感的增强是有很大益处的，学生们在实践中认识自我、发现自我，用劳动的欢乐来充实自己的精神生活，为他们今后尽早能够找到一种自己热爱的劳动奠定了坚实的基础。

总结

苏霍姆林斯基提出，劳动教育的总目标就在于为社会培养未来公民，培养"真正的人"。2017年9月，教育部为全面贯彻党的教育方针，坚持教育与生产劳动、社会实践相结合，引导学生深入理解和践行社会主义核心价值观，充分发挥中小学综合实践活动课程在立德树人中的重要作用，特制定中小学综合实践活动课程指导纲要。而综合实践活动课程正是为社会培养未来公民，培养"真正的人"的课程。开展好综合实践活动课程，开展好劳动教育，为国家培养德智体美劳全面发展的社会主义的建设者与接班人而贡献力量。

第三章
永远像孩子一样提问

一、故事：蝴蝶破茧而出

蝴蝶破茧而出

有一个人无意中找到了一个蝴蝶蛹。

几天后，他留意到蛹出现了一个小孔，他就停下来观察它。过了几个小时，他见到里面的蝴蝶用它细小的身体挣扎着从小孔出来。看了很久也没有一些进展，小蝴蝶好像用尽了自己最大的努力也无法从蛹中出来。于是，这个人决定帮它一把，他找来了一把剪刀，用剪刀将蛹的尽头剪开了。

蝴蝶这样就很容易出来了。

但是从蛹中出来的这只蝴蝶身体肥胖，翅膀又细又弱。这个人继续观察蝴蝶，他相信蝴蝶的翅膀会渐渐变大而它的身体会越来越小，但是这一幕始终没有发生。小蝴蝶的余生只能托着肥胖的身体和细弱的翅膀在地上爬着走，永远不会飞行了。

这个故事告诉我们，生命里面的挣扎是我们必需要有的。在故事中，这个善良的人不了解蝴蝶必须要用它细小的身体挣扎着从小孔出来，它必须经过这个过程，蝴蝶才可以将身体里的体液压进它的翅膀里。大自然奇妙的设计，就是蝴蝶从蛹中挣扎出来是为着预备它将来飞行需要的装备。成长的过程就如同蝴蝶的破茧而出，虽然会遇到很多问题，但只有亲身经历问题解决的过程，才能让正行走在路上的你不惧怕暴风骤雨的洗礼，勇敢地去迎接挑战，这就是综合实践活动课程的魅力所在。

二、你会提出哪些问题？

《指导纲要》指出，综合实践活动是从学生的真实生活和发展需要出发，从生活情境中发现问题，转化为活动主题，通过探究、服务、制作、体验等方式，培养学生综合素质的跨学科实践性课程。因此，综合实践活动是以问题为线索展开的课程，其课程内容体系属于"问题体系"。综合实践活动课程的总目标为：学生能从个体生活、社会生活及与大自然的接触中获得丰富的实践经验，形成并逐步提升对自然、社会和自我之内在联系的整体认识，具有价值体认、责任担当、问题解决、创意物化等方面的意识和能力。因此，综合实践活动的目标不是让学生学习多少知识，而是让他们能够发现问题，学会分析问题，并最终尝试解决问题。而"问题"是实现这一目标的基石。"问题"的甄选直接影响综合实践活动课程实施的质量和价值。因此，在开展综合实践活动过程中，首要的目标就是培养学生的问题意识。

什么是问题意识？

问题是人类认知发展的起点和动力所在，因此，发展学生提出问题的能力是发展学生创新思维的一个重要方面，发展学生提出问题的能力又有赖于使学生形成良好的问题意识。问题意识，就是指人们在认识活动中经常意识到的一些难以解决或疑惑的实际问题或理论问题，并产生一种怀疑、困惑、焦虑、探索的心理状态，这种心理又驱使个体积极思考，不断提出问题和解决问题。

在我国，中小学生在课堂上主动提出问题、回答问题的积极性，随着年龄和年级的增加其提问的欲望和次数反而呈明显的下降趋势，表现出当前我国学生的问题意识普遍缺乏。按照美国芝加哥大学教授盖泽尔斯对问题情境所分的呈现型、发现型、创造型三大类，我们的中小学生虽然有时会发现并提出一些问题，但提出的问题大多是呈现型的问题，即将一个现成的问题直接提供给学生去考虑。这种类型的问题情境是学校教师常常创设的一种情境，而这种问题情境所提供的创造性思维空间是极其有限的，因此，学生所提出的问题多指向学科领域，常常是与课堂学习密切相关的问题，很少会发现并提出发现型、创造型的问题。发现型、创造型的问题情境与呈现型的问题情境不同，发现型问题情境中的问题是学生自己发现的，而不是由老师提供的，有些重大的科学发现都源于发现型问题的提出。创造型问题情境中的问题在人们发明、创造它之前是不存在的，它是科学家、艺术家们从事创造性活动的基础。

哲学家波普尔曾说："正是问题激发我们去学习，去发展知识，去实践，去观察。"有问题才会有发现、体验、探索、创造。"问题"是综合实践活动课程学习的基础，提出和发现问题是培养学生创新思维的基石，是综合实践活动课程关键能力的首位。而问题意识培养的前提，是要给学生创设有利于学生提出问题的情境，即呈现型问题情境、发现型问题情境、创造型问题情境，以此来引导学生在发现并提出呈现型问题的基础上能够提出发现型、创造型的问题，从而更好地培养并提升学生的问题意识。

如何培养学生的问题意识？

学生的问题是综合实践活动课程开展的起点，也是综合实践活动课程主题生成的线索，问题更是思维的发动机。在综合实践活动课程的实施过程中，教师要积极营造有利于学生发散思维的自由氛围，创设问题情境，让学生"想问""会问""多问"，并在此基础上生成活动主题。

（一）营造轻松氛围，让学生自然提出问题

我国中小学生有了疑惑而不问的情况很普遍。当学生内心产生疑问时，疑问往往是一闪而过的，而学生在紧张繁重的学习压力下，有的是因为来不及把内心的疑问提出来，有的是在潜意识中认为解决问题比提出问题更重要，还有的对自己所产生的质疑心存疑虑，以上种种都会导致学生把问题压在心底而不是明确提出来。因此，在综合实践活动中，教师要营造轻松氛围，让学生自然提出问题。

那么，什么样的氛围有助于学生自然提出问题呢？

组织游戏。游戏是学生喜闻乐见的活动形式，游戏能更好地集中学生的注意力，并且让关注力更持久，学生会在轻松愉悦的环境氛围中更积极主动地投入学习活动，学习效果也会在兴趣盎然的游戏中达到事半功倍的效果。设置游戏性情境，寓教于乐，不仅有助于减轻学生的学习压力与负担，更能激发学生的求知欲，让学生在游戏中发现并提出问题。

学科拓展。学科教材上的文字叙述精练严谨，科学性强，许多地方只是结论，而把过程省略了。教师可以让学生利用教材上的空白来激发学生拓展思维，围绕空白发现问题，提出问题。这样可以形成不迷书、不唯书的良好学习态度。如在学习氧气的燃烧后，学生会提出，为什么火柴梗头冲上火柴棍很快就灭了，而为什么火柴梗头冲下火柴很快会燃尽呢？

观看纪录片。纪实性是纪录片的最大特点。运用纪录片辅助教学活动，第一，能够激发学生的学习兴趣，吸引注意力；第二，纪录片包含了丰富的资源与信息，有助于学生在短时间内拓宽知识的领域；第三，纪录片的真实性有助于引发学生的思考，从而提出问题。因此，纪录片成为帮助学生自然提出问题的方式之一。

聚焦热点。社会中的热点与学生的学习、生活有很多的关联。例如：雾霾。随着雾霾天气的增多，人们开始发现雾霾会对我们的健康生活产生很大影响。大量调查研究表明，雾霾是导致人类呼吸系统疾病迅速增加的重要因素之一。这个议题与学生生活息息相关，能够引发学生的探究行为，并能产生一系列驱动性问题，而且通过研究此议题，能映射出一些社会性问题。因此，聚焦社会中的热点能够帮助学生自然提出问题。

（二）制造认知冲突，让学生主动提出问题

"学起于思，思源于疑。""疑"是学生求知的潜在动力，是创新思维的萌芽。教师作为引导者，要能够巧妙设疑，制造冲突，有效激发学生对未知世界的好奇心，充分发挥学生的主体作用，引发学生的思考，培养学生的问题意识。

那么，什么是认知冲突呢？认知冲突是一个人已建立的认知结构与当前面临的学习情境之间暂时的矛盾与冲突，是已有的知识和经验与新知识之间存在某种差距而导致的心理失衡。简单地说，认知冲突就是新知识或新观念与原有认知或经验之间的碰撞。

现代教育学和心理学中都强调，教育的最佳境界就是教师能够创设出激发学生学习欲望、使学生产生心理认知冲突的问题情境，然后引导学生去主动、积极地寻找办法来解决这个冲突，提升自己的认识水平。认知冲突是连接固有经验与新知识的通道，是学生提高学习能力的有效契机。在

综合实践活动中设置认知冲突，这就造成了心求通而未得、口欲言而不能的时机，可以引起学生产生解决问题的动机，促使他们去寻找解决问题的途径，从而在活动中养成乐于思考的习惯，提高了思维能力。因此，认知冲突是学生获取知识提升能力的源泉，也是学生开展活动探究的根本原因。

（三）授之以渔，让学生学会提出问题

"授人以鱼，只供一食之需，授人以渔，则终生受用。"要使学生会提出问题，必须"授人渔"。如果说问题情境可以激发学生的提问意识、提问的勇气，但是并不等于学生就能提出问题了，因此，让学生掌握正确提问的方法才是帮助学生学会提出问题的关键。

那么，提出问题的方法有哪些呢？

当学生遇到不知该如何提问时，就可以运用一些提问的技巧来帮助自己提出问题。在开展主题活动时，首先，要抓住主题活动的主要内容和逻辑结构来进行提问，可以循着概念、定义、原理、规律、知识联系、联系实际的思路大胆思考，大胆提出问题和自己的看法；其次，运用"是什么""为什么""怎么做"的方式进行提问；最后，再运用比较、归纳、分析、综合等方法对问题进行调整。在整个过程中，运用"是什么""为什么""怎么做"的方式进行提问是方法的关键，哪些问题可以用"是什么"，哪些问题可以用"为什么"，哪些问题可以用"怎么做"呢？

对于涉及事实性知识的回忆与再现的问题，或者是通过说明、解说、转述来阐明某种事实性的意义等的问题，可以通过问"是什么"的角度来提出问题。这样的问题对应的解决方式通常是通过获取事实性的知识来解答的。关于事实性内容类的问题一般都有确切的答案，获取的途径相对比较简单，例如通过文献或查阅资料就可以获取，因此，此类问题不适合作

为综合实践活动直接研究的对象。以"雾霾的研究"这一话题为例，引出的事实性问题是"雾霾是什么"。

对于指向一些表示目的、理由、原理、法则、定律和逻辑推理的基本观点，可以通过问"为什么"的角度来提出问题。有些学生认为，遇事问个"为什么"很容易，其实不然。凡事都去问"为什么"，不仅不能把问题搞清楚，反而会把问题搞得越来越复杂，比如对学科中的公理或定义问为什么，就会使问题变得复杂化。基本观点类的问题侧重于探寻事物之间以及事物内部各部分之间的原理和逻辑关系，以便对事件、行为、观点、结果等进行合理的解释和推理。这类问题的解决通常对应着获取原理性的知识。例如：为什么有人会反对共享单车？这类问题有一定的探究空间，在综合实践活动研究中，可以通过收集资料、调查（问卷、访谈）等方式获得。

对于指向一些表示方法、途径与状态的基本方法类的问题，可以通过问"怎么做"的角度来提出问题。这类问题主要侧重于关注过程与活动中事关技能、流程性的知识解答，通常蕴含于人们的技能与实践流程。这类问题的解决通常对应着获取策略性的知识。例如，对于食品安全问题，可以引导学生根据食品安全问题产生的原因，提出解决食品安全问题的具体办法。通过食品安全宣传教育，提高人们的食品安全意识；通过科技创新，撰写科学研究论文和宣传倡议，解决食品安全问题。

（四）回归教育原生态，唤醒学生切问近思本能

3~5岁是孩子最喜欢问问题的年龄，那个时期的孩子对周围世界有极大好奇，用问不完的"为什么"表达着他们的探索和思考，这种本能会出现在每一个适龄孩子的身上，但每个孩子的成长却不尽相同，其原因是父母对待孩子的提问态度迥然。当孩子问你：为什么儿歌里唱"两只老虎，

跑得快，一只没有尾巴，一只没有耳朵"？如果家长告诉孩子，这都是假的，不必追究，那孩子就真的被家长绊倒在起跑线上了；如果家长跟孩子一起编个故事，用不同的假想、丰富的情节，往往可以启动孩子的思维。我们常常看到孩子拿个玩具，自言自语地玩半天，那时的他已经进入了充满想象的虚拟世界。

好景不长，进入学校教育后，很快就会发现，孩子越来越不会也不敢问问题了，因为他们怕出错，怕被别人嘲笑。教师往往通过"示众"来表扬那些考高分的、得奖的学生，这样的"示众"对其他同学来说就是一种精神上的鞭挞。

"切问近思"是孩子本能，那么，我们该如何唤醒这种本能？

印度哲学家克里希那穆提说：教育的真正意义，难道不是培养你的智慧，借着它找出所有问题的答案？智慧是什么？它是一种无限的包容力，允许你自由地思想；没有恐惧，没有公式，然后你才能发现什么是真实的、正确的事物。因此，唤醒孩子的"切问近思"的本能，就要让教育回归原始生态。

"原生态教育"之"原"字取"初始"之意，即教育要回归教育本真，遵循教育的基本原则和规律，去除浮华和雕饰，做最真的教育。教育最需要的是一种求实的精神，真正的教育规律是非常朴素的。"原"，就是要返璞归真，就是要不事雕琢、不加修饰，是原汁原味、原形原色的"无华"，是自然智慧的高明之处。所以，教育必须回归生活，关爱生命，注重人本，发展个性，这样，孩子身上被隐藏起来的"切问近思"本能才能得以释放。

苏霍姆林斯基说过：在人的心灵深处，都有一种根深蒂固的需要，那就是希望自己是一个发现者、研究者、探索者，而在儿童的世界里，这种需要特别强烈。因此，作为一名综合实践活动指导教师，要很好地维系学生的这种需要，把培养学生的问题意识贯穿指导活动的始终，创造条件养成学生想问、会问、多问的良好习惯，促进学生与生活、与社会的联系，培养思维独立、个性鲜明的学生，提升综合实践活动课程的价值。

三、你能想到解决问题的办法有哪些？

《指导纲要》指出，综合实践活动课程强调学生亲身经历各项活动，在"动手做""实验""探究""设计""创作""反思"的过程中进行"体验""体悟""体认"，在全身心参与的活动中，发现、分析和解决问题，体验和感受生活，发展实践创新能力。那么，在解决问题的过程中，学生会用到哪些方法来解决问题呢？综合实践活动课程常用的研究方法包括文献收集、观察记录、调查研究、参观考察、实验探索、作品制作、方案设计、情景模拟、公益劳动、方位体验十种。接下来，为大家介绍每一种研究方法。

1. 文献收集

学生确定了活动主题之后，一般都要查阅相关的文献资料。文献法就是根据选定的研究方向或研究课题，对相关的文献资料进行收集、整理、分析，从而全面、正确地了解要研究的问题，并且发现文献资料中的规律性、本质性的内涵，或者形成新的观点和认识的方法。文献收集可以为学生提供更加丰富的研究背景资料，向学生提示对当前研究有帮助的思路和方法，告诉学生此研究范围内前人已经完成的工作，帮助学生进一步具体地限定要研究的方向和内容等。

在进行文献收集的过程中，学生首先需要尽可能多地收集与主题相关的资料。此后，学生要认真阅读收集到的文献资料，并且进行分类和整理。学生通过对资料的阅读研究，应该能够从中发现一些问题，并对这些问题有所思考，提出自己的观点和想法。

在学生开展文献研究的过程中经常出现的问题包括收集不到有用的资料，或者是容易收集到太多的资料，但是缺乏整理、加工和筛选，此外还有将文献中的资料简单地堆积在一起，却没有通过对文献的阅读和学习提炼出自己的观点。

针对这些常见的问题，在进行文献收集的过程中，教师要提示学生先尽可能多地收集与主题相关的资料。收集资料时，教师要指导学生学习一些文献检索的基础方法，并且为学生提供一些基本的资料来源，提示学生通过对文献资料的题名、关键词、作者姓名、出版时间、地点等特征进行检索。检索的途径可以采用人工目录检索，也可以通过计算机进行检索。在学生进行文献收集的过程中，教师要提示学生随时记录下信息资料的来源，便于今后再次查阅相关的内容，同时也要使学生养成良好的学术道德，尊重他人的研究成果。

此后，教师要提示学生认真阅读收集到的文献资料，进行分类和整理，并对不同来源的资料进行比较和筛选。学生通过各种途径收集到的资料，需要经过甄别与筛选，去粗取精，去伪存真，才能应用到活动成果当中。首先，要保证信息资料的真实性和准确性。学生查找到的文献资料最好来自权威部门或专著，资料应该是从原始文献中摘录下来，并且经过核实或核对，忠实于原始资料，保持资料在内容和含义上的完整性，不能断章取义。学生在收集资料时还应该尽量选择最新发表和出版的资料，这样的资料能体现科学发展的进程以及时代的特点，明显过时的资料和观点，应该剔除掉。其次，确保资料的科学性。对学生收集的原始资料，主要通过检查获得资料的方法与过程是否科学合理，以确保资料的科学性。最后，学生收集到的资料还必须是与研究主题紧密相关的。一些和主题关系不密切，或不能直接说明研究结论的资料，针对性不强的资料，在研究过程中应逐步被淘汰掉，避免干扰学生的思路，最终不能形成清晰明确的研究成果。教师要经常提示和指导学生对资料进行筛选和鉴别，使学生最终形成的研究成果更加科学合理。最后，教师要提示学生通过对资料的阅读研究，提炼出自己观点，而不能仅仅停留在对资料被动地学习和接受的状态。

2. 观察记录

观察法是指在自然条件下，有目的、有计划地观察客观对象，收集、分析事物感性资料的一种方法。通过观察，可以使学生与观察对象直接联系，获得对观察内容的感性认识，在多次重复认真进行观察和记录之后，可以有效地提高收集资料的可靠性。观察记录的方法是一种简单易行而又可靠的常用研究方法，也是学生在综合实践活动中收集资料的基本途径和使用其他研究方法的基础。观察法在学生研究活动中有着重要的作用，它是发现问题、提出问题的前提。通过观察学生既能收集材料，开拓思路，确定选题，从而踏上创造发明之路，又能起到检验研究成果的作用。

观察与我们平时所说的"看"是有区别的，它是一种有目的、有计划的活动，学生在观察的过程中容易出现的问题经常还是停留在日常生活中"看"的状态，也就是没有明确观察的目的，也没有进行按顺序、系统地观察，而是相对随意、盲目地看看，这样的观察往往不会有好的观察效果。

教师在指导学生进行观察时，首先要帮助学生明确观察的目的和内容。由于研究的专题不同，观察的内容和项目也有所差别，但是一般情况下要包括以下一些方面：首先是观察情景。各种生物、人类的活动，事件的发生都是在一定的情景下发生的，因此在观察过程中首先要注意观察的情景。其次要确定观察对象。观察对象就是我们要观察的主体，一般包括人物、动植物特定物体以及相关的现象。在观察过程中要注意从多方面对观察对象进行描述和记录。例如观察人物时要记录他们的性别、年龄、职业、学历、形象、人数等。观察对象的行为活动以及各种行为的频率和持续时间。以上这些都是教师在指导学生进行观察时，要提示学生认真观察并做好记录的。最后要提示学生注意观察的顺序和方法，必要时为学生提供一定的观察设备，例如望远镜、放大镜、显微镜等。

学生在观察活动中，容易出现的另外一个问题是往往只注意了进行观察，却忽视了同时要做好观察记录，观察之后没有留下有意义的记录材料。针对这样的问题，教师在学生进行观察之前就要提示学生采用相应的措施，例如事先设计观察记录表，准备相应的照相、摄像设备等有效记录观察信息。

3. 调查研究

调查研究就是通过对自然、社会、生活中的现象进行有目的、有计划、有系统地收集资料，了解研究对象历史或现实状况，分析现象产生的原因，找出各种现象之间的联系和发展趋势，进而对研究的问题和现象获得更加深刻认识的研究方法。调查可以为学生的实践活动提供第一手的资料和数据，使学生不仅能了解基本的事实和情况，还可能在调查中发现新的问题，将自己的研究深入开展下去。调查在综合实践活动中有着广泛应用。

调查法的程序一般包括确定调查任务，选择调查对象，划定调查范围，制订调查计划，调查实施和资料分析及调查报告撰写等一些环节。开展调查研究，首先需要有明确的调查目的，确定调查任务。其次根据调查目的和任务，确定调查的对象、内容、形式、方法，设计调查方案并进行实施，收集相关的调查资料。

根据不同的分类标准,调查研究可以分为不同的类型。根据调查对象可以将调查分为:社会调查和自然调查。社会调查的范围可以包括社会的政治、经济、教育、文化、军事以及生活的各方面;自然调查既可以包括对各种生物、环境、天文、地理等自然现象的调查,也可以包括对各种科学技术的调查研究。根据调查方式的不同,又可以将调查分为:全面调查、抽样调查、典型调查和个案调查等方式。在进行抽样调查时,经常采用的抽样方法有随机抽样、分类抽样、机械抽样和整群抽样等。根据调查的方法,可以将调查分为:访谈调查和问卷调查、实地调查和文献调查。

个别访问、开调查会或者通过电话访问都可以进行问答式或讨论式的访谈;设计好调查问卷或调查表,请调查对象填写或回答其中的问题,能够比较方便地收集调查数据。在整个调查活动结束之后,要对调查到的各种结果加以分类整理,统计处理,进行综合分析,并最终得出比较明确的结论。

在访谈调查的时候,学生容易出现的问题是事先没有做好准备,与受访者漫无边际地闲聊,最后没有收集到有效的信息。为避免这种情况的出现,教师要提示学生在外出访谈之前,设计好访谈提纲,访谈时按照访谈提纲的提示继续询问,同时还要采取多种方式做好访谈的记录。

学生在问卷调查时经常出现的问题是调查问卷设计得不够科学合理,有些问题问得不够明确,或者是带有一定的导向性,这样的后果是即使发放了大量的问卷,也很难得出有意义的结论。因此,教师在学生做问卷调查时,要对学生进行如何设计调查问卷加以指导,学生设计好的问卷在发放之前教师要进行审阅,最好提示学生在小范围内开展一次预调查,以便对问卷的合理性进行检验。

在问卷调查和访谈调查的过程中,学生经常遇到的另一个困难是难以找到足够的调查对象。因此,教师在学生外出调查之前,要提示他们选择合适的时间、地点和调查人群，并且要教学生一些与人沟通的技巧，争取被调查者的支持和配合，还要适当做好学生的心理调适。

4. 参观考察

在综合实践活动中，学生可以前往与主题内容相关的单位进行参观，也可以结合主题的内容开展社会考察活动。例如参观当地的文物保护单位、工厂、农业基地，考察当地的文化传统、生活方式、人文景观、商业设计、建筑特色以及自然生态状况等。

通过参观考察，学生可以接触社会、了解社会，从而增加学生对生活经验的积累，获得对社会物质文化的认知，丰富学生的社会阅历，加深学生对活动主题的认识和理解。

教师在指导学生开展参观考察活动时，要做好以下几项工作。

首先，教师要与学生共同协商，根据活动主题的内容，选择参观考察的主题和内容，并进一步提出活动目标，确定社会参观考察的地点、对象、时间，并指导学生制订参观考察的活动方案。为保证活动的效果，教师和学生还可以在外出活动之前共同设计好参观路线图，或者考察活动记录表等，帮助学生顺利完成参观考察活动。

其次，教师要帮助学生与参观考察的对象取得联系，确定活动的具体时间和形式。在前去考察之前，教师还要提示学生准备好必要的活动设备。在进入现场，展开实质性的考察、参观活动时，教师要随时提示学生注意多方面收集资料，记录信息。

最后，教师要指导学生撰写参观、考察的活动报告，并相互交流，进行活动的总结。

由于参观考察活动需要学生走出校园，走进社会，因此外出活动的安全问题是教师要十分关注的。在制订外出参观的活动方案时就要从多方面考虑安全问题，制订安全预案，做好安全保障工作。

5. 实验探索

实验法是人们根据研究目的，利用一定的仪器设备或其他手段，人为控制或模拟自然现象，使某种事件或现象在有利于观察的条件下发生或重演，从而获取科学知识、说明科学事实、探寻自然规律的方法。科学实验是人们探索自然现象，形成和检验科学假说与理论的实践基础，是自然科学当中最重要的方法之一。近年来，实验法也开始普遍应用于心理学、教育学等社会科学领域。学生针对自然界或生活中的现象进行实验探索是综合实践活动中常见的活动方式。

进行实验探索需要学生通过对自然、社会和生活的观察，发现需要实验探究的问题，在此基础上提出假设，并且通过设计完成实验加以检验，最终得出结论。在这个过程中，不仅能够培养学生的科学探索精神和创新意识，同时还能够提高学生的实验操作和动手能力。综合实践活动中的实验探索与学生在物理、化学、生物等学科学习中接触到的实验有所不同。通常情况下，学科课程中的实验是让学生按照既定的实验原理、实验方法和步骤开展实验，验证某个科学结论或现象，往往学生的自主性体现得不够充分。而在综合实践活动中，学生的实验探索过程则以学生自主设计和探究为主。学生可以根据自己在活动中发现的实际问题来开展实验，自主提出假设，并且设计实验方案，选择实验的材料和方法，开展实验，最终得出实验结论。在这里得出的实验结论是针对要探究的实际问题得出的有实际意义的结论，而不仅是验证书本上已有的结论。教师在指导学生进行实验探索活动时要注意以下几方面问题。

第一，实验内容的选择要合理。实验的选题要以学生已有的知识理论为基础，选择具有一定意义的问题作为实验内容。这里所讲的已有的知识理论，并不仅仅限于从课堂中得到的理论知识，还包括在研究性学习活动和课外阅读中获得的科学理论知识。在必要的情况下，教师可以为学生讲解和介绍与实验有关的科学原理和相关背景知识，但是要考虑学生的知识程度和理解能力，避免向学生介绍那些过难、过深，学生在现有水平下理解不了的实验原理。而有一定意义的问题，则主要是指在学生的生活和学习中，以及他们所能接触到的工农业生产中的实践问题。

第二，实验的构思和设计要科学。学生在进行实验设计的过程中，教师要提示他们遵循实验设计的一般原则。科学性原则：实验目的明确，实验原理正确，实验材料和实验手段的选择恰当。可行性原则：实验原则、实施、结果的产生，都是可以达到的，不是不可实现的。简便性原则：实验材料容易获得，装置简单，实验药品实用，操作简便，实验步骤少，实验时间短。可重复性原则：学生所设计的实验必须是可重复的，任何实验都必须具有足够的实验次数，才能判断结果的可靠性，否则得出的结论是不可靠的。此外，教师还要特别提示学生在设计实验时要确保实验的安全，避免接触有毒有害的物品，以及使用那些带有危险性的实验方法。学生在进行实验设计时，还必须要考虑的问题就是实验是否符合科学道德。教师应教导学生注意不能为了开展实验而故意做出伤害动物、污染环境等违反科学道德的事情。

第三，要做好充分的实验物质基础。要完成实验，得出科学的结论，需要相应的实验仪器和设备。如果学校或个人能获得的实验设备达不到要求，则应该放弃原来的实验计划，采用更为简便的方法或是更加容易获得的实验材料或设备，重新设计实验方案。

第四，确保实验过程的规范。在学生开展实验的过程中，教师要注意对学生科学实验操作规范的培养。无论哪种类型实验，都需要人们操作仪器、设备，通过观察取得结果。仪器、设备当然重要，它们奠定了进行实验的物质基础，但决定的条件，却常常是人们的操作技术的准确性。实验的成功与否还有赖于学生对相关实验技术的掌握情况。因此，加强对学生相关实验技能的培训，也是教师指导的一项重要内容，教师对学生实验操作技术要从严要求，以确保实验过程的规范性。此外，在实验过程中，教师还要提醒学生随时做好观察和记录。实验过程中是离不开观察的，指导学生在实验过程中按照科学的方法进行观察，并及时、客观、准确地进行记录，对得出科学的实验结果和结论是十分重要的。

6. 作品制作

制作是指人们按照一定的设计方案，利用相关的材料和工具，通过实际操作，完成把设计构思转化为实物作品的过程。在进行制作之前，人们首先要做设计。设计是指人们根据特定的要求系统、反复进行有创造性地制订计划解决问题的过程。通过设计过程，人们可以把资源转化成为能满足人类需求的产品或系统。作品制作属于项目（设计）类活动，也是综合实践中的常用方式，对培养学生的实际操作能力和创新能力具有重要作用。

如何指导学生选择设计与制作的项目？怎样进行具体的设计与制作活动，各个环节应该注意哪些问题等，都需要教师根据学生年龄特点、心理特征、认知能力，通过具体的范例，在具体的设计与制作活动中的程序以及相应的方法策略。引领学生通过实践体验，了解设计与制作活动的基本过程，获得相关的知识、技能与方法。

设计制作的具体过程因作品类型而异，可谓千差万别，但是一般遵循以下程序：首先，人们要从现实需要中萌发和选定出设计的内容和项目。其次，通过广泛的收集调查，人们获得与设计项目相关的专业科技知识和技术情报信息，构思技术方案和实施设想、途径。当设计者经过深思熟虑和反复调查论证拿出具体方案之后，就应该尽快开始具体实施或动手制作，使自己的设计方案转化成为实物作品或产品。最后，设计者要根据最初设计的目标，对作品进行检验和评价，并在此基础上进一步完善自己的作品，这时整个设计过程也算初步完成。

教师在指导学生进行设计制作时，不仅要提示学生按照设计的一般流程进行操作，还要尽可能地通过创设情境，提供范例等不断启发和开阔学生的思路，促使学生产生好的创意和方案。此外，在学生动手制作的过程中，教师还要在各种工具的使用、相关技能技巧等方面加以指导，并且随时提醒学生注意安全。

7. 方案设计

方案设计要求学生运用已有的知识，根据一定的要求设计各种有形、无形的方案，如解决问题的方案，开展活动的创意，有特定要求的实物设计等。方案设计是有目的、有计划的活动。学生要围绕需要解决的问题，以及最终要达到的效果进行设计，并且自己拟订计划，选择材料，决定采用的方法和步骤、时间安排、人员分工等。方案设计是系统的学习活动，学生在进行方案设计时，需要进行相关知识和技能学习，要对信息进行收集、加工和处理，还要对各种材料进行组合和编排，从而实现多方面能力的提高。在进行方案设计时，学生还将边思考边实践在实践中不断调整，使方案逐步完善。完成一个设计方案，学生所获得的将是完整的经验，而不是零散的知识。

综合实践活动中，方案设计主要包括两种类型。一类是通过方案设计解决日常生活、社会或自然界中的一个实际问题，例如设计一个环保垃圾箱方案、设计一个家庭节约用水的方案，或者设计一个减轻交通拥堵的路口红绿灯控制方案等。另一类是开展某项活动的设计方案，例如在此社区推广使用环保布袋的设计方案，或者是校园艺术节的策划方案等。对这些方案的评价标准主要是其科学性、独创性与实用性。

从过程上看，完成一次方案设计主要包括确定设计内容、开展设计以及交流评价三个环节，在这三个环节中，教师应给予学生有针对性的指导。确定设计内容的阶段，学生要明确设计的题目、内容和要达到的效果。其中包括设计这份方案要用到哪些知识、关键是要解决什么问题、希望的结果是什么等。理想的设计方案要具有创新性，并且应该能够充分应用所学知识。在这一阶段教师要创设情境，激发学生进行方案设计和创作的热情和欲望，并且引导学生对要设计的方案进行分析和讨论，帮助学生明确设计的内容、目的和要求。

在开展设计的阶段，学生要经历收集资料，思考酝酿，将灵感和创意具体化并修改完善，最终形成方案的过程。在此阶段教师要随时给学生以点拨和提示，提出有价值的方案。此外，教师还要经常提示学生注意每个步骤计划完成的日期，确保按时完成设计工作。

进入评价交流的环节，教师要指导学生整理好成果，可以举办一个发布会，展示成果，和其他小组的成果一起进行交流。在活动的过程中，教师要引导学生相互学习、相互启发，在此基本上进一步完善设计方案。

8. 情景模拟

情景模拟是指通过模拟再现现实生活中的具体情景，让学生直接参与和体验某一含有教育价值的事件或活动，从中学习科学知识，丰富生活经历，提高综合能力的活动。教师可以围绕综合实践活动的主题，创设一个特定的情景，引导学生参与其中，充分应用自己所学知识开展角色扮演、模拟、体验、讨论、辩论等活动，在情感、态度、价值观、方法、能力、行为、习惯等方面获得直接经验，为将他们在这些方面的感性认识提升到理性认识打基础。

情景模拟活动向学生提供在特定情景中创造性应用所学知识的机会。通过对情景的创设，可以将抽象的知识与形象生动的社会实际问题联系在一起，使学生通过角色扮演参与其中，有效地激发学生的学习动机。情景模拟还向学生提供了一个站在特定的角色和立场上思考问题的机会，从而促使他们把自己的态度、价值观和扮演角色的态度、价值观进行比较，产生深入思考，促进对不同观念的理解，从中学习并形成正确的态度和价值观。

情景模拟活动的主要形式是角色扮演，即教师根据活动的主题和内容，将活动过程中发现的某一类值得深入思考的问题创设为活动的情景，引导学生扮演情景中的不同角色，从各自的立场发表对问题的认识和看法，从而促进学生多角度认识和思考相关的问题。角色扮演不需要脚本，也不进行事先的排练，而是由教师进行一定的准备，创设好情景并帮助学生了解模拟情景的内容与思想后，引导学生即兴表演和讨论。为了确保活动的效果，教师创设的情景应紧密围绕活动的主题，并且选择好恰当的切入点，情景场面不宜于过于复杂，选择2~4个角色参与比较合适。

情景模拟活动的过程为：教师介绍要模拟的情景，说明模拟情景的背景是什么，有哪些角色，分别起到什么作用，最后可能会产生什么结果等。然后，教师根据学生的意愿分配角色。此后，参与角色扮演的学生进入角色准备，开始模拟表演，其他学生观看表演。当全部情景模拟表演结束后，引导全班学生进行讨论和评价。最后教师总结，并要求学生写出体会报告。体会报告的内容是一种对社会问题的价值取向，也可能是对某一事件对社会产生巨大影响的认识，可能是一种对社会或科学问题实际决策过程的体验和感受等。为增强情景模拟活动的真实性，提高学生活动的兴趣，教师也可以为模拟活动准备一定的道具、设备或材料。

9. 公益劳动

公益劳动是学生进行社会实践和社区服务的主要形式。在公益劳动中，学生在力所能及的情况下参与到一定的社会生产领域中，成为社会生产活动中的一员并无偿地进行实际生产劳动。初中阶段的学生要经常接触社会现实，参与各种社会公益劳动，自觉实践，自主参与，提高实践能力，获得社会经验。增强对家庭、社会和国家的责任感与使命感，懂得为人做事的基本道理，懂得尊重人、宽容人，能对自己所做的事情负责，形成与他人友好相处、共同成长的意识与能力，学会处理人与人、人与社会、人与自然的互动关系。这对于实现学生在认知、能力、情感态度价值观等领域的全面、协调发展具有重要意义。

学生开展公益劳动的主要形式有两种，一是热心参与志愿者活动和公益活动，关心社区中的重大活动和社区存在的主要问题，通过自身的劳动为改善社区的环境和解决社区中的实际问题做出贡献。例如，中学生参与社区图书馆、社区健身场所、公园、养老院、绿化部等机构的管理和服务活动，定期在这些场所开展义务劳动。

二是关心身边的残疾人、老年人等弱势群体，积极为他们做一些力所能及的事情。例如导盲服务等帮残助残活动，尊老敬老活动，以及对其他弱势群体的家政和生活服务等。为社区特殊人群的生活服务活动可以采取小组活动的形式展开，确定学年服务对象，定期进行。

综合实践活动中，教师要围绕活动的主题，创设情境引导学生结合自身在主题活动过程中发现的问题和学习到的技能、技巧开展相关的公益劳动。在活动中，教师还应积极为学生开展公益劳动创造必要的条件，例如帮助学生与社区管理者联系，让学生有机会参与到各种公益劳动当中，同时还要为学生的公益劳动的开展提供各种安全保障措施。

在学生开展公益劳动的过程中，教师要积极引导学生对劳动的意义和价值进行思考，形成积极健康的情感体验和充实进取的生活态度。在公益劳动过程中，教师要帮助学生认识到，服务和劳动并不仅仅是给予，它更能带来心灵上的收获。在服务社区、帮助他人特别是帮助弱势人群的公益劳动过程中，会有痛苦也会有快乐，会有挫折也会有成就，这都是难得的教育资源，都有助于学生珍视生命，热爱生活，保持蓬勃朝气和昂扬向上的精神状态，体验服务他人与社会的充实与愉悦。

10. 岗位体验

岗位体验活动主要是指学生结合技术知识与技能的学习，以一定的职业理解、体验为目标，在一定的职业岗位上实地扮演职业角色、进行职业实践的活动。如在商店里进行营业员职业的体验、在工厂的零件装配车间进行装配员的职业体验等。岗位体验活动可以帮助学生获得对社会不同职业和岗位工作的认知、理解、体验和感悟。

教师可以结合综合实践活动的主题，组织学生参与适合中小学生有关部门的生产劳动，对相关职业和岗位进行尝试和体验。常见的岗位体验包括以下几种：商店营业员、手工业者、工厂工人、农民、公务员等。

学生在商店里体验营业员岗位时可以直接参加一些商品销售活动，在活动前，教师要指导学生向正式的营业员了解所售商品的特点、价格，初步学会向他人介绍商品的技巧，提示学生在销售过程中要保证能够准确收取货款。学生从事销售活动的根本目的不是为了获得经济利益，而是为了丰富学生的生活积累和经验，增强实践能力。

在开展与手工艺相关的综合实践活动时，教师可以帮助学生与手工艺者联系，根据中学生的年龄特征设计一些手工艺活动，如缝纫、陶艺生产与制作、工艺剪纸等。在学生体验手工艺制造的同时，教师要引导学生关注民族手工艺文化的传承和发展，将手工艺技巧的学习和体验与非物质文化遗产教育结合起来。

到工厂中体验工人的劳动也是岗位体验常见的形式。学生可以在学校和教师的安排下，到附近的工厂学习体验，熟悉一般的生产劳动过程、工具，及其简单操作技术。在工厂中进行岗位体验时，教师一定要加强对学生的安全教育，避免发生危险。

学生还可以模仿农民在学校中或学校周边的田间、绿化场所进行简单的劳作，例如花草、常见农作物、树木等植物栽培、收割，以及一些家禽、家畜的养殖活动。在开展田间劳作体验时，教师要提示学生注意不要纯粹的劳动，而应将对农作物的观察、实验、探究等活动结合起来。

到当地的公共机关体验公务员的工作，可以帮助学生认识到公共机关在社会中的重要作用，从而积极主动地配合公务员开展工作，并学习公务员积极热心为他人服务的意识和精神。

在学生进行岗位体验活动前，教师应积极为学生创造参与体验的机会，与相关的部门和人员进行联系，对活动进行妥善安排。初中学生年龄较小，各方面能力还很有限，教师应根据学生的特点，选择适合学生开展的岗位工作进行体验。在开展体验活动的过程中，教师要随时关注学生的活动情况，出现问题及时处理，避免出现危险或者是影响到相关部门的正常工作。在学生完成体验活动后，教师则应指导学生对活动的过程和感受加以总结，写出岗位体验的收获，并相互交流。

四、你会遇到哪些困难？

你听过"渔王的儿子"的故事吗？有个渔人有着一流的捕鱼技术，被人们尊称为渔王。然而渔王年老的时候非常苦恼，因为他的三个儿子的渔技都很平庸。于是他经常向人诉说心中的苦恼："我真不明白，我捕鱼的技术这么好，我的儿子们为什么这么差？我从他们懂事起就传授捕鱼技术给他们，从最基本的东西教起，告诉他们怎样织网最容易捕捉到鱼，怎样划船不会惊动鱼，怎样下网最容易请鱼入瓮。他们长大了，我又教他们怎样识潮汐，辨鱼汛，凡是我长年辛辛苦苦总结出来的经验，我都毫无保留地传授给他们，可他们的捕鱼技术竟然赶不上技术比我差的渔民的儿子！"

一位路人听了他的诉说后，问："你一直手把手地教他们吗？""是的，为了让他们得到一流的捕鱼技术，我教得很仔细很耐心。""他们一直跟随着你吗？""是的，为了让他们少走弯路，我一直让他们跟着我学。"路人说："这样说来，你的错误就很明显了。你只传授给了他们技术，却没传授给他们教训，对于才能来说，没有教训与没有经验一样，都不能使人成大器！"对于渔王的儿子来说"弯路"是什么？"弯路"就是渔王儿子在打渔过程中遇到的技术难题和失败经历。渔王自认为高明的传授就是"为了让他们少走弯路"，然而正是这种"手把手式"的传授，这种"不走弯路"的学习经历，捆住了他儿子们的双手，绑架了他们独立思考的能力，使他们不能开拓创新，不能打破父亲给他们设置的条条框框（方法），自然也就失去了获得失败经验和教训的机会。由此可见"走弯路"非常重要，正如路人所说"没有教训与没有经验一样，都不能使人成大器"。

与其他学科课程相比，综合实践活动具有自主性、实践性、开放性的特点，活动面向学生整个的生活世界。在活动中，学生要亲身经历各项活动进行体验、体悟、体认，因此，在活动中可能会遇到各种困难与障碍，最终将导致活动的失败。失败在综合实践活动中是难以避免的。很多综合实践活动的指导教师，总是希望学生能少走"弯路"，但是，如若一味地传授方法与经验，学生会缺少教训和经验；如若一味地不敢放手，手把手地指导，学生无法经历困难和挫折，也就谈不上真正体验到成功的快乐了。因此，在综合实践活动中要敢于让学生走"弯路"，让学生在实践中亲自收获成功或者失败的深刻体验。

（一）综合实践活动课程的特点

1. 自主性

在主题开发与活动内容选择时，要重视学生自身发展需求，尊重学生的自主选择。教师要善于引导学生围绕活动主题，从特定的角度切入，选择具体的活动内容，并自定活动目标任务，提升自主规划和管理能力。同时，要善于捕捉和利用课程实施过程中生成的有价值的问题，指导学生深化活动主题，不断完善活动内容。

2. 实践性

综合实践活动课程强调学生亲身经历各项活动，在"动手做""实验""探究""设计""创作""反思"的过程中进行"体验""体悟""体认"，在全身心参与的活动中，发现、分析和解决问题，体验和感受生活，发展实践创新能力。

3. 开放性

综合实践活动课程面向学生的整个生活世界，具体活动内容具有开放性。教师要基于学生已有经验和兴趣专长，打破学科界限，选择综合性活动内容，鼓励学生跨领域、跨学科学习，为学生自主活动留出余地。要引导学生把自己成长的环境作为学习场所，在与家庭、学校、社区的持续互动中，不断拓展活动时空和活动内容，使自己的个性特长、实践能力、服务精神和社会责任感不断得以发展。

（二）经历综合实践活动中的失败

1. 选题的失败

选题是综合实践活动的第一步，选题的正确与否决定着综合实践活动的成败，所以选题是综合实践活动的关键环节。但在以往的综合实践活动中，很多学生都会遭遇选题的失败，有些学生要么无题可选，要么有题不定，要么是选题无厘头……，实际上，这些学生都已经遭遇了选题的失败。那么，当面对选题失败时该怎么办呢？

首先，提升对选题重要性的认识。爱因斯坦说："提出一个问题往往比解决一个问题更重要，因为解决问题也许仅是一个数学上的或实验上的技能而已。而提出新的问题，新的可能性，从新的角度去看旧的问题，却需要创造性的想象力，而且标志着科学的真正进步。"因此，要让学生认识到，在自己参加综合实践活动中发现、提出和形成一个有意义的主题，是一个了不起的探究成果。而且，一个好的选题直接决定了探究的方向，甚至影响到整个活动的成败。选题的过程是对自身思维训练、能力训练的很好的过程。因此，通过提升学生对选题重要性的认识，鼓励学生选题，即使遭遇失败，那也只是一次思维训练的经历，失败一次就离成功更近一步。

其次，掌握选题的正确方法。如果采用错误的方法进行选题，那么将会遭遇选题的失败。因此，在选题时，第一，学生要结合自己的兴趣、知识水平和实际能力来选题，不能好高骛远。要考虑自己是否具备观察、实验的能力和条件。第二，主题应从日常生活、学习中，从熟悉的事物中提取。好的选题要贴近学生的现实生活，离学生现实生活较远的主题不是好的选题。第三，选题要具有新颖性，要有创造性。很多老师为了节省选题的时间，为学生建立了选题库，而选题库中的选题大多是已经研究过的，这样的选题很显然是失败的。真正好的选题是没有已知答案的，而且还要能激发学生探究的欲望，能提升学生的创造力。

最后，学会判断选题的价值性。在选题时，有些学生会天马行空地提出各种各样的问题，例如，有的学生想探究外星人是否存在的问题，在面对这样的问题时，教师不要急于否定，而是通过质疑、追问，让学生判断这样的研究是否有价值。

面对选题的失败，既不能全盘否定，也不能破罐破摔，要学会运用正确选题的方法来分析选题失败的原因，为下一次的选题奠定基础。

2. 合作的失败

开展综合实践活动，中小学生大多是通过小组合作的方式展开。小组合作增加了学习参与的机会，但好学生参与的机会更多，学习好或者性格外向的学生频频活动，其他人则成为"多余人"，只是听只是看；小组汇报时，真正发言的也只有那一两个学生。在小组合作中，如果参与合作探究的只是少数几名学生，大多数学生游离于探究过程之外，不积极、不合作，达不到共同发展的要求，这就是失败的小组合作。那么，在遭遇小组合作失败时，应该如何做呢？

第一，要学会表达与倾听。小组讨论中，只是听或看是不够的，小组每个成员都必须学会表达与倾听，既要能表达出自己的观点，还要能认真听取别人说的重点与问题，并进行积极的反馈，这样的讨论才有助于小组成员相互之间达成优势互补、共同提高。

第二，学生要建立互相信任、团结互助的关系。成员之间只有建立相互信任、团结互助的关系，才能以诚相待、荣辱与共，不计较个人的利益得失，为一个共同的目标而努力，这对培养良好的思想品质是有好处的。在合作探究、实践体验中学生要学会相互配合，要懂得要想做好一件事，需要成员之间的合作才能完成，体会集体智慧和力量是无穷尽的。

第三，学会讨论。讨论是合作解决问题的关键，每个成员表达了自己的想法后，可能有不一致之处，这就需要讨论，攻克难点，形成解决方案。当因为一些事情产生争议甚至矛盾时，成员之间要明确争论是为了达成共识，更好地解决问题，目标是一致的。成员要以小组利益为重，争议时对事不对人，始终保持团结。

第四，增强成员的集体责任感。小组里的每个成员都要为小组的探究任务承担一部分责任，不要有依赖思想，以积极的态度参与小组合作探究。

3. 调查的失败

问卷调查和访谈调查是调查研究法中采用最频繁、最重要的最基本的调查方法。这两种调查研究法不仅可以使学生获得有价值的资料，还可以使学生与人交往的能力和收集信息的能力得到提高。但是学生在实施问卷调查和访谈调查时经常会遭到被调查者的拒绝，学生为此受到心灵的创伤，心灰意懒，导致活动不能顺利进行。那么，当学生在问卷调查和访谈调查屡遭拒绝时，应该怎么办呢？

首先，检查调查问卷、提纲是否设计合理，如果设计不合理要进行调整。

如果调查问卷的设计不规范、不科学时，也常让我们的学生处于尴尬的境地，学生尽管获得了大量的信息，却难以进行科学的归纳、分析与整理，因此，问卷设计的规范性与科学性是问卷调查法成败的关键。在问卷调查前，教师要对学生进行必要的调查问卷设计的方法指导，借助典型的或有关联的问卷共同学习、讨论问卷构成设计要求及问题的确定等。特别是问题的设计不能损伤到被调查者的感情，这样会产生冲突。问题的设计还要注意语言的表述要清晰、准确、容易听明白，避免使用专业术语，也不能把题目设计得太啰唆或难度大，浪费被调查者的时间而不愿意配合。问卷的问题编排要注意由易到难、由一般到特殊、由事实到态度，还应避免排列的拥挤，题目应编号，问题和它的选择项就在同一页上，尽量使用长度相仿的答案，以使问卷更加美观、清晰、吸引人，才容易让被调查者愿意填写。问卷设计初步完成后，教师应对学生设计的问卷从格式、内容、题量、口吻等方面认真审核。同时，还应考虑问卷的信度、效度和统计的方便性。为了确保问卷是否具有科学性和可行性，先在小部分调查对象作尝试性试测，再分析调查结果，看看问卷是否具有操作性、科学性、可统计性，在试用的基础上，对问卷内容进行修改，直至完善。

访谈时，如果没有访谈提纲，想到哪儿问到哪儿，这样访谈很容易跑题，得到的信息也很难具有有用性。同时，如果访谈对象感到访谈没有明确的目的只是瞎聊天，也会不认真对待而加以敷衍，或以工作繁忙没时间而加以拒绝。因此，在外出访谈前，有必要引导学生认真讨论调查目的，明确访谈内容，并用恰当的语言来表述，面对不同职业、层次的访谈对象要灵活变换问题，要写访谈提纲。指导教师可以对学生所列出的访谈提纲提出意见和建议，加以完善。另外，在外出访谈前，还要找准访谈地点和确定访谈对象，以确保成功。

其次，要注重与人交谈的技巧。

要注意个人的礼仪。荀子曾说："事无礼则不成。"从这句名言直接点出了"礼仪"的重要性。在学生进行分发问卷调查与访谈中，如果不注意个人的礼仪，是很容易遭遇拒绝的。因此，在调查时，与被调查者沟通要做到以下几点要求：一要做到提问的语言要文明，对人的态度要诚恳、亲切，说话的声音大小要适宜，语气要委婉些，不能不顾及访谈对象的感受而一直追问，对需要重复问的问题和讲一些细节的地方更要给被调查者一些思考的时间。例如："抱歉，您能说得具体些吗？""啊！我觉得这个内容很值得借鉴，请您继续说好吗？"等。涉及访谈对象的个人隐私或其他敏感性问题，调查者尽可能回避不问，如果需要提问的，也应淡化处理，说明不回答也是可以的。这样被调查者才乐于接受并积极配合。二要注意个人仪容仪表，应给人一种美感。端庄、整洁、美好的仪表，让人产生好感，留下深刻而美好的初次印象，学生应当讲究个人的卫生，穿着整整齐齐，干干净净，让人见了很舒服。与人见面要面带微笑，微笑要做到"诚于中而形于外"，因为发自内心的笑像一缕阳光，暖入人心，化解冷淡面孔，才容易得到被调查者理解和支持。目光、神态也很重要，最能准确表达人的情感和心理活动的是目光。访谈时应该用一种真诚的目光和尊重的态度去对待受访者。经验告诉我们，注意个人的礼仪是访谈成功的重要条件。三要耐心倾听。要耐心倾听被调查者的回答，不能随意打断。例如说："好的，这个我知道，不要说了。"或"这个问题我明白，我们也有发生过，请你从其他方面来介绍……"之类的话，这样会影响到访谈对象的心情。四要做好记录。这不仅是收集资料的要求，还能体现出我们对对方的尊重和重视。

要提前联系被访者。学生在综合实践活动中进行访谈时，要提前联系或预约被访者，看被访者有没有时间，如果对方确实很忙，可以让对方更改时间，最好让对方有一个心理准备或解答等方面的准备时间，才能取得良好的访谈效果。

要做好调查的介绍。在问卷调查和访谈中常常会遇到成年人的反对："学生不在学校好好读书，干自己该干的事，来这里采访，调查什么东西，简直是浪费自己的宝贵时间。""学习应该在教室里嘛，出来做什么调查，你们能研究什么问题？"当遇到这种情况，我们要诚恳地自我介绍，介绍自己的身份，还要简明扼要地介绍问卷调查和采访的目的，消除调查对象的思想顾虑，让调查者了解调查的用意，知道此次活动的确很重要，征得他们的同意和支持。

学生在走进社会开展综合实践活动时，如果在社会活动中屡遭拒绝，势必会影响情绪。因此，活动前要充分考虑外出收集资料时可能遇到的困难，要预先讨论应对困难的对策，做好心理准备。当遇到被拒绝的情况时，要从自己和对方两方面找出原因，找出解决问题的办法，使活动顺利地进行。

总结

失败是人生必经的历程，不经历风雨，怎能见彩虹，没有人能随随便便成功。我们从失败中学到的远比成功中学到的多得多。在综合实践活动中，实验的不成功、调查中的冷遇、服务中的不理解、与同伴合作的不顺利等，很多亲身经历实践活动的学生几乎都遇到过，他们遇到了学科学习中难以遇到的现实情景。基础教育课程改革纲要对学生提出了如下的要求：获得亲身参与实践的积极体验和丰富经验；发展实践能力，发展对知识的综合运用和创新能力；养成合作、分享、积极进取等良好的个性品质，使他们在情感态度、综合知识、实践能力、学会学习策略等方面得到发展。我们的学生虽然在活动中遭遇了失败，但是他们会在失败中感悟，在失败中成长，在失败中形成良好的品质。正视失败，发掘失败的价值，那一次次的失败终将成为学生成长路上的阶石。

五、 你需要提高哪些能力？

不同的课程侧重培养学生不同的能力，每一门课程都有自己强调培养的关键能力。在综合实践活动课程实施中，我们着力培养学生的各项综合能力，相比较学科课程而言，综合实践活动课程的关键能力主要包括哪些呢？一般来说，综合实践活动课程的关键能力包括八大关键能力，即创造性思维能力、收集与处理信息能力、组织与规划能力、合作能力、沟通与表达能力、观察能力、动手操作能力、自我反思与管理能力。

（一）创造性思维能力

良好的思维品质和思维能力的培养，是综合实践活动课程的重要目标之一，是培养学生创新精神和创新能力的基石。一般来说，创造性思维能力包括发现问题与提出问题的能力、发散性思维能力、批判性思维的能力等。创造性的思维一般有如下特点：一是新颖性，提出的问题或观点非常新奇，视角独特；二是指思考和解决问题的思维速度敏捷顺畅；三是变通性，又称思维的自由度，指改变思维方向和范围的能力。

（二）收集与处理信息能力

收集与处理信息能力主要包括通过网络、图书馆、问卷调查、采访、社会考察、实验等多种途径收集资料的能力；能对收集到的信息进行科学处理、加工整合，提炼出有价值的信息，补充有欠缺的信息，使信息变得具有条理性，能够在解决问题中有效利用各种信息，能够全面、清晰地呈现、展示各种信息。

（三）组织与规划能力

组织与规划能力主要包括具有明确的目标、围绕目标制定各种规划来达成目标的能力；组织协调相关的人力、物力、财力，有序地来实施规划的能力；对未来具有一定的预见性，有坚定的意志和顽强的毅力，能够坚持按照规划行动的能力等。

（四）合作能力

培养学生对团队成员的信任感和依赖感，具有一定的团队意识；学会与他人共同学习、生活和工作；学会交往、学会分工合作，学会宽容和接纳他人；学会共享资源，在团队中能担当责任；掌握一些合作的技能，培养学生的团队合作精神等。

（五）沟通与表达能力

沟通与表达能力，首先包括理解别人的能力。只有善于倾听，理解别人，才能进行有效沟通和表达。其次，要学会与他人积极主动的沟通交流，表达自己的想法。再次，要能够较好地运用口头语言、写作、绘画、肢体语言等多种方式清晰地、灵活地、具有个性地表达自己的观点。最后，要能够根据不同的场合和情境需要，学会选择合适的方式进行表达。

（六）观察能力

观察能力本身是一种多因素的智力结构，它包括精细的知觉能力、定向的注意能力和以分析、比较为基础的选择性思维能力等。良好的观察能力必须具备以下四种品质。第一，观察的目的性，观察具有明确的指向性。第二，观察的全面性，指能按一定顺序观察事物的全过程、事物的各个构成部分及其相互联系等，并能认识事物的本质特征。第三，观察的准确性，指能够精确地把握事物的特征，能辨别事物之间的细微差别。第四，观察的深刻性，能够在日常的观察中发现和提出各种问题，开展积极的思维活动。

（七）动手操作能力

培养学生动手操作的能力、动作协调能力，使用工具和技术的能力、设计和制作的能力，如设计与生产一个产品的能力、发明创造的能力等。

（八）自我反思与管理能力

培养学生养成善于反思的能力，让学生学会客观评价自我、对自己的不足之处能够进行反思。在自我反思的基础上，培养自我管理的意识和能力，能够自我控制、自我调节、自我监督、自我约束、自我服务，完成自己应尽的义务和责任。

六、 你解决问题了吗？

综合实践活动的主题纷繁多样，内容范围非常广泛，成果表现形式也是多种多样的。学生亲身经历了活动的全过程，获得了亲身体验，形成了研究成果。而成果是检验问题是否得以解决的主要依据。在综合实践活动中，学生形成的成果主要有哪些呢？

综合实践活动的成果应以研究报告、调查报告、实验报告、实物、照片、音频、视频等展现活动的过程、效果与成果。

研究报告可以分为题目、摘要、引言（前言、问题的提出）、研究方法、研究结果及其分析、讨论（小结）、结论、参考文献、附录等几个部分。

调查报告可以分为调查名称、调查目的、调查人员及分工、调查时间及地点、调查过程、调查结果及收获、调查意见或建议、调查成果展示评价等几个部分。

实验报告可以分为实验名称、实验目的、实验人员及分工、实验器材、实验时间及地点、实验假设、实验过程及现象、实验结果、实验成果展示评价等几个部分。

接下来，主要介绍研究报告的呈现方式。

题目，要求明确、鲜明、简练、醒目。一般不用副标题，字数不宜过长。摘要，要求准确、精练、简朴地概括全文内容。引言，引言不是研究报告的主体部分，因此要简明扼要。引言内容包括：提出研究的问题，介绍研究的背景，指出研究的目的，阐明研究的假设，说明研究的意义。研究方法，不同的课题，有不同的研究方法。这是研究报告的重要部分，以实验研究法为例，其内容应包括：研究的对象及其取样、仪器设备的应用、相关因素和无关因素的控制、操作程序与方法、操作性概念的界定、研究结果的统计方法。研究结果及其分析，这是研究报告的主体部分，要求现实与材料要统一、科学性与通俗性相结合、分析讨论要实事求是，切忌主观臆断。内容包括：用不同形式表达研究结果、描述统计的显著性水平差异、分析结果。讨论（小结），这也是研究报告的主体部分。其内容包括：本课题研究方法的科学性、本课题研究结果的可靠性、本研究成果的价值、本课题目前研究的局限性、进一步研究的建议。结论，这是研究报告的精髓部分。文字要简练、措辞、慎重、严谨、逻辑性强。主要内容包括：研究解决了什么问题，还有哪些问题没有解决；研究结果说明了什么问题，是否实现了原来的假设；指出要进一步研究的问题。最后，是参考文献与附录，其中，附录包括调查表、测量结果表等。

下 篇

综合实践活动
课程的新生态

第四章
STEM 为综合实践注入新活力

一、案例：自制滤水器

该项目是创建一个过滤器以使池塘或河水可饮用。项目需要在一周内完成。每个项目小组由3人组成。设计过滤器所用材料不能超过8个，最终使用过滤器过滤后的水要符合可饮用水的标准，并且要制作一份制作过滤器的说明书。

第一天：发现问题

创设情境： 你和你的朋友正在某国家公园进行高年级旅行。在一场巨大的风暴袭击后，你和你的朋友只剩下很少的补给。知道没有水你只能活三天，你开始翻你的背包，找到你从家里带来的随机用品。你意识到，你必须用这些补给品做一个滤水器，才能徒步45千米到达最近的护林员站。

在世界各地，饮用水已成为一个日益紧迫的问题。重要的是，人们意识到可以用来过滤水的不同技术。没有水，人体将停止功能。没有干净的水，人体容易感染各种病毒、细菌和疾病。

任务： 给每个小组分发相同的塑料桶。当水通过过滤器时，这些塑料桶将被用来收集水，使用水测试试剂盒测试收集到的水。

材料：（1）一个水测试套件；（2）剪刀；（3）磁带；（4）尺子；

(5)铅笔；(6)建筑用纸/彩色纸；(7)胶；(8)电脑；(9)记号笔；(10)海报板；(11)经过消毒的垃圾桶，以便过滤水；(12)将用于滤水器的非饮用水。

第二天：头脑风暴

小组成员一起研究可饮用水的标准，例如，必须要符合哪些条件才能是可饮用的水？如何判定水是否洁净等。

第三、四天：制订方案

接下来，小组开始绘制滤水器的原型，并依据模型开始制作滤水器。在绘制滤水器原型时，要按比例绘制，要正确标注测量值，要尽可能多地在原型中插入细节。在制作滤水器时，要使用从家里带来的八件物品来制作滤水器，必须仔细记录制作滤水器的过程，并制作成说明书。

第五天：测试优化

该阶段主要是测试过滤器的功能。要记录下测试过程中的数据，根据数据不断调试、改进过滤器。将测试的结果制作成PPT进行汇报。

第六天：拓展设计

请设计者思考以下问题：水在哪些方面对人体是可行的？水的什么特性使水在人体中发挥如此重要的作用？如果人类饮用受污染的水会发生什么？解释水在固态、液态和气态三个状态的重要性，它与地球上的生命有哪些关系？

制作演示文稿，呈现制作过滤器的所有步骤，并通过数据等信息证明过滤器的功能实现。

第七天：作品展示

按小组展示最终的成品。在汇报时，必须使用科学术语，要展示最终的成品、制作的步骤以及测试获得的数据等信息。

以上为大家呈现了一个完整的STEM项目的实施过程。该项目在科学、工程、数学方面是如何链接的呢？科学方面，主要是了解水的化学成分，并能够解释为什么水的这些性质使它成为普遍的溶剂和生命分子；水在生物功能中的重要性；了解饮用水与非饮用水对真核生物的影响；了解细菌对真核生物的影响；确定"可饮用水"的标准；确定和量化测量数据不确定性的原因和影响；有效地向听众传达数据；运用科学的方法制作出立体的产品。工程方面，主要是运用工程设计方法，了解系统的不同极限；在建造滤水器时做出决策；培养管理和协助项目的技能。数学方面，主要是让学生运用几何技巧建造过滤器，以配合角度，并确保所有样本的水都必须通过过滤器；了解表面积与过滤效率之间的关系。

二、STEM 的前世今生

STEM 是科学（Science）、技术（Technology）、工程（Engineering）、数学（Mathematics）四门学科英文首字母的缩写，其中科学在于认识世界、解释自然界的客观规律；技术和工程则是在尊重自然规律的基础上改造世界、实现与自然界的和谐共处、解决社会发展过程中遇到的难题；数学则作为技术与工程学科的基础工具。

STEM 课程重点是加强对学生四个方面的教育：一是科学素养，即运用科学知识（如物理、化学、生物科学和地球空间科学）理解自然界并参与影响自然界的过程；二是技术素养，也就是使用、管理、理解和评价技术的能力；三是工程素养，即对技术工程设计与开发过程的理解；四是数学素养，也就是学生发现、表达、解释和解决多种情境下的数学问题的能力。

（一）美国 STEM 教育提出的背景

美国提出 STEM 教育是符合了新时代大环境的要求。随着世界经济全球化和政治多极化的趋势越来越明显，科学技术与跨学科人才在时代的进步中发挥着越来越重要的作用，美国 STEM 教育应势而生。综合分析，美国提出 STEM 教育的背景主要有以下三点：第一，时代变革对 STEM 人才的迫切需求。当今时代是信息化与知识经济的时代，学习力已经不是看拥有多少书本知识，而是看谁能快速准确地获取信息并进行创新加工和实现创造性生成。各行各业的人才越来越多，而从事 STEM 相关专业的人才却供不应求。时代的进步要求所有人都要具备新的科技知识，以解决所面临的问题。劳动力不仅仅是体力，更多的是脑力和技术。社会对于 STEM 知识和技能的需求将会增长并持续到未来，那些有实际经验或 STEM 相关专业背景的毕业生将会在社会所有的工作领域中都有很高的需求。即使是 STEM 教育起步早且更为成熟的美国，在 STEM 领域工作的人数也明显不足。根据相关调查与统计数据，美国虽然每年培养九百多万名 STEM 毕业生，而劳动力市场每年有四百多万个 STEM 工作岗位需求，但是，实际上每年只有三百多万名毕业生能够选择从事 STEM 领域的工作，因此，未能满足美国 STEM 领域的工作需求。当今时代，全球信息智能化发展趋势越来越明显，各个国家、各个领域在智能化发展方面的竞争日趋白热化。科学、技术、工程和数学是智能化产业发展的坚实基础，跨学科、跨领域融合的综合人才更是未来发展方向。第二，科技发展对教育变革的新要求。科技与教育是共长共进的，每当科技领域取得了某种进步，教育领域也会相应地发生变革，科技的发展会对教育提出一系列新要求。这一点也是美国提出 STEM 教育的背景之一。首先，科技的发展要求教育工作者不断更新教育理念。传统的教育理念就是将教育的中心定在书中、定在教室里和教师身上。然而，在科技信息高速发展的时代，学生获取知识的途径已经十分便捷而广泛，教育者应与时俱进，用发展的眼光看待学生，将教育的中心定在学生身上和学生的生活实践中，并不断深化信息技术在人的学习发展中所发挥的积极作用。师生与教学器材之间互为促进关系，教师要善于利用新兴教学器材采集学生学习状况与需求信息，继而进行个性化的学习指导与信息推送。学生则可以借助现代学习器材提升自己的学习自觉性。其次，科技的发展要求人们树立终身学习的意识。科技的发展对人们的生产生活产生着巨大的影响，终身学习能够使人与时俱进，它是个人适应社会发展，提高自身生存能力必不可少的要素。2015年，美国在《国家创新战略》中强调"应保障更多青年及成年人通过社区学院获得接受高等教育的机会，学习社会新兴产业所需要的技能，实现终身学习并获得成功"。第三，美国强烈的竞争意识和危机意识。自新兴发展中国家崛起之时，美国就开始把提高教育质量和科技力量摆在了首要地位。"二战"以后，美国的综合国力不断强大，一直自居于世界霸主的地位。然而，在时代进步的浪潮中，美国的竞争力大不如前。为了巩固自己世界最先进的发达大国的地位，美国当局认为，实施STEM教育战略刻不容缓。一个国家的生产力发展中不可或缺的元素是国家的竞争力。一段时期中，如果国家的竞争力越高，那么经济发展势头表现则会越好。STEM教育可以提高劳动者的综合实践能力与基本科学素养，这也是美国技术创新的动力。国家科技水平的提高，不仅能够对社会经济起到推动作用，而且国家的国防事业也会得到发展，从而保障国家各方安全。现代军事竞争已经不是刀光剑影，而是信息化、科技化的较量，例如，航空母舰、隐形战斗机、导弹拦截、防信息窃取技术等。毫无疑问，STEM是这些技术整合的基础。美国是一个移民之国，其本国公民参加STEM工作的人数并不多。美国大学中超过一半的理工科研究生来自美国以外，许多学生留在美国，为其经济增长做出贡献，而其他人则带着对这个国家的了解和联系回国，使得美国劳动力市场不得不去聘用其他国籍的专业人员。这在当下各个国家追赶超越的势头下，显然不利于美国国民的就业利益，也不利于美国的社会稳定。因此，美国政府迫切需要培养大量国内 STEM 专业人才。

（二）美国 STEM 教育的特点

STEM 教育目前仍以美国为主，其他大部分国家和地区仍在起步阶段，STEM 教育在美国的落实中表现出以下三方面的普遍特点。第一，课程趋于融合，兼顾趣味性和实用性。课程既是教育目标和目的的实践载体，又是教学内容的基础，其科学与合理程度关系着教学计划、教学大纲等的落实，在很大程度上影响着教育教学效果的实现。因此，STEM 课程设计尤为重要，必须突出跨学科整合与融合特性，并兼顾趣味性和实用性。整合性。传统的课程大多以割裂的学科为主，对应实施分科教学。分科课程具有较强的科学性和逻辑性，通常由单一学科教师主导，并且易于评估。然而，在实施过程中，分科课程也容易产生重智力轻能力，割裂知识之间的联系等局限。而在 STEM 课程中，其重点不是强调学生分别学好科学、技术、工程、数学等学科知识，它更强调的是学科之间的整合与联系。STEM 的四门学科相互沟通融合，被称为跨学科课程。这种课程克服了分科过细的缺点，坚持了知识的统一。当然，这四门课程并不是简单的整合，而是在一个特定的问题情境中，打破学科之间的界限，使学生利用科学、技术、工程、数学等课程的相关知识来解决问题，真正提高学生的知识迁移能力。趣味性。STEM 教育的课程目的是让学生自己运用所学的知识探索解决问题的途径。其中，一些学校在 STEM 教育内容中进行游戏化设计，将知识探究和目标导向的学习灵活嵌于游戏中。这一方式对培养学生的协作意识、跨学科思维能力起到更为有利的作用。实用性。知识的学习是为解决生活实际问题服务的,学以致用才是知识学习的实质。STEM课程内容一个主要的特点就是将问题置于生活情景之中,让学生运用科学、技术、工程、数学等知识去解决问题,使他们看到STEM在承担重大挑战中的价值。第二,教学方法立足探究性、自主性和合作性。科学且合适的教学方法是使教学目标有效达成和学生积极转变的重要保证。STEM采用的教学方法具有探究性、自主性与合作性。探究性。STEM课程的学习强调实践探究。区别于传统教学自上而下的方法,探究性教学方法是一种在教师的指导下,让学生从直接经验中获取新知识的方法。以建构主义来看,学生本身就积累了不少知识和生活经验,这就意味着教师进行STEM教学应注重让学生通过发现问题和解决问题而构建知识。自主性。STEM教育能够采取的教学方法多种多样,例如:探究型、创造型、实证型等。无论选择哪一种教学方法,都尽量让学生经历完整的科学研究过程,这样才能使学生获得更深刻的学习体验。要增加学生在学习中的研究内容,就要减少教师的干预,为学生发挥创造能力提供空间。《STEM 2026》报告指出,未来要构建一个灵活的和包容的学习空间,让学生可以更加方便自主地进行探索性、实践性学习。合作性。STEM教育旨在培养学生的科学探究精神,它主张学生要深入生活,在实践锻炼中获取知识经验,从而提升学生的学习探究能力。在STEM教学过程中,问题情境并不是单一的,有可能复杂性和挑战性并存。这时仅仅依靠单个学习者的力量很难解决问题。因此,只有通过合作和沟通,人们才能找到解决问题的更好方法。并且,目前新的创新创业实践不再是创意设计之后的简单实现,而是越来越需要依据不同人的个性化需求进行协调变更,需要创新创业人才具备良好的沟通素养和团队合作与跨领域协同能力。这对于学习者的社会性培养和团队精神的构建具有积极意义。第三,教育目标重视人的创新性与发展性。教育目标是指教育预期要达到的结果。对于STEM教育而言,其教育目标表现出重视人的创新性与发展性的特征。创新性。STEM 教育从设计与实施之始，就把提高学生的创新意识和创造能力作为重要目标之一。它积极运用技术工具使学生更加便捷地获取知识，并通过科技途径分享知识成果。美国在 STEM 教育中采用了云计算服务，它为学习者提供便捷的互联网学习资源。云计算平台可以提供工具以提高 STEM 教育在以下领域的经验：远程教育、虚拟实验室和众包研究。此外，鼓励学生进行自主创新，创新成果不分大小都给予赞赏，使学生建立信心并激发学生的创新动力。发展性。人的发展体现在身心、社会适应力等各个方面，包括个体对社会经验的获取和知识的掌握，个体实践能力和社会意识的养成。STEM 教育着眼于促进人的各项能力的发展，使人能够具备良好的身心素质和生产生活能力。

三、综合实践活动课程的二十二年

综合实践活动课程的活动方式包括考察探究、设计制作、职业体验、社会服务、博物馆参观、党团活动等，是一门集聚多课时、多学分、所有教师于一身的国家课程。这是一门基于生活实践领域的课程，学生从自身经验中形成问题，从经验中去获得解决问题的途径与方法，培养创新精神、实践能力和终身学习的能力。虽然综合实践活动是一门国家课程，但与其他学科课程不同，它没有固定课时、没有固定教师、没有固定教材，因此，综合实践活动的组织结构更加开放，具有更高的灵活性和自由度。

综合实践活动课程在我国已走过二十二年，本节将从该门课程设立的最初目的以及课程发展经历的阶段、当下面临的挑战几个方面进行讨论与分析，把握当前双减背景下综合实践活动的发展契机，为综合实践活动课程的进一步推进提供思路。

综合实践活动课程发展历史

在综合实践活动课程发展历史中，教育部、北京市先后出台了多项文件，每一项文件的出台对综合实践活动课程的推进都起到了助推器的作用。因此，本节将综合实践相关文件的出台作为标志，划分综合实践活动课程发展的五个阶段。

（一）设立和初步发展阶段（2001—2007年）

2001年4月，教育部印发了《普通高中"研究性学习"实施指南（试行）》的通知，明确了设置研究性学习的目的，改变教师的教学方式和学生的学习方式，实施以培养创新精神和实践能力为重点的素质教育。研究性学习是综合实践活动课程的核心内容，设置研究性学习的目的也成为开设综合实践活动课程的主要目的。随后，2001年6月，教育部印发了《基础教育课程改革纲要（试行）》的通知，自此，综合实践活动课程作为一门国家规定、地方指导、校本开发的国家必修课程正式列入中小学校课程中。

设置综合实践活动，就是要改变课程过于注重知识的传授倾向，改变课程过于强调学科本位、科目过多和缺乏整合的现状，改变课程内容"繁、难、偏、旧"和过于注重书本知识的现状，改变课程实施过于强调接受学习、死记硬背、机械训练的现状。在改变的基础上，强调让学生形成积极主动的学习态度，使获得基础知识与基本技能的过程同时成为学会学习和形成正确价值观的过程。通过设置综合实践，以适应不同地区和学生发展的需求。加强课程内容与学生生活以及现代社会科技发展的联系，关注学生的学习兴趣和经验，精选终身学习必备的基础知识和技能。倡导学生主动参与、乐于探究、勤于动手，培养学生收集和处理信息的能力、获取新知识的能力、分析和解决问题的能力，以及交流与合作的能力。

该阶段学校对综合实践活动课程普遍重视不够，对该课程的理念和作用认识不到位，在课程资源的开发方面经验不足。

（二）推进试验阶段（2007—2014年）

针对中小学对综合实践活动课程不够重视，对该课程理念和作用认识不到位，课程资源开发不够充足等问题，为了加强中小学综合实践活动课程的实施，2007年，北京市教育委员会出台了《关于加强中小学综合实践活动课程实施的意见（试行稿）》。这一文件对综合实践活动课程的健康开展发挥了重要的作用。

在这一政策的驱动下，2007年，北京市教育学会中小学综合实践活动研究会启动了百所北京市中小学综合实践活动课程特色校的评选工作，大大激发中小学校开展综合实践活动的积极性。此后几年，北京市很多区县设有专门从事综合实践活动课程教研员，也相继出台了各区县关于加强该课程的实施意见。这些措施的实施，大大保障了综合实践活动课程的良好开展。

（三）各学科开展试验阶段（2014—2017年）

为了加强教学内容与社会、自然的联系，让学生学习鲜活的知识与技能，2014年，印发的《北京市基础教育部分学科教学改进意见》明确指出"学校要组织学生走出校门，中小学校各学科平均应有不低于10%的课时用于开展校内外综合实践活动课程"。在此基础上，2016年，北京市相继出台了关于开展初中综合社会实践活动、开展初中开放性科学实践活动的通知。

10%的学科实践将综合实践活动推向了浪尖，进一步助推了综合实践活动课程的开展。10%的学科实践让所有学科教师不能再置身于综合实践活动课程之外，每位教师都成为综合实践活动课程中的一员，这也正是综合实践活动课程指导意见中所指出的，每位教师都有义务和责任承担综合实践活动课程。这个阶段，将综合实践活动课程的开展覆盖到了所有学科所有教师。

（四）常态化实施阶段（2017—2020年）

为了切实加强对中小学综合实践活动课程的指导，补上实践育人短板，2017年，教育部出台了《中小学综合实践活动课程指导纲要》（以下简称《纲要》）。这一文件的出台让综合实践活动课程在全国范围内挺直了腰杆，标志着综合实践活动课程改革从实验阶段进入常态化实施阶段。《纲要》中明确了综合实践活动课程的四种主要活动方式，即考察探究、设计制作、职业体验、社会服务，也把课程正式定位为培养学生综合素质的跨学科实践性课程。综合实践活动的开展要使学科知识在活动中得到延伸、综合、重组与提升，所获得知识要在相关学科教学中拓展加深，既不能用学科实践取代综合实践，也不能用综合实践弱化学科教学。

2020年，教育部先后出台了《关于全面加强新时代大中小学劳动教育的意见》《大中小学劳动教育指导纲要（试行）》。劳动教育是全面贯彻党的教育方针的基本要求，是实施素质教育的重要内容，是培育和践行社会主义核心价值观的有效途径。综合实践活动是实施劳动教育的重要渠道之一，基于此，2020年修订的《普通高中课程方案》中，2017年版方案中高中综合实践活动的14个学分被调整为8学分，另外6学分纳入劳动教育的学分，6学分中的2学分为志愿服务。至此，劳动教育进一步提升了综合实践活动课程的育人价值，也为综合实践活动的开展拓宽了新的思路。学校应该通过综合实践活动课程强化育人效果、实现育人目标。

（五）双减背景下新发展阶段（2021年至今）

2021年，教育部出台了《关于进一步减轻义务教育阶段学生作业负担和校外培训负担的意见》。北京市作为此次双减的试点之一，也出台了《北京市关于进一步减轻义务教育阶段学生作业负担和校外培训负担的措施》（以下简称《措施》）。北京市提出了5+2的课后服务，即每周5天时间，每天2个小时开展课后服务活动。课后服务主要以体育锻炼、课后辅导、综合素质拓展类活动为主。课后服务的有效开展成为当下教育领域关注的热点、重点、难点问题。

高水平的课后服务既要与日常的课堂教学内容相衔接，又不能按照日常课堂教学的教学方式开展。因此，打破传统学科壁垒构建家校社共育链条的课后服务为综合实践活动的开展开辟了一条新路径。

综合实践活动课程发展契机和模式

北京市出台的双减《措施》指出学校要做好教育教学活动和教师资源的统筹，将课后服务时段分两个阶段进行整体规划、系统设计。课后服务可以开展体育锻炼类，也可以开展课业辅导类和综合素质拓展类活动。综合素质拓展类活动能鼓励学生参与课后活动、让学生乐于参与课后活动。"双减"是综合实践活动课程推进过程中的一个契机，以综合素质拓展类活动开展综合实践活动课程是一种策略。结合双减背景下对课后服务的要求，本文提出了"综合实践+课后服务"的综合素质拓展类活动模式，在提高课后服务有效性的同时，进一步推动综合实践活动课程的开展。

"综合实践+课后服务"的综合素质拓展类活动的开展要以主题为单

元展开，每一个主题围绕考察探究、设计制作、职业体验、社会服务等形式开展，在过程中要注重学生价值体认的形成、责任担当的养成、问题解决能力的培养、创意物化能力的提高。

结论

综合实践活动课程在我国已走过二十二年。二十二年间，综合实践在实践中摸索，在摸索中发展。作为一门独立必修的国家课程，它是第八次基础教育课程改革的亮点，同时也成为教育课程改革的难点。学校在推进综合实践活动课程时，既不能简单地将该课程作为一门学科课程的课外拓展与延伸来开展，也不能将该课程作为区别于学科课程的特色课程来建设。综合实践活动课程与学科课程互为支撑、互为延伸。一方面，学科知识将在综合实践活动中得到延伸、综合、重组与提升；另一方面，在综合实践活动中所发现的问题可以在相关学科教学中分析解决，所获得的知识可以在相关学科教学中拓展加深。既不能用学科实践活动取代综合实践活动，也不能用综合实践活动替代学科实践活动。

未来的综合实践活动课程如何发展？哪一种模式更有助于学校将综合实践活动课程的开展真正落地落实？我们将继续探索，探索学校开展综合实践活动课程的普适模式，探索培养学生综合素质的综合实践活动课程，综合实践活动课程的发展任重而道远。

四、综合实践活动与 STEM 的对比

STEAM 教育和综合实践活动都属于跨学科融合的实践活动，二者在课

程起源、核心理念、能力培养、评价方式四个方面有着相同之处，但在活动内容、主题生成、过程及成果三个方面又存在一定的差异。

（一）课程起源

STEAM 教育和综合实践活动都诞生于国家层面的教育决策。

在 20 世纪 90 年代的美国，STEM 教育作为新概念不断出现在美国各种改革政策和项目甚至法律中，奥巴马总统执政后，对 STEM 教育的重视提升到新的高度，以政府层面的决策动员全社会的力量，特别是学校教育和企业界，把工程、数学、科学、技术四个学科进行有机整合，形成其纯理科融合的独特内涵和特征，后来在实施过程中又发现艺术品位缺失的作品缺乏灵动和美感，于是又把艺术（Art）融入 STEM 教育中，形成了今天的 STEAM 教育。

综合实践活动是 2001 年基础教育课程改革中诞生的一门国家级课程，是为了弥补现有的学科化课程设计的不足而开设的一门综合应用各学科知识的实践活动课程，旨在提高学生的综合实践能力和创新能力，而在实际的开设中，由于受师资、课程资源、教学理论等因素的影响，这门课程的实施效果与课程目标相差甚远。

（二）核心理念

STEAM 教育和综合实践活动均渗透跨学科融合的教育理念。

STEAM 教育理念是以科学、技术、工程、数学四门学科知识综合应用为主，辅以美术、音乐等艺术元素，其形式主要是以项目式研究来开展活动，并在活动中注重培养学生的工程思维，也就是让参与者尽量以最少的耗材、最短的时间、最低的成本，最高效地完成任务，最后以创意设计的方式实现产品的物化。

综合实践活动是学生综合应用所学的知识解决实际问题，鼓励学生根据活动主题的需要以小组合作的方式开展考察探究、设计制作、职业体验、社会服务等实践活动，并能用自己擅长且恰当的方式展示自己的获得成果。二者均能有效弥补现有的学科化课程的缺陷，强调跨学科融合的教育理念，让学生学有所用，用有所创。

（三）能力培养

STEAM 教育和综合实践活动均注重提出问题和解决问题能力的培养。

STEAM 教育和综合实践活动在培养学生能力上有很多相似之处，比如问题意识的培养，它们强调借助生活中的实际情境培养学生提出问题的能力，并能对所提问题做出筛选，哪些问题适合开展研究，哪些问题是没有价值的，教师能够指导学生学会发现问题和提出问题，并让学生在这个过程中形成敏锐的问题意识。而解决问题能力的培养同样也是两种课程都非常注重的能力，提倡学生自己想办法解决问题，教师的定位是学生的指导者与合作者。在这个过程中鼓励学生集思广益，充分运用各种办法来解决问题，从而使学生的合作意识得到增强、质疑批判的思维得到锻炼，逐步形成科学探究、实事求是的精神。

（四）评价方式

STEAM 教育和综合实践活动均注重评价方式和评价角度的多样性。

两种课程的评价方式也比较相似，都是根据活动目标确定相应的评价指标及评价方式，比如学生是否能够发挥自己的特长在活动中体现互帮互助的精神，是否具备独立思考和质疑能力，是否能够积极参与活动并能正确对待活动中遇到的困难，是否能够形成有价值的活动成果，是否能在活动中形成科学探究的精神，学生的动手能力如何，学习体验是否深刻，小组的创新能力如何……评价的方式可以有生生互评、教师评价、家长评价等多种方式相结合。相对于学科课程而言，这两类课程的评价指标更为灵活，评价方式和评价角度也更为多样，其最终目的均是为了能够全面发展学生的核心素养，为培养创新型人才奠定良好的基础。

（五）活动内容

综合实践活动涉及的范围广于 STEAM 教育。

STEAM 教育注重项目式学习，整个项目目标指向清晰，学生以小组合作的方式完成初期设定的目标，活动内容呈系列化，教师和学生最后根据目标来评定活动效果。综合实践活动通常以一个主题贯穿整个活动，但是有可能会因为学生的生成改变后续研究的方向，从而形成系列化的主题或者不同活动方式的主题。现有的活动方式分别是考察探究、设计制作、社会服务、职业体验四大类，它们往往因活动需要又相互融合与渗透。两类课程均是课程化，但综合实践活动不一定系列化。所以从活动内容各自涵盖的范围来看，综合实践活动的内容要广于 STEAM 教育，STEAM 教育的内容更接近综合实践活动中设计制作这一领域。

（六）主题生成

两类课程的主题生成中教师和学生作用不同。

STEAM 教育和综合实践活动均是以生活中的现实情境为研究对象，针对这些现实情境开展活动研究，STEAM 教育研究的主题主要是由教师制定，学生则是根据教师提出的活动目标去寻找解决问题的办法。综合实践活动内容大多为贴近学生现实生活的真实问题，小学生认知能力相对弱一些，教师在选题指导中的作用就相对突出，中学生自主性增强，特别是高中生，基本上是学生自己提出研究主题，通过讨论和建议等方式来确定最值得研究的活动主题，然后全班学生根据自己的兴趣和意愿自行组成小组，并以小组合作探究的方式开展获得。

（七）过程及成果

STEAM 教育和综合实践活动过程形式各异、成果展示要求不同。

两种课程均非常重视活动过程的开展。STEAM 教育的活动过程强调学生的动手搭建和创意物化，提倡学生在解决实际问题时要学会像工程师那样思考问题，让每一次的实践都能成为下一次的"迭代"，充分运用数学、工程、技术等理科知识分析事物的本质，并能创造性地解决问题，从而形成工程思维、批判精神等高阶思维。综合实践活动过程一般分阶段来完成，通常会有开题答辩、中期汇报、交流展示等几个环节，每个环节的任务都比较清晰，对于下一环节的活动过程既有预设，又充分尊重生成，如果学生的生成是有研究价值的，那么下一环节的活动过程可能就会进行相应的调整。基于此，两类课程在活动成果的展示方面也不尽相同，STEAM 教育强调成果的创意物化，对成果的实用性、创新性要求较高，而且追求成果的个性化。综合实践活动对成果的要求更多元，注重学生形成富有真情实感的体验成果。常见的成果展示方式有活动报告、调查报告、调查表、实物标本、画图、摄影、活动日记、活动记录、手抄报、展板和创意物化等多种方式。

第五章
学科实践开启综合实践新征程

一、案例：统计与概率在遗传学中的应用

1. 主题（或单元）名称：统计与概率在遗传学中的应用

2. 主题学习活动学时：3 课时

3. 内容说明

数学探究活动锻炼学生的综合素质。

《普通高中数学课程标准（2020年修订版）》指出，"数学探究活动是围绕某个具体的数学问题，开展自主探究、合作研究并最终解决问题的过程"，学生经历四个过程：发现和提出有意义的数学问题，猜测合理的数学结论，提出解决问题的思路和方案，通过自主探索、合作研究论证数学结论，发展其应用意识、创新意识和实践能力，锻炼其综合素质，可见跨学科活动是高中数学探究活动落实的有效途径。

对遗传规律的研究是数学知识与方法的直接应用。

之所以选择遗传学中的数学，原因有二：

第一，数学是揭示事物本质规律的科学，以数学的眼光观察世界，能够发现事物自身的规律，因此数学是研究问题的"工具"，这种工具性既体现在数学的各种运算，同时也体现在它研究问题的思维与方法，如转化

与化归、特殊与一般等。

第二，生物的研究对象及内容是学生实际生活中切身经历的真实情境，解决这些真实问题的过程就是实际应用数学知识及方法的过程：

（1）孟德尔发现遗传规律需要具备一定的统计学思想及数据处理与分析能力；

（2）在建立遗传理论的基础上，研究遗传规律主要应用了数学的概率学；

（3）为医学、养殖等遗传应用领域提出可行、科学的建议主要参考了数学的运算结果。

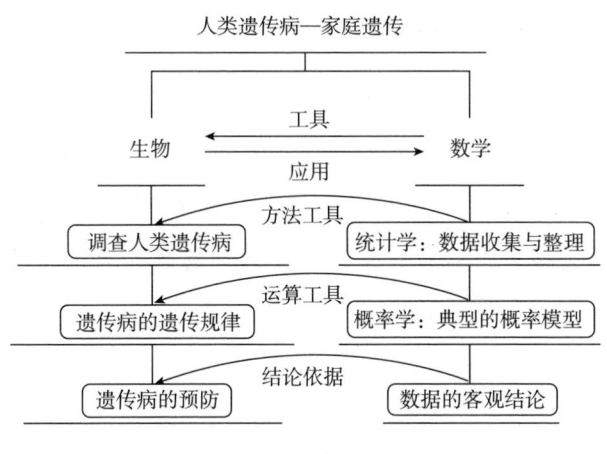

```
                     人类遗传病—家庭遗传
                    ┌──────────┴──────────┐
                              工具
                    生物  ←─────────→  数学
                              应用
                           方法工具
                  ┌─调查人类遗传病─┐  ┌─统计学：数据收集与整理─┐
                           运算工具
                  ┌─遗传病的遗传规律─┐  ┌─概率学：典型的概率模型─┐
                           结论依据
                  ┌─遗传病的预防───┐  ┌─数据的客观结论────┐
                            科学的探究
```

4. 学习活动目标

（1）掌握独立事件概率、条件概率等概率的计算方法；

（2）经历探究概率在遗传、科技等领域应用的过程，体会数学的工具性作用，感悟利用数学及其运算结果对遗传学的推动作用，建立数学学科与实际生活的联系；

（3）经历探究概率应用的过程发展数学运算、逻辑推理的数学素养，提高发现问题与提出问题、分析与解决问题的能力，提升应用意识，发展科学、严谨的探究精神。

5. 学习活动环境

四人一小组；多媒体电脑、黑板、PPT、动态演示软件、实际调查。

6. 学习活动任务/学习活动设计

学习活动/任务1：社会调查

本环节学生自行组成3—4人的小组，推选出组长，小组共同完成本单元的学习。在师生的共同讨论下，确立《调查人群中的家族遗传病》的调查目标、研究子课题及研究问题。子课题要求如下：

（1）初步学会调查和统计人类遗传病发病率的方法；

（2）通过对几种人类遗传病的调查，了解这几种遗传病的发病情况；

（3）总结调查过程中应用的数学知识与方法。

调查参考：

（1）每个小组可调查周围熟悉的4—10个家庭中遗传病的情况；

（2）调查时最好选取群体中发病率较高的单基因遗传病，如红绿色盲、白化病、高度近视（600度以上）等。

研究问题参考：

（1）某个体基因型的概率；

（2）某对夫妇结合后子代患病的概率。

学习活动/任务2：数据统计与分析

本环节主要依据调查数据，探究人类遗传病的遗传规律。依据学生的调查数据及家族遗传图谱，确定可探究的概率问题（预设如下）：

（1）某个体基因型的概率；

（2）某对夫妇子代患病的概率。

经历发现与提出问题的过程，借助概率学相关知识探究遗传规律，体会数学的"工具性"作用。

学习活动/任务3：数据结果的应用

本环节学生需要完成一份研究报告，报告可以是专题作业、算法程序或者小论文等形式，报告的内容需包括：研究问题、研究思路与方法、研究过程、研究结果、给医生、公民的建议。

学生完成研究报告后，分组别在课堂中汇报并答辩，评委是相关领域教师、其他组别的同学。

7. 主题作业设计

（1）纸笔类作业：对遗传学、统计概率学等知识的复习巩固。

（2）实践类作业：查阅文献，了解统计学、概率学在生物遗传学中的应用；调查人类遗传病。

（3）操作类作业：依据上述调查结果，探究人类遗传病中的一个问题，撰写一篇研究论文。

8. 主题（或单元）教学结构图

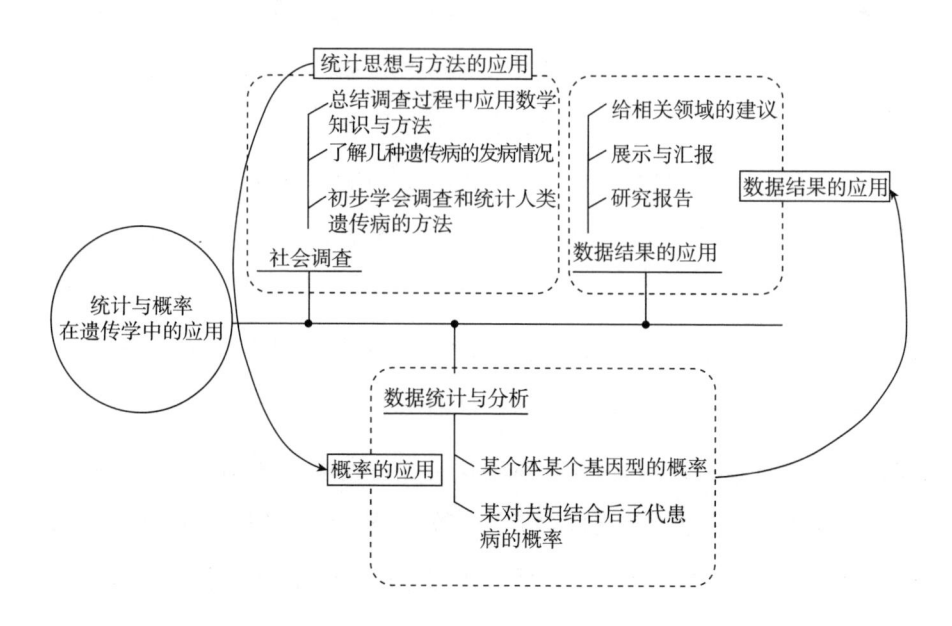

本节课是学生在学习概率统计的相关知识之后，学习应用相关知识解决现实中的问题，具有以下几个特点：

（1）关注立德树人，重视数学与其他学科的融合

本单元教学内容是以数学学科为主的学科实践活动，以人类遗传学为实际背景，以调查、研究的学习方式开展教学。本单元的学习学生经历四个过程：发现和提出有意义的数学问题，猜测合理的数学结论，提出解决问题的思路和方案，通过自主探索、合作研究论证数学结论，发展学生的应用意识、创新意识和实践能力。

在此过程中学习数据收集、分析的方法，理解数据分析的思路，运用所学知识和方法解决实际问题，感悟在实际生活中进行科学决策的必要性和可能性，体会统计思维与确定性思维的差异。

（2）通过创设情境、设计层层递进问题，突出重点，有利于提升学生解决问题的能力，有利于发展学生的数学核心素养

为了突出重点，教师对教材内容进行了挖掘，在课堂上设问题链，层层引导点拨，促进学生有序的思考；在问题中设置追问，关注学生容易混淆的地方，也就是学生头脑中出现与旧知识冲突的地方，通过追问促进学生深层次的思考。通过从真实问题出发引导学生思考、评价，引导学生用数学眼光看世界，借助数据支撑观点，用数学语言表达世界。

（3）突出体现了以人为本、以学生发展为本的教育理念，有利于发展学生的理性思维

本节课学生经历了较为完整的数据处理过程：让学生亲自调查、收集、整理，积累数学基本活动经验；借助学生已有的知识，引导学生通过独立思考、小组合作，经历探究概率在遗传、科技等领域的应用，体会数学的工具性作用，感悟利用数学及其运算结果对社会的推动作用，建立数学学科与实际生活的联系等，这些过程都体现以学生为主体，关注学生的

发展，有利于发展学生的理性思维。

二、从深度学习中定义10%学科实践活动

我国著名的思想家、教育家荀子在儒家经典著作《荀子》的第八篇《儒效篇》中指出了他的知行观，即不闻不若闻之，闻之不若见之，见之不若知之，知之不若行之，学至于行止矣。这句话的意思是：（在学习中）听说比不听好，见到比听说好，知晓比见到好，实践比知晓好，学习的最终就是实践，实践了，就明白了。荀子认为认知的落脚点在于"行"，"行"不仅是知的来源，也是知的目的。

中国人民大学校长纪宝诚教授说，在我国大学优秀毕业生中，90%以上都是在大学期间参与实践学习和各种社会实践活动较多的学生，在重点大学中，这一比例更高。世界著名大学，比如哈佛大学、耶鲁大学、剑桥大学、牛津大学等，每年在中国录取的高中学生中，100%都是在普通高中阶段经常参加各类社会实践活动，且实践能力特别强的学生，这些学生绝对不是中国各地普通高中考试成绩最高的学生。

对学生而言，教育中传递的知识大多属于"公共知识"，唯有学生个人的体验、理解、感悟、思想才是他们的"个人知识"。"个人知识"的深度与广度、质量与结构，在极大程度上决定了一个人的未来发展。

"个人知识"从何而来？从实践中来，从反思中来。在学校教育中，学生获取知识的途径和渠道过于依赖教师的教授和书本知识的学习，缺乏自主思考、动手操作、实践学习，这是当前基础教育需要解决的人才培养方式问题。

2014年11月，北京市下发了《北京市教育委员会关于印发北京市基础教育部分学科教学改进意见的通知》，2015年7月，北京市下发了《北京市实施教育部〈义务教育课程设置实验方案〉的课程计划（修订）》，在这两份红头文件中均提出了：中小学校各学科平均应有不低于10%的课时用于开展校内外综合实践活动课程。而这10%的课程即为学科实践活动。

因此，实践对于当代的中学生有着不可忽视的重要性。

那么，如何正确认识10%的学科实践活动？如何体现学科实践活动中的学科？如何体现学科实践中的实践？

（一）如何理解深度（Depth）？

在计算机的众多算法中，有一种景点的算法为深度算法。那么，何为深度算法？

经典算法：搜索算法——"深度"搜索。

这是该算法中一个著名的问题，即八皇后问题，也就是在8×8的棋盘上摆放8个皇后，要求每横、竖、斜行都只能有一位皇后，请问怎么摆放保证每一位皇后都不被其余的皇后吃掉？

解决这一问题的最直接方法是穷举出所有摆法。我们先用回溯的思想按行递推出一种合理方案。开始棋盘为空，第一个皇后可以放在第一行的任意一个位置。我们把它试置在（1，1）。这样，满足$J=1$或$I=J$的格子都不能再放皇后了。第二个皇后置在第二行，J可取3至8中的任意一列，我们先试放在（2，3）。那么第三行的J可以取4至8，先试（3，4）。以此类推，第四个皇后在（4，2）[（4，7），（4，8）也可]；然后是（5，6）[（5，8）也可]；第六行就只有（6，8）这一个位置可选。这时，第七行已没有空位置可放，说明前面皇后的位置试选得不对。回溯到上一行，由于第六行已没有其他位置可选择，只能删除（6，8）这个皇后，再退到第五行，把（5，6）的皇后移到（5，8）。这样，第六行又没有可选位置了，回溯到第四行，把（4，2）移到（4，7）……最后，得出第一种可行方案：（1，1）（2，5）（3，8）（4，6）（5，3）（6，7）（7，2）（8，4）。

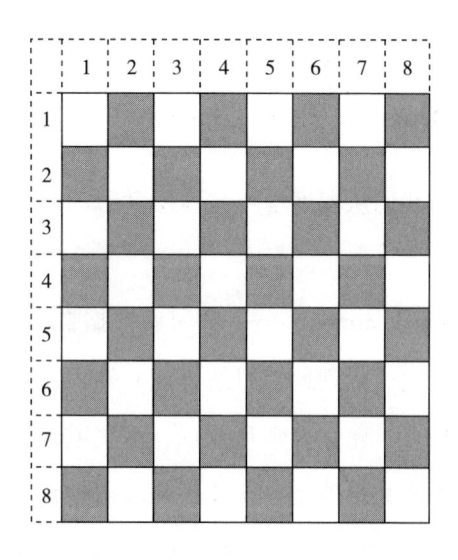

我们可以编写一个程序，让计算机按上述思路穷举出所有摆法（网上也很多，搜"八皇后"）。经计算机穷举，共有 92 种摆法。其实，这其中只有 12 种基本摆法，每种基本摆法又可经对称（水平、竖直及沿两对角线翻转）、旋转（90 度、180 度、270 度）等几何变换得出另外 7 种。这 8 种摆法的实质是一样的。那么，摆法共有 12×8 = 96 种，为什么是 92 种呢？原来，在这 12 种基本摆法中，有一种是中心对称图形！

总结：算法中的"深度"指的是"穷举"，即穷举一个问题的部分或所有的可能情况，从而求出问题的解的一种方法。

"深度"算法

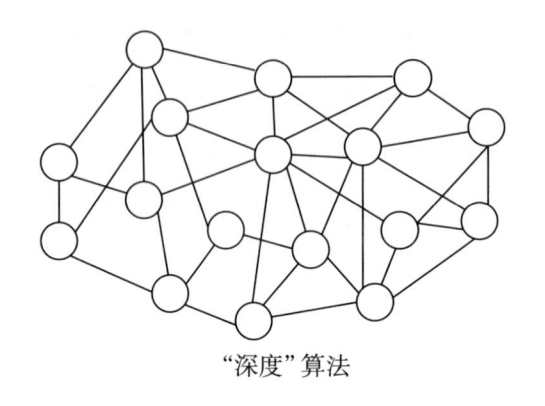

（二）深度（Depth）与浅层（Surface）学习比较

何为深度学习？我们从深度学习与浅层学习的对比中更好地来认识深度学习。

深度学习（Depth Learning）——学习者根据自己的学习兴趣和需求，在理解的基础上主动地、批判地学习新思想和知识，运用多样化的学习策略来深度加工知识信息，建立多学科知识、多渠道信息、新旧知识信息等之间的联系，建构个人知识体系并有效迁移应用到真实情境中来解决复杂问题的学习。深度学习要求学习者进行理解性的学习、深层次的信息加工、批判性的高阶思维、主动的知识建构和知识转化、有效的知识迁移及真实问题的解决。

浅层学习（Surface Learning）——也称作表层学习、简单学习。与深度学习相对应，是学习者为了应付课程要求、完成学习任务、通过考试，被动地参与到学习过程中，把知识、信息看作零散的、孤立的、不相关的事实，对书本知识或教师讲授的内容进行简单复制、机械记忆、简单应用的学习。在这种浅层学习中，学习者不考虑学习目的和策略，忽视对知识的深层加工、深度理解及长期保持，更谈不上知识建构、迁移应用及问题解决。浅层学习是学习活动的产物，是深度学习的起点，为深度学习活动的开展奠定了基础。

深度学习与浅层学习的维度对比图：

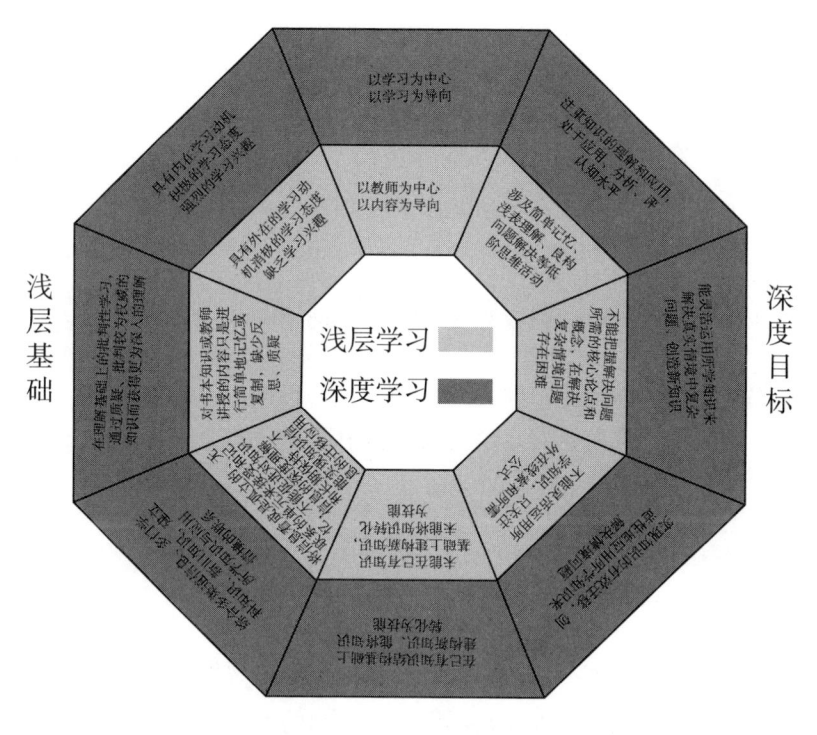

浅层基础　　深度目标

（三）深度学习中的综合

深度学习的核心思想就是把学习结构看作一个网络，我们可以用下面的图来描述这种网络结构，即：

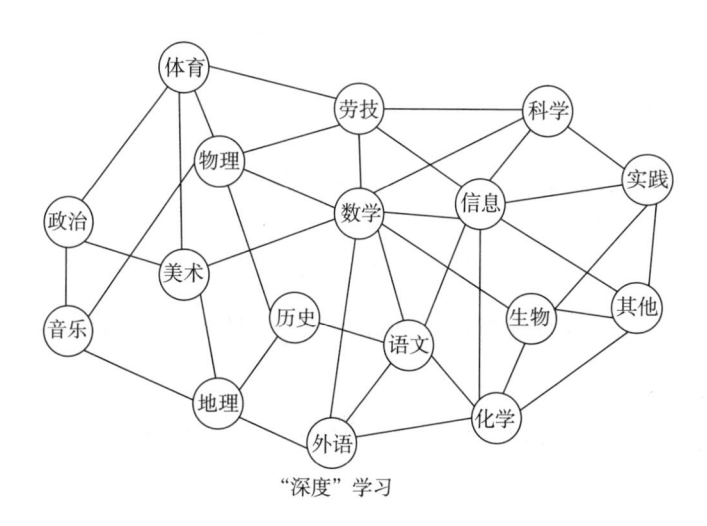

"深度"学习

例如：在我设计的"走进北京植物园开展学科实践活动"中，我设计了八个活动，活动一：如何游览北京植物园？活动二：找寻植物园中的历史人物。活动三：探寻植物园中的人文景观。活动四：在植物园中观察植物。活动五：你对植物园了解多少？活动六：万生苑植物寻根。活动七：植物园的历史足迹。活动八：植物园的管理和发展。在这些活动中，有很多学科的综合实践活动，例如：

·信息实践：查找从你家到北京植物园的最佳出行路线及方式，并画出路线示意图。

·政治实践：在游览北京植物园过程中遇到突发事件后你会怎么办？

·历史实践：梁启超与近代史的重大事件有哪些关联？

·语文实践：在"梁启超墓地"的碑上，为什么称号不用墓主人的名讳？碑上的字、字体有哪些来历？

·艺术实践：中原地区佛教寺庙的基本建筑格局是怎样的？

·生物实践：请找出北京植物园中你熟知的10种植物，尝试对它们进行分类，并说明你的分类标准。

·数学实践：请测量北京植物园内最大湖区的面积，介绍你的测量方法。

·地理实践：请在北京植物园示意图中找到以下图片拍摄的地点，并指出拍摄的角度。

（四）从深度学习中定义10%学科实践活动

学科实践与传统的学科学习不同，重在实践，实践就是在做中学，即在真实的情境中，发现提出真的问题，开展真的实践体验，最终真的解决问题的过程。

深度学习的定义明确指出，建立多学科知识、多渠道信息、新旧知识信息等之间的联系，建构个人知识体系并有效迁移应用到真实情境中来解决复杂问题的学习。这里的多学科知识在学科之间建立起了一种网络结构，可以开展多学科之间的综合，也可以开展单学科之间把知识有效迁移应用到真实情境中解决复杂问题的学习。

因此，从深度学习定义中给学科实践做定义，我们可以这样定义10%学科实践活动。10%学科实践活动就是指学生根据自己的学习兴趣和需求，在理解学科知识的基础上，运用多学科知识、多渠道信息、新旧知识信息等之间的联系，建构个人学科知识体系，并将知识有效迁移应用到真实情境中来解决复杂问题的学习。

三、学科实践有多难？

从2001年我国启动新一轮基础教育课程改革开始，实践学习的理念被广泛接受并运用于教学当中，学生的创新精神和实践能力逐渐得以提升。然而，在实施过程中仍然存在不少问题。2022年4月，随着新修订的《义务教育课程方案和课程标准（2022年版）》正式实施，新的难点也浮出水面。

学科实践的落实难在哪儿，如何让学科实践真正成为学生核心素养培养的助推器？本文汇集了相关专家的一些观点。

难点一：对学科实践的认识还应强化，考试命题仍需改革

为什么如此强调实践？

"传统育人方式的典型特征是'坐而论道'，它以听讲、记忆、理解、练习、考试为主要活动形态，可以称其为书本型或认识型的育人方式，这

种育人方式在掌握知识和技能上有其优势，但这种优势同时又是我国基础教育的'软肋'，它严重束缚着我国创造性人才的培养。"福建师范大学基础教育课程研究中心主任、义务教育课程修订综合组核心成员余文森认为，要培养核心素养，就要把学习本身变成一个实践和创新的过程，培养学生的实践能力、动手能力、创新能力和质疑能力。

"二十多年前的课程改革，就强调综合实践活动。但这个综合实践活动是独立于各学科之外的项目或课题，很容易造成学科和实践'两张皮'。如果只是靠额外的综合实践活动，无法从根本上解决学科实践缺乏的问题。"余文森认为，"这次新课标改革就从课程定位、课程内容和课程纲领等各个方面，在原有经验的基础上进行提炼，把实践融入各学科中来，倡导学科实践成为常态，这是新课标最显著的亮点之一。各门课程都要通过实践的方式去学习，所以叫学科实践"。

宁波市北仑区淮河小学副校长张亚伟同样表示，以往义务教育阶段课程在引导学生"学思践悟"时，比较注重"学"与"思"的过程，而对"践"与"悟"的着力还不够大。学科实践引导学生在"做中学"，使知识学习与学生经验、现实生活、社会实践紧密融合，帮助学生通过实践活动培养和提升核心素养，在实践中探索创新，与党的二十大报告中对教育"着力造就拔尖创新人才"的要求不谋而合。因此，优化实践活动的实施方式与路径尤为重要。

东北师范大学附中校长邵志豪认为，学科实践是深化课堂教学改革的方向之一，但在当前的实施过程中，仍存在只重视知识表面教学而忽视学生实践过程的现象。并且，很多实践活动评价忽略了孩子们很有创意和思考的细节，表现性、过程性评价不足，评价主体单一，评价方式随意。对此，余文森也表达了担忧："现在我们面临比较大的挑战是，考试命题研究相对滞后。我们希望所有的考题都是基于一定情境的考题，而不是以往那种脱离了真实情境的练习题。只要学生在相似的情境中实践过、体验过，那他一定有不一样的收获和体会，在答题时就更加容易。对考试命题的改革，是接下来需要持续研究的。"

难点二：现行教材与新课标需更好衔接，专业指导待加强

就学科实践而言，要基于现行教材落实好新课标对学科实践的要求，这个挑战并不简单。

余文森表示，"从 9 月份起，开始用新课标来指导教学，但现行教材不是按照核心素养培养的要求编写的，这就有可能出现新课标的要求与教材不吻合。在老师们已经习惯现行教材的情况下，也容易把新课标的要求虚化掉，甚至回到以往的老路上。在使用现行教材的情况下，按照新课标的要求开展学科实践，对很多学校和老师来说难度较大，所以部分学校还没有真正动起来"。并且，相比以往课本上的现成知识而言，新课标提倡通过设置情境的方式来探索问题、组织教学。"老师如何设置情境、设置项目和任务、提出问题？既要设计合理、难度适宜，又要做到大任务与小任务嵌套、配合；既能让学生学到知识，又能激发学生的学习兴趣。这些都对老师的专业度提出了更高的要求，亟须加强对中小学教师的专业指导。"

在过渡阶段，如何做好衔接成为老师们探索的方向。"注重学科知识与学生生活实际的联系，让学生在生活实践中找到学科知识对应的情境去辅助理解学科知识，理解了相关知识后迁移到生活实际中，创新地解决更多生活实际问题，从而使学生学有所获，学有所用，彰显学科价值。"这是清华附中永丰学校英语教师梁姣姣正在做的尝试。

"对于教学，我主要以新课标为依据，研究单元主题意义，寻找学生生活和社会环境中的相关情境，设置单元大任务，通过每节课的子活动逐步逐层让学生感知理解、应用实践和迁移创新，从而实现教学目标。"以人教版英语八年级下册 Unit 6 的教学为例，结合单元内容，梁姣姣把单元大任务设定为"中国故事，英语讲"系列主题活动。

系列课程总共五个课时，第一课时听说课，学生以语音或视频的方式讲述愚公移山的故事。第二课时阅读课，学生通过阅读评价愚公与美猴王学会评价经典人物，并以手抄报的形式简述自己最喜欢的中国经典故事、评价经典人物。第三课时语法课，学生了解3个西方童话故事后，对中西故事进行简单比较，再以分组合作形式讲述中西一个故事，并进行比较。第四课时阅读课，学生通过阅读《糖果屋》的剧本了解剧本写作的要素，以及如何改编、续写故事，并自选故事进行改编、续写、编写剧本等再创作。第五课时为汇报表演课，学生将自己的写作作品讲述或演绎出来。

"让学生通过讲述故事、改编续写故事、编写故事剧本、演绎故事等活动，一步步加深对中国传统文化的理解，同时，培养学生的批判和创新意识。并且，学生参与热情高，不同层次、不同兴趣爱好的学生有选择发挥自己优势的机会，各显神通。此外，学生的音频作业、视频作业等可以比赛，获奖后的荣誉感和成就感又会成为学生持续学习的动力。"梁姣姣说。

难点三：有效整合资源难度高，学科实践规划须强化

在开展学科实践的过程中，邵志豪发现，一部分学生把实践活动当作"玩"，部分学生缺乏对活动的反思。不同年级的学生研究的深度难以匹配，教学内容宽泛化，研究内容有重复性。所以，需要加强对学科实践目标和活动方式的规划。邵志豪介绍，从课程实践性的角度看，跨学科主题学习以学科实践为基础，是对具有学科特征的各类学科实践的整合，用跨学科的方式解决真实问题或完成现实任务。采用基于项目、问题、探究等的学习模式，组合设计调查研究、综合表达、社会参与、策划实践和共同交流等活动形式。东北师大附中初中部围绕"中秋传统文化的习养"这一主题，语文、道德与法治、历史、美术四学科联动，开展"诗史中秋""书画中秋""礼仪中秋"系列跨学科实践活动。在科技节期间，生物、物理、化学学科组织开展实验达人评选等科技实践活动。在第40届教学百花奖活动中推出了《三峡胜景图》（语文、地理、生物学科）、《古塔修复》（数学、物理学科）等4节跨学科实践课例。东北师大附中小学部围绕"厨房里的学问之馒头的故事"，通过六个学科融合开展多个模块的跨学科实践。在线上教学期间，小学部开展跨多学科、多年段融合的主题探究实践线上课程，在线学习52893人次，收到学生作业邮件5133封。

利用学校和当地的资源开展学科实践活动可以增强学科实践的丰富性和灵活性。

张亚伟表示，学校劳动实践资源相对有限，如何结合课程实施需求，探索"家庭—学校—社会"三位一体的系统合作机制，有效整合全社会劳动教育力量也是当下的难点。

"我认为，如果能充分整合区域资源，结合新课标四个学段课程目标和内容，因地制宜、全面统筹好社会实践资源，就可以更加高质量地促进劳动课程有效实施，让学生通过解决真问题、掌握真本领、认识真世界，学会劳动、学会实践、学会创新。"张亚伟介绍，淮河小学的劳动课程正成为引导学生学科实践的主要载体，学校开辟了校园"动漫农庄""暖棚基地"等农田耕作场所，打造了手工坊、陶艺吧、数码港、机械室等劳动实践教室，并结合家校社资源开发多渠道的劳动研学基地，为实施和优化学校劳动课程提供了保障。譬如，在面向五年级学生开展的"中草药"主题项目活动中，学校把劳动实践课程中的"日常生活劳动、生产劳动和服务性劳动"整合为"主题劳动周"项目课程，学生在课程中需要实践中草药（"浙八味"）种植、中草药基地研学、中草药研制、中草药推广与宣传、防疫香囊缝制等内容。在学习、实践的整个过程中，学生在原有知识技能基础上，参与调查访问、数据分析、科学种植、技能学习等诸多实践项目，充分培养了综合素养和创新精神。

四、跨学科综合实践活动的开展

"双减"背景下，如何构建良好的育人生态，开拓校内外协同育人的良好局面，促进学生全面发展、健康成长。跨学科主题实践活动的开展提供了新思路，开辟了新空间。

（一）正确认识跨学科主题实践活动

跨学科是指超越某个单一学科边界而进行的涉及两个或更多学科的知识创造活动。跨学科教学是教育发展的必然趋势。一方面，社会的发展表现为知识的专门化，形成不同学科，学科的分化又带来专业化，使人们对研究对象的认识更加深刻；另一方面，社会的发展又需要知识的综合，需要各学科之间的相互渗透、彼此借鉴，这就是跨学科。真正的跨学科要具有以下几个特征，第一，跨学科要关注现实生活中的复杂问题；第二，跨学科活动的开展要以学科为依托；第三，跨学科重在整合而不是并列各种学科视角，要达到部分之和大于整体的效果。因此，跨学科主题实践活动，就是从学生的真实生活和发展需要出发，从生活情境、学科学习中发现问题，转化为活动主题，以学科为依托，通过融合来自两个及以上学科或专门知识领域的信息、数据、技能、工具、观点、概念或理论，来解决那些单一学科或研究实践无法解决的问题，以整合其见解、构建更全面的认识为目的。

(二) 跨学科主题实践活动的设计与实施

中国学生发展核心素养以"全面发展的人"为核心,围绕"人文底蕴、科学精神、学会学习、健康生活、责任担当、实践创新"六大核心素养,各学科又提出各学科下的核心素养。但是,同一个核心素养下的学科之间仍然难以融合。为了突破学科界限,打破学科壁垒,朝阳区围绕六大核心素养构建了"跨学科"的"大概念"课程体系。该课程体系,以"主题"为核心,聚焦核心素养,突破学科界限,运用多学科视角去理解世界、解决问题。

在以"冬奥"为主题的跨学科主题实践活动中,聚焦人文底蕴、科学精神、实践创新、健康生活四大核心素养,在"冬奥"主题下,围绕四大核心素养又提出四个小主题,即人文冬奥、科技冬奥、绿色冬奥、激情冬奥。人文冬奥,从奥运场地、场馆、运动服装设计等传统文化的渗透,以及人们参与奥运的行为方式等方面开展跨学科实践活动。科技奥运,以从运动技术的提高、场地器材的改进、场馆设计的创新、通信技术的应用等方面,开展奥运会所带来的科技进步与发展的跨学科实践活动。绿色奥运,从场馆建设技术的应用、场馆内部能源的循环利用、人们的绿色行动等方面开展跨学科实践活动。激情奥运,主要是将冬奥主题活动与每日的体育锻炼相结合,开展具有活力的、健康的实践体验活动。每个小主题下都运用了多学科的知识、方法、观点来发现、分析、解决与冬奥相关的问题。充分体现了跨学科主题实践活动的以学科为依托,以问题为主线,以活动为重心的特征。

1. 以学科为依托

本次"冬奥"跨学科主题实践活动,一线教师共开发出 110 个微课程,覆盖了中学阶段的所有学科。学生们运用跨学科的方法以及科学研究的方法来探究"冬奥"中的文化、建筑、科技、绿色、运动等内容。例如，在"邂逅冬奥的那一抹绿"课程中，以地理、美术、化学、物理、历史五大学科为依托，探究了"冬奥"中的"绿"生态、"绿"能源、"绿"纽带、"绿"技术、"绿"永恒的内容。

阶段	跨学科	活动内容
第一步：开启冬奥的绿色名片	地理美术	通过查找资料、观看纪录片，了解各赛区场馆的位置并完善冬奥会场馆分布图；调查各场馆设施建造与自然环境的关系，并通过图片及文字以制作绿色名片的形式，说明场馆与自然环境的和谐之美。
第二步：解锁冬奥的绿色密码	物理化学地理	通过实地考察、查找资料，调查了解冬奥会的供电、出行、制冰等技术，并运用多学科知识以文字、数据、图表相结合的调查报告形式解释说明绿色技术的原理。
第三步：跨越时光的绿色旅行	历史地理	通过查找资料，了解首钢的发展历程，结合历史知识以时间轴的方式，图文结合呈现首钢（文化遗产）的前世、今生与未来的转型历程，并设计首钢的未来发展之路。

2. 以问题为主线

跨学科学习的核心是解决真实问题，因此，问题是贯穿整个活动的主线。通过问题的设计，"冬奥"与各个学科之间的联系就更易于理解和实践了。在下面的课程中，教师以问题为主线，探究冬奥中的科技奥秘。

课程	问题链
探索火炬"飞扬"中的科技奥秘	1. 奥运火炬作为奥林匹克火炬传递中的核心用具。纵观历届冬奥会火炬，火炬设计在材料选择和燃料使用两方面有哪些发展与改进？为什么？ 2. 火炬"飞扬"为什么选用碳纤维及其复合材料制成？ 3. 与2008年火炬"祥云"相比，火炬"飞扬"在氢燃料应用中存在哪些优点和技术难点？ 4. 在全球变暖的背景下，中国提出"双碳"发展战略，作为火炬"飞扬"的氢燃料，被认为是替代化石能源的新一代绿色能源。你能设计一套零碳能源应用方案吗？

3. 以活动为重心

"活动"要围绕整体性的目标来设计具体的活动，整合不同视角，在活动中师生共同以团队的形式解决一系列问题。

在学科的依托和问题的引导下,"冬奥"跨学科主题实践活动开展了以主题为中心的整体性活动。以下是"寻找北京冬奥之美"跨学科主题实践活动中的"活动"。

课程	具体活动举例
寻找北京冬奥之美	关注相关新闻报道,并通过网络收集有关冬奥之美的资料。走进生活,调查身边人对该问题持有的观点及态度。完成一份关于《2022年北京冬奥之美的分析报告》。
	走进博物馆,实地考察,了解冬奥文化。调查了解国家对举办北京冬奥会的具体措施及办法。体验冰雪竞技运动。绘制"北京冬奥之美"的思维导图。
	创作"北京冬奥之美"绘画作品。制作场馆模型。
	挖掘冬奥主题的中国传统文化,感悟文化魅力。用英语介绍冬奥项目。创造宣传画、文创产品。

(三)跨学科主题实践活动的未来发展

"冬奥"跨学科主题实践活动表现出四个鲜明的特点,即自主、实践、开放、融合。自主,要重视学生自身发展的需求。实践,要强调学生亲身经历各项活动。开放,内容要面向学生的整个生活世界。融合,学科之间要注重内在的融合。开展跨学科主题实践活动,不是简单地打破学科间的壁垒开展整合性的活动,而是通过跨学科主题实践活动,训练培养、提升学生跨学科思维的能力。我们面向的世界是复杂的,在面对复杂问题时,跨学科的方式为我们提供了解决问题的思路与方法,但问题是多元的,跨学科的思维能让我们具有解决同一个问题的多种不同的方式方法,而这些方式方法需要依托学科知识的学习与积累,这种积累不仅仅是掌握更多的知识,而是掌握这门学科背后的思维方式,因此,我们在关注学生运用跨学科知识解决现实问题的同时,更注重培养、提升学生运用更全面的思维方式思考问题解决的方式方法,这才是跨学科主题实践活动真正的魅力所在。

第六章
双减呼唤综合实践活动课程新形态

一、案例：解决贫困地区上学难的行动与建议

（一）指导思想与理论依据

《中小学综合实践活动课程指导纲要》指出，综合实践活动是从学生的真实生活和发展需要出发，从生活情境中发现问题，转化为活动主题，通过探究、服务、制作、体验等方式，培养学生综合素质的跨学科实践性课程。

在课程内容方面，重视学生自身发展需求，尊重学生的自主选择。教师要善于引导学生围绕活动主题，从特定的角度切入，选择具体的活动内容，并自定活动目标任务，提升自主规划和管理能力。

在活动方式方面，鼓励学生采用多种方式，可以以某种方式为主，也可以整合多种方式实施，使不同活动要素彼此渗透、融会贯通。

《大中小学劳动教育指导纲要（试行）》指出，当前实施劳动教育的重点是在系统的文化知识学习之外，有目的、有计划地组织学生参加日常生活劳动、生产劳动和服务性劳动，让学生动手实践、出力流汗，接受锻炼、磨炼意志，培养学生的正确劳动价值观和良好劳动品质。

劳动教育的内容包括日常生活劳动、生产劳动、服务性劳动。其中，服务性劳动，就是让学生利用知识、技能等为他人和社会提供服务，在服务性岗位上见习实习，树立服务意识，实践服务技能，在公益劳动、志愿服务中强化社会责任感。

劳动教育的途径可以在课外、校外活动中安排劳动实践。

关于"解决贫困地区上学难的行动与建议"的课题研究，一方面，学生通过观看纪录片，关注边远山区学生上学难的问题，结合自身成长需要和已有经验，采用适当的活动方式，综合运用知识分析问题，用科学的研究方法解决问题；另一方面，通过本课题活动的开展，让学生能主动关注社会存在的主要问题，热心参与志愿者活动和公益活动，增强社会责任意识和法治观念，形成主动服务他人、服务社会的情怀，理解并践行社会公德，提高社会服务能力。

（二）活动背景分析

综合实践活动课程强调综合运用各学科知识，认识、分析并解决现实问题，提升综合素质，着力发展核心素养，特别是社会责任感、创新精神和实践能力。因此，在高中阶段，在责任担当方面，学生不仅要关心他人、社区和社会发展，能持续地参与社区服务和社会实践活动，关注社区及社会存在的主要问题，还要形成主动服务他人、服务社会的情怀，理解并践行社会公德，提高社会服务能力。因此，根据这一目标，教师要引导学生提出相关的问题开展研究。纪录片为综合实践活动提供了丰富的生产、生活、自然类的材料，并且经过整理加工，不仅有利于学生对资源充分的了解，还有助于引导学生关注社会、生活中的问题，有利于问题的提出。

在活动前期，教师为学生播放了纪录片《翻山涉水上学路》，该纪录片主要讲述了山区孩子们的上学经历。这部纪录片陪伴来自最边远地区的学校孩子们，从他们的生活环境开始，并继续展示他们上学之路，直到最后达到他们的目标。它带领观众们踏上一次前往一些最不可能抵达的目的地的旅程，在那里，学生们在幸存和他们对知识的渴望间，穿越那些狭窄的小道。因此，为了更好地实现学生在责任担当方面的活动目标，教师通过纪录片引导学生关注社会问题，并能联系实际生活提出相关的问题，并转化为研究课题，开展综合实践活动。

（三）活动目标

①能够关注社会存在的主要问题，热心参与公益活动；

②在问题解决中，能综合运用知识分析问题；

③在研究中学会正确使用多种科学的方法开展研究；

④能将自己的创意、方案付诸现实，转化为设计图或模型；

⑤通过职业体验培养学生正确的劳动观念，提升学生生涯规划的能力；

⑥着力发展学生责任担当、实践创新、科学精神、学会学习的核心素养；

⑦通过活动初步体悟个人成长与社会进步、国家发展的关系。

（四）活动过程

1. 整个课题研究的内容

本课题从学生的发展需要出发，通过教师引导，从特定的角度切入，选择具体活动内容。在活动设计中，以职业体验的活动方式为主，兼顾其他几种活动方式。在职业体验中，让学生获得对职业生活的真切理解，发现自己的专长，培养职业兴趣，从而形成正确的劳动观念和人生志向，提升生涯规划的能力。通过本活动，着力发展学生核心素养，特别是社会责任感、创新精神和实践能力。

2. 开展的步骤及主要活动形式

◇**第一阶段：活动准备**

（1）发现问题

学生在观看纪录片《翻山涉水上学路》的过程中，发现纪录片中的孩子们在上学路途中艰难万险，甚至要用滑索穿越湍急的河流。在我国的边远山区，也存在类似上学难的问题，如何解决孩子们上学途中的难题？围绕"桥"学生们发现了一系列的问题。

（2）确定主题

以班级为单位，划分四个小组，共同讨论有关桥的设计问题，最终确定研究题目《解决贫困地区上学难的行动与建议》。

（3）制订方案

各小组讨论确定活动方案，明确活动流程为：知识学习、职业体验、反思交流、行动应用。

◇**第二阶段：活动实施**

（1）知识学习

在知识学习环节，一方面，学生对桥梁设计师这一职业有一个基本的认识；另一方面，让学生学习与桥梁、桥梁设计相关的知识。

（2）职业体验

学生分成了六个小组，分小组设计桥梁。绘制桥梁图纸。教师引导学生在设计过程中要综合考虑相关因素，例如：当地气候、周边环境、成本、资金来源、安全等问题。

学生完成桥梁的设计图后,以招标的方式展示小组的设计图,详细阐述设计的内容,并能客观分析设计的优缺点。

(3) 反思交流

在模拟体验中,学生们对桥梁设计师这一职业有了初步的认识,并积极参与桥梁设计的体验,在体验中跨领域、跨学科应用知识,用科学的方法开展研究。因此,在模拟体验后,学生通过自我评价、同伴间的合作交流与经验分享开展质性评价,对活动过程及成果进行综合评价。

(4) 行动应用

高中阶段学生需要具备职业规划的意识和能力,因此,通过本次活动,提升学生的生涯规划与管理能力,开始对自己的未来生涯做出规划。

◇第三阶段:活动总结

(1) 成果展示

学生展示桥梁设计图纸。

(2) 评价反思

采取质性评价方式,对活动过程及成果进行综合评价。

◇第四阶段:拓展延伸

实际的桥梁设计体验。

3. 本课时活动的主要内容

通过情境创设,学生明确了职业体验的内容,开展了桥梁设计的模拟体验,本节课为桥梁设计师的职业体验,学生针对真实情境绘制桥梁图纸,通过招标的方式展示交流设计的内容。在招标中完善设计内容,培养正确的劳动价值观和人生志向,提升生涯规划的能力。

4. 教学流程图

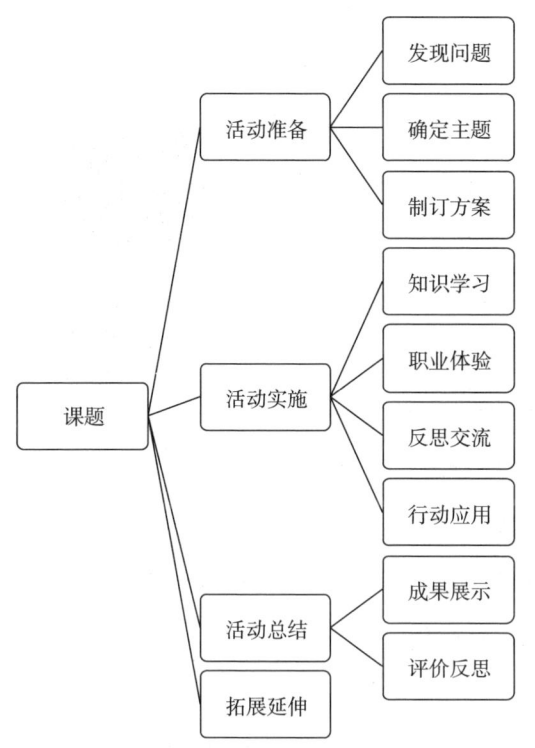

```
                    ┌─ 发现问题
         ┌─ 活动准备 ┼─ 确定主题
         │          └─ 制订方案
         │
         │          ┌─ 知识学习
         │          ├─ 职业体验
课题 ────┼─ 活动实施 ┼─ 反思交流
         │          └─ 行动应用
         │
         │          ┌─ 成果展示
         ├─ 活动总结 ┴─ 评价反思
         │
         └─ 拓展延伸
```

5. 教学过程

◇**环节一：准备阶段**

（1）创设情境

让学生观看纪录片《翻山涉水上学路》。

该纪录片主要讲述了山区孩子们的上学经历。这部纪录片陪伴来自最边远地区的学校孩子们，从他们的生活环境开始，并继续展示他们上学之路，直到最后达到他们的目标。他带领观众们踏上一次前往一些最不可能抵达的目的地的旅程，在那里，学生们在幸存和他们对知识的渴望间，穿越那些狭窄的小道。

教师通过纪录片引导学生关注社会问题，并能联系实际生活提出相关的问题，即能否为这些孩子们修建一座通往上学路的桥。

（2）确定主题

教师根据学生的已有经验和发展需要，引导学生将提出的问题转化为合理可行的活动课题。指导学生采用规范的格式为课题命名，尽量让课题具体、明确。

如果能够选择我宁愿有座"桥"而不是成为飞行员。

你能想到什么？
该如何帮助他们？
如何设计这座桥？

在教师的指导下，将主题确立为："解决贫困地区上学难的行动与建议。"

（3）制订方案

师生共同确定本次活动方案，明确活动流程为：知识学习、职业体验、反思交流、行动应用。

·设计意图：

综合实践活动课程的目标，在高中阶段的责任担当方面提出，关心他人、社区和社会发展，能持续地参与社区服务与社会实践活动，关注社区及社会存在的主要问题，热心参与志愿者活动和公益活动，增强社会责任意识和法治观念，形成主动服务他人、服务社会的情怀，理解并践行社会公德，提高社会服务能力。因此，本环节很好地落实了目标1：能够关注社会存在的主要问题，热心参与公益活动。

◇环节二：实施阶段

（1）知识学习

教师指导学生围绕桥梁的设计，开展相关知识的学习，对桥梁设计工程师有一个初步的认识。

学生运用《桥梁设计工程师手册》进行相关知识的学习。知识点包括：桥梁、桥梁组成、类别等。

（2）职业体验

教师组织学生成立桥梁设计工程小组，结合实际需求开展桥梁设计，最后，参与桥梁设计招标。

①创设模拟职业体验情境。

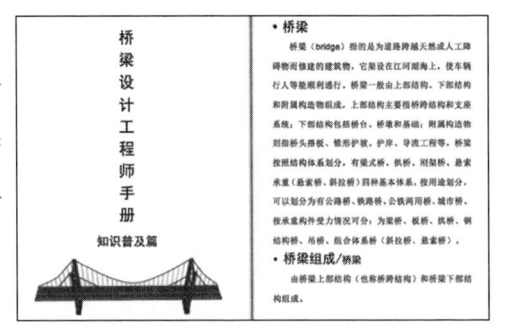

模拟情境：村长希望社会人士能帮助他们修建一座桥，当地环境比较潮湿，水面较宽，而且水流湍急，村里的资金比较紧张，希望能修建一座成本低、安全性较高的桥。

②学生分小组进行桥梁图纸的设计。

③召开桥梁设计"招标"会分小组开展"招标"活动，每组派一名同学详细介绍设计图纸。要重点说明桥梁的结构、安全性、成本。

村长可以对每一个设计提出自己的意见与看法，进一步帮助学生们完善桥梁的设计。

（3）反思交流

经过之前的模拟职业体验，学生们对于桥梁设计这一职业有怎样的认识？在桥梁设计方面自己有哪些专长？有哪些兴趣？如果未来要选择这一职业应做怎样的规划？

（4）行动应用

在活动结束后，能结合自身的发展需求为自己制订一份职业规划。

·设计意图：

综合实践活动课程的目标，在高中阶段的问题解决方面提出，能对个人感兴趣的领域开展广泛的实践探索，提出具有一定新意和深度的问题，综合运用知识分析问题，用科学方法开展研究，增强解决实际问题的能力。能及时对研究过程及研究结果进行审视、反思并优化调整，建构基于证据的、具有说服力的解释，形成比较规范的研究报告或其他形式的研究成果。因此，本环节很好地落实了目标2：在问题解决中，能综合运用知识分析问题；落实了目标3：在研究中学会正确使用多种科学的知识开展研究。

综合实践活动课程的目标，在高中阶段的创意物化方面提出，积极参与动手操作实践，熟练掌握多种操作技能，综合运用技能解决生活中的复杂问题。增强创意设计、动手操作、技术应用和物化能力。形成在实践操作中学习的意识，提高综合解决问题的能力。因此，本环节很好地落实了目标4：能对自己的创意、方案付诸现实，转化为设计图或模型。

本次综合实践活动能聚焦学生核心素养开展，很好地落实了目标6：着力发展学生责任担当、实践创新、科学精神、学会学习的核心素养。

◇**环节三：活动总结**

（1）成果展示

教师组织学生展示自己的设计图纸，通过招标与答辩环节不断完善自己的设计图。

学生充分展示自己的设计图，并能在倾听其他小组设计图与村长提出建议中进一步完善自己的设计图。

（2）评价反思

教师组织学生开展自我评价与同伴间的合作交流与经验分享，采用质性的评价方式。

教师指导学生能对综合实践活动的活动过程和活动成果进行综合的评价。

·设计意图：

综合实践活动课程的目标，在高中阶段的价值体认方面提出，通过自觉参加班团活动、走访模范人物、研学旅行、职业体验活动，组织社团活动，深化社会规则体验、国家认同、文化自信，初步体悟个人成长与职业世界、社会进步、国家发展和人类命运共同体的关系，增强根据自身兴趣专长进行生涯规划和职业选择的能力，强化对中国共产党的认识和感情，具有中国特色社会主义共同理想和国际视野。

因此，本环节很好地落实了目标5：通过职业体验培养学生正确的劳动观念，提升学生生涯规划的能力；落实了目标7：通过活动初步体悟个人成长与社会进步、国家发展的关系。

◇环节四：拓展延伸

教师引导学生在实际生活中开展真实的相关职业的体验。

（五）学习效果评价设计

《中小学综合实践活动课程指导纲要》指出，课程评价主张多元评价和综合考察。即本课程要求突出评价对学生的发展价值，充分肯定学生活动方式和问题解决策略的多样性，鼓励学生自我评价与同伴间的合作交流和经验分享。提倡多采用质性评价方式，避免将评价简化为分数或等级。要将学生在综合实践活动中的各种表现和活动成果作为分析考察课程实施状况与学生发展状况的重要依据，对学生的活动过程和结果进行综合评价。

因此，本次活动的评价主要采用质性的评价方式，鼓励学生自我评价与同伴间的合作交流与经验分享。对学生的活动过程和结果进行综合评价。

（六）教学设计特色说明与教学反思

1. 落实指导纲要

本课题的选题《解决贫困地区上学难的行动与建议》主要采用了《中小学综合实践活动课程指导纲要》中提出的主要活动方式之一职业体验开展。

从问题的提出、方法的选择、内容的设计突出了综合实践活动课程的自主性、实践性、开放性、整合性、连续性的原则。

2. 聚焦核心素养

综合实践活动课程的核心素养包括人文底蕴、科学精神、学会学习、健康生活、责任担当、实践创新。本活动从目标的制定到落实，都能聚焦相关核心素养开展活动。

3. 强化劳动教育

劳动教育的实施离不开实践活动，综合实践活动为劳动教育的开展提供了很好的实施方式。因此，通过本次职业体验活动，对于形成正确的劳动观念有所培养。学生在职业体验过程中手脑并用开展创造性的劳动体验，提升了学生的技术意识、工程思维及动手制作的能力，提高了技术操作水平、知识迁移水平，体验了工匠精神等。

二、 开展综合素质拓展类活动

2021 年 8 月 18 日，中共北京市委办公厅、北京市人民政府办公厅印发了《北京市关于进一步减轻义务教育阶段学生作业负担和校外培训负担的措施》（以下简称《措施》），该《措施》指出：提升学校课后服务的水平，首要任务是要进行整体的规划设计。即学校要做好教育教学活动和教师资源的统筹，将课后服务时段分两个阶段进行整体规划、系统设计。第一阶段完成体育锻炼，保障学生每日1小时体育锻炼时间；第二阶段开展课业辅导和综合素质拓展类活动，结束时间原则上不早于17点30分。两个阶段相互衔接，满足学生多样化需求。对有特殊需要的学生，学校应提供延时托管服务。

《措施》中指出的综合素质拓展类活动成为鼓励学生参与课后活动、让学生乐于参与课后活动的主要内容之一。那么，综合素质指什么？素质拓展有怎样的组织形式？双减政策下的"综合实践＋课后服务"的综合素质拓展类活动如何开展？

·综合素质指什么？

综合素质培养是新时代提出的教育教学思路。所谓"综合素质"，是指具有多方面的知识修养和应对社会的综合能力。综合素质主要包括专业素质、身心素质、道德素质、能力素质等。其中，专业素质主要包括学生的学习成绩以及学习过程中的表现；身心素质一般包括心理和身体两个部分，心理素质一般是指学生的情绪控制能力、抗压能力以及积极向上的态度、精神等；身体素质是指学生是否参与体育活动、是否达到相应标准、是否拥有健康体魄，以满足今后的岗位发展要求；道德素质通常包括学生在遵纪守法、集体观念、政治立场、理念信念以及热爱祖国等方面的要求，一般是由法治素养、道德素养以及政治素养等共同构成，其中，法治素养是指学生能否遵守和理解相关规章制度；道德素养是指学生在道德规范方面的素质；政治素养是指学生对于学校、社会、党和国家的态度；能力素质包括学生的管理能力、活动组织能力、实践能力以及创新能力等，其中，管理能力和活动组织能力主要是指学生在参与活动过程中所表现出来的人际交往能力、团结协作能力以及社会工作能力等。创新能力体现在学生参与专项课题研究、论文发表、创业大赛以及专业技能竞赛等方面。实践能力是指学生在参与相关社会实践活动时将所学知识转变为实际成果的能力。

因此，提高学生的综合素质，是培养出全面发展的人，实现以人为本之教育理念的有效路径。

· 素质拓展有怎样的组织形式？

素质拓展又称拓展训练，是一种以专业户外体验式培训为组织形式，旨在提高个人的心理素质，注重体验和感悟的综合素质教育方式。它与传统的综合素质培训相比，更侧重于在团体实践运动中挖掘个人潜能、熔炼团队凝聚力、增加团队活力、创造力和凝聚力。

因此，综合素质拓展类的活动既要注重学生的综合素质的培养，又要在组织形式上区别于传统的课堂教学，以探究、制作、体验、服务等形式为主。而综合实践活动课程正是一门以探究、制作、体验、服务为主要活动形式的跨学科实践性课程，该课程的目标就是以培养学生的综合素质为导向，让学生综合运用各学科的知识，认识、分析和解决问题，提升综合素质，着力发展核心素养，特别是社会责任感、创新精神和实践能力，以适应快速变化的社会生活、职业世界和个人自主发展的需要，迎接信息时代和知识社会的挑战。即利用课后服务的时间，组织学生开展综合实践活动。因此，"综合实践+课后服务"的综合素质拓展类活动，就是利用课后服务的时间，组织学生开展综合实践活动。

"综合实践+课后服务"的综合素质拓展类活动的开展要以主题为单

元展开，每一个主题围绕考察探究、设计制作、职业体验、社会服务等形式开展，在过程中要注重学生价值体认的形成、责任担当的养成、问题解决能力的培养、创意物化能力的提高。接下来，以"诚信"主题为例，介绍"综合实践+课后服务"的综合素质拓展类活动的实施过程。

第一阶段：明确活动主题

综合实践活动的开展要有明确的活动主题，具体来说，就是要明确为什么要开展此项活动？开展此项活动会产生哪些影响？因此，在选择一个主题时，首先，要重视学生自身发展的需求，尊重学生的自主选择。而教师作为指导者，既不能袖手旁观，也不能独断专行。教师要善于引导学生围绕活动主题，从特定的角度切入来选择具体的活动内容，避免学生选择无价值的主题。同时，教师还要善于捕捉和利用课程实施过程中生成的有价值的问题，指导学生深化活动主题，不断完善活动内容。

那么，以"诚信"为主题的综合实践活动是如何确立主题的呢？

学校的德育处为了倡导学生健康饮水，少喝碳酸饮料，于是在校园内建立了一个"诚信水站"。"诚信水站"为学生提供了瓶装的矿泉水，以1元一瓶的价格出售，学生自主投币自主取水，诚信水站属于无人水站。但是经过一段时间后，有的学生发现每日出售的矿泉水的数量与实际的收入并不相符，于是，学生们提出来，这个诚信水站并不诚信，如何让每个人都做到真正的诚信呢？于是，学生们跟老师建议，他们想重建校园的诚信水站。诚信水站的主题提出来后，教师向小组同学提出，校园诚信水站建设的目的一方面是为了倡导健康饮水，另一方面是为了加强学生的诚信教育，但是，仅仅依靠诚信水站开展诚信教育就够了吗？要提高大家诚信的道德素养除了加强诚信水站的建设外还有没有其他的方式方法呢？学生们在老师的引导下，经过讨论，将"重建校园诚信水站"的主题更改为"校园诚信教育的行动与建议"的主题。

第二阶段：制作活动方案

活动方案就是开展活动的计划，即想要做什么（活动内容）？为什么要做（目的意义）？想要怎么做（实施步骤）？要达到什么结果（活动成果）？活动方案的具体内容可以包括：活动主题名称、主要内容、活动目标、指导教师、小组成员及分工、活动准备、活动时间、活动方式和方法、实施步骤、预期成果及其表现形式等。教师在指导学生制订活动方案时的主要工作是拓展学生的思路，引导学生从多方面分析问题，充分考虑影响活动实施的各种因素，从而制订出合理可行的活动方案。

在"校园诚信教育的行动与建议"的主题活动中，学生进一步明确了开展此项主题活动的目的意义，即提高校园全体学生的诚信道德素养，具体的活动内容为开展丰富多样的诚信行动，并针对系列诚信行动提出加强中学生诚信教育的意见与建议，这也是该项主题最后要形成的成果。具体的实施步骤为：第一步，开展问卷调查，向全体师生征求开展校园诚信行动的意见和建议；第二步，针对调查结果，设计校园诚信行动方案；第三步，实施校园诚信行动方案；第四步，对诚信教育行动进行总结，初步形成校园诚信教育的意见和建议；第五步，将形成的意见和建议提交校方，征求学校的意见，进一步完善校园诚信教育的意见和建议；第六步，将最终完成的"校园诚信教育的意见和建议"发放给全体师生，开展校园诚信教育。

第三阶段：开展实践活动

本阶段是开展主题活动的核心部分，学生将以小组为单位，自主、能动地在校内外的各种情境中开展主题活动，综合运用所学到的知识技能来分析问题、解决问题，并获得多方面的体验。

这一阶段，教师的角色将更多地从知识的传授者、教学的组织者向学生学习活动的指导者和参与者转换。教师的指导和参与，一方面体现在活动中有关知识性和技术性问题的咨询辅导上；另一方面体现在通过指导，激发学生的活动动机，维持学生的研究兴趣，发掘学生的创造潜能，以使主题活动能够持续、有效地开展。

在"校园诚信教育的行动与建议"的主题活动中，学生的活动包括开展全校师生的关于校园诚信行动的问卷调查、校园诚信水站的重建、校园诚信宣传海报的制作、日常校园诚信的监测等，在开展以上活动中，可以充分利用课后服务的时间，在课上，教师可以指导学生设计问卷、规划诚信水站的建设方案、讲解海报设计的方法技巧等，要发挥不同教师的专业优势，例如：在海报设计方面可以请美术老师指导，在问卷设计方面可以请科技老师指导，在水站建设方面可以请总务人员指导等。综合实践活动的开展需要走出课堂，因此需要各方面的支持和配合，需要建立校内外的协作保障机制。在校内，主要是学校各部门和人员的协调配合，学校各部门应充分挖掘潜力、统筹安排，为课程实施提供有利条件。在校外，重要的是争取社会各方面的理解和支持，为活动的开展提供必要的条件和保证。在"校园诚信教育的行动与建议"的主题活动中，利用课后服务开展课下的活动，主要是学生们实施问卷调查、重建诚信水站、开展诚信宣传教育活动等，这些活动要在课下、校园中来完成，因此，学校的图书馆、计算机房以及学校的各专用教室和场地，都需要在合理使用的前提下积极向学生开放。让学生的"综合实践+课后服务"既有时间上的保障，也有空间上的保障。

第四阶段：总结交流成果

总结、展示和交流阶段是学生对整个主题活动过程进行全面的回顾和总结，以获得较好的活动成果。教师要为学生提供多样化的展示和交流的机会，这样可以为学生今后更加深入地开展主题活动提供动力。

在"校园诚信教育的行动与建议"的主题活动中，最终的活动成果包括，重建后的诚信水站、学生们讨论形成的校园诚信教育行动意见、校园诚信宣传海报。因此，在展示交流环节，教师为学生提供了多样化的展示和交流的机会。关于重建后的诚信水站，教师让学生在学生大会上进行了详细的介绍和说明；学生们关于校园诚信教育行动意见，则以宣传单的方式下发给了校园全体师生；校园诚信宣传海报张贴在了学校的宣传栏中。

"综合实践＋课后服务"的综合素质拓展类活动，一方面，从时间和空间上为综合实践活动的开展创造了条件；另一方面，从内容上符合国家对于双减政策下课后服务的要求。让我们积极行动起来，开发更多更好的综合素质拓展类的综合实践活动，为学生的健康成长提供更好的课后教育服务。

三、布置跨学科作业打通家、校、社育人链条

学校在开展综合实践活动课程时，往往受到活动时间、场地的限制，因此，导致出现活动过程不完整、活动内容不充分、活动效果不理想等问题。而课后服务时间可以很好地缓解综合实践活动开展时间不足、场地受限的问题，因此，上文我们提出利用课后服务时间开展"综合实践＋课后服务"的综合素质拓展类活动，而"综合实践＋课后服务"的活动就是利用课后服务的时间组织学生开展综合实践活动。本文将在上文的基础上，结合综合实践活动的跨学科特点，在综合实践活动中设计跨学科作业，通过跨学科作业打通家、校、社育人链条，为构建新形态的综合实践活动课程通过新思路。

什么是跨学科作业？首先，我们先来了解"作业"的由来以及功能。

我国最早关于"作业"一词的解释是"劳作"的意思，也就是把"作业"作为体力劳动。到了近代，人们充分拓展了"作业"这个概念在教育领域的应用范围。而今天的社会，对于作业价值的认识也逐渐趋于多元。有关调研结果显示，绝大多数教师认可作业"巩固课堂学习内容"这一功能。这一结果在一定程度上表明，作业功能的窄化是导致教师在作业设计时过于关注知识与技能的重要原因。事实上，作业的确有助于巩固课堂所学的知识与技能，但这不应该是作业的唯一功能，作业还可以发挥更多积极的功能。基于此，王月芬教授建构了课程视域下的作业观。如图1所示：

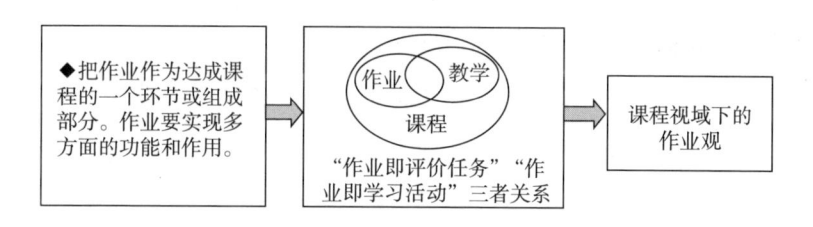

图1 课程视域下的作业观

王教授认为课程视域更有助于解决作业缺乏统一设计、缺乏个性化的问题，更加符合作业需要从设计到实施一体化思考的需求。

在真正了解了"作业"的功能后，就不难定义跨学科作业了。跨学科作业主要是指个人和群体将两个或两个以上学科或已确立的领域中的观点和思维方式整合起来解决问题的过程，旨在促进学生对一个主题的基础性和实践性理解，该理解超越了单一学科的范围。因此，通过对课程视域作业观的学习与理解，本文对跨学科作业设计进行了如下的描述，如图2所示：

双减背景下的跨学科作业设计，是要将课程中所包括的所有学科编制成一张四通八达的网络，即跨学科融合，在跨学科融合的背景下开展跨学科主题实践活动，而跨学科作业的设计主要产生于综合实践活动中。开展

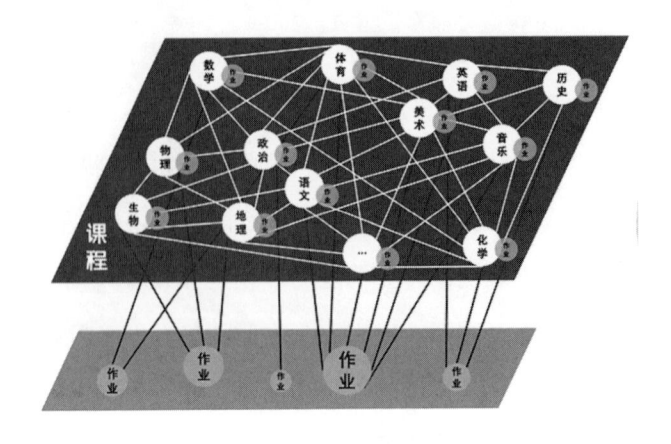

图 2　双减背景下的跨学科作业设计

综合实践活动，更有助教师设计出跨学科作业。综合实践活动，就是从学生的真实生活和发展需要出发，从生活情境、学科学习中发现问题，转化为活动主题，以学科为依托，通过融合来自两个及以上学科或专门知识领域的信息、数据、技能、工具、观点、概念或理论，来解决那些单一学科或研究实践无法解决的问题，以整合其见解、构建更全面认识为目的，通过探究、服务、制作、体验等方式，培养学生综合素质的主题实践活动。综合实践活动中跨学科作业的布置，如图 3 所示：

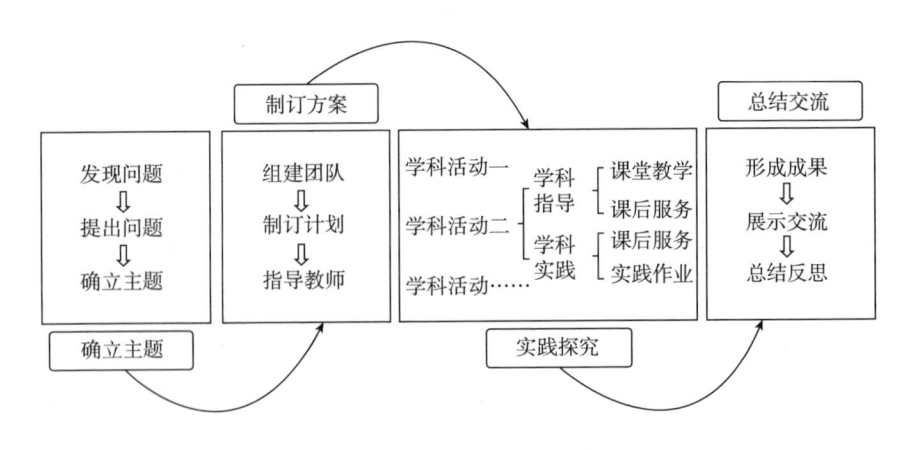

图 3　跨学科作业的布置

综合实践活动的开展可以分为确立主题、制订方案、实践探究、总结交流四个阶段。其中，实践探究就是整合多学科的知识、方法、技能、观点、理论来解决那些单一学科或研究实践无法解决问题的过程。跨学科作业就包含在综合实践活动的"实践探究"环节中。

那么，跨学科作业的设计要遵循哪些原则呢？双减背景下的跨学科作业设计，既要发挥出作业对于活动中知识与技能的巩固作用，更要发挥出作业对促进学生未来发展的作用。因此，跨学科作业设计要遵循自主性、实践性、开放性、延续性的原则。

· 自主性

主题的选择是开展综合实践活动的关键。主题的选择，要重视学生自身发展的需求，尊重学生的自主选择，鼓励学生提出感兴趣的问题，并能关注社会生活中的热点来提出问题。有兴趣的主题更能激发学生实践、探究的积极性，同时，为跨学科作业的有效完成奠定了一定的基础。

· 实践性

综合实践活动强调学生亲身经历各项活动，在"动手做""实验""探究""设计""创作""反思"的过程中进行"体验""体悟""体认"，在全身心参与的活动中，发现、分析和解决问题，体验和感受生活，发展实践创新能力。跨学科作业就是要求学生通过实践，将信息、资料、技术、工具、观点、概念和源自不同学科的理论加以整合，以完成作业中创造产品、解释现象或解决问题等相关任务。

· 开放性

综合实践通过选择综合性的活动内容，鼓励学生跨领域、跨学科学习，教师在打破学科界限的同时，要为学生自主活动留出余地。学生在完成跨学科作业时，要把自己成长的环境作为学习场所，除了学校外，家庭、社区、博物馆、青少年活动中心、教育基地都可以作为跨学科作业完成的场所。在与家庭、学校、社会的持续互动中，要不断拓展活动时空和活动内容，使学生的个性特长、实践能力、服务精神和社会责任感不断获得发展。

· **延续性**

综合实践活动的内容设计应基于学生可持续发展的要求，设计具有递进性、层次性的活动内容。学生的活动起点不同，个性上有一定的差异，因此，在完成跨学科作业时，活动的内容可以根据学生的可持续发展需要不断地丰富，同时逐渐拓展活动范围，从而促进学生综合素质的持续发展。

【案例】 跨学科作业

◆活动主题：走进马家湾湿地公园。

◆活动内容：了解马家湾湿地公园，调查马家湾湿地公园中存在的一些问题，针对发现的问题向马家湾湿地公园提出改进的意见与建议。

◆实践作业：

1. 运用地图介绍公园所在的地理位置。

2. 通过测量、计算的方法得出公园内不同区域的面积。

3. 在实地考察中，记录你发现的现象或问题。根据发现的现象或问题，提出你的意见或建议。

4. 开展问卷调查，征求更多人对公园现状的意见与建议。

5. 整理以上意见与建议，小组共同书写一份改良公园建设的建议书，并提交给公园的负责人。

学生在完成跨学科作业的过程中，需要地理、历史、生活、道德与法治等多个学科的知识，教师在设计与实施跨学科作业的时候也需要由多学科教师共同指导，否则就有可能使学生在完成作业的过程中遭遇很多困难与障碍，从而无法发挥跨学科作业应用的价值。

双减，要有效减轻义务教育阶段学生过重作业负担，这种减轻不是简单地从"量"上减少作业的数量和完成作业的时长，重点是要从作业的"质"上有所改良与提升。相比较传统的书面作业，如抄写、背诵、书面练习等，跨学科作业更加强调学生在实践中逐渐形成正确的价值观、问题解决的能力、批判性思维的能力、人际交往的能力等，以弥补传统基础性作业的不足。跨学科作业更加有助于发挥作业的课程育人功能，拓宽学习时空，这也是双减背景下提升作业质量减轻作业负担可以推广尝试的一种关键的作业类型，为构建新形态的综合实践活动课程提供了新思路。

四、构建综合实践活动课程新形态

综合实践活动课程自设立起已走过 22 年，但实践中其价值发挥往往与课程本质有所出入，很大程度上影响了综合实践课程的实效性。作者历时 13 年，探索出全域扎根、纵深生长、自主多元的综合实践活动课程新形态，形成了综合实践活动课程发展的"三新"格局。一是课程常态化推进全域扎根，制定了统一规范的课程常态化实施标准；二是课程实施与推进纵深生长，形成了不同阶段课程实施的方法、策略、路径等；三是课程特色化发展自主多元，为学校量身定制课程特色发展愿景方案，借助北京市综合实践活动课程特色校项目，鼓励学校在开齐、开足课程的同时，开好课程，并支持课程的稳定、健康、创新发展。

（一）形成综合实践活动课程的全域扎根的课程理念与生态

1. 构建了基于全域扎根课程的区域综合实践课程三级模式

2007 年，北京市教育委员会出台《关于加强中小学综合实践活动课程实施的意见（试行稿）》，该意见提出要在三年左右时间内使北京市综合实践活动课程实施完全实现常态化。因此，全域扎根就是要完全实现综合实践活动课程的常态化。其中，全域是指面向全体学生、卷入全体教师、融入全部学科；扎根是指综合实践活动课程在学校完全实现常态化实施。在全域扎根推进综合实践活动课程常态化实施的过程中，聚焦课程发展中出现的关键问题，通过深入研究形成解决问题的策略与方法，引导课程纵深生长。在全域扎根、纵深生长的基础上，鼓励学校自主多元开展综合实践活动课程，并助力学校形成特色，通过特色引领与示范，更好地促进区域整体推进综合实践活动课程。全域扎根、纵深生长、自主多元形成了区域推进综合实践活动课程的三级模式。

2. 建立了指向全域扎根的常态化、渐进式课程建设标准

综合实践活动课程发展至今二十二年，虽然与学科课程并列设置，但是它具有区别于学科课程的独特性，即自主性、实践性、开放性、整合性、延续性。在这 22 年间，教育部、北京市出台了与综合实践相关的各项政策、文件十余项，在逐步凸显课程独特性的同时，也为学校实施课程提供了思路。为了完全实现综合实践活动课程的全域扎根，首先，认真学习 22 年间综合实践各项政策文件，并将综合实践活动课程的发展划分为五个重要的阶段。

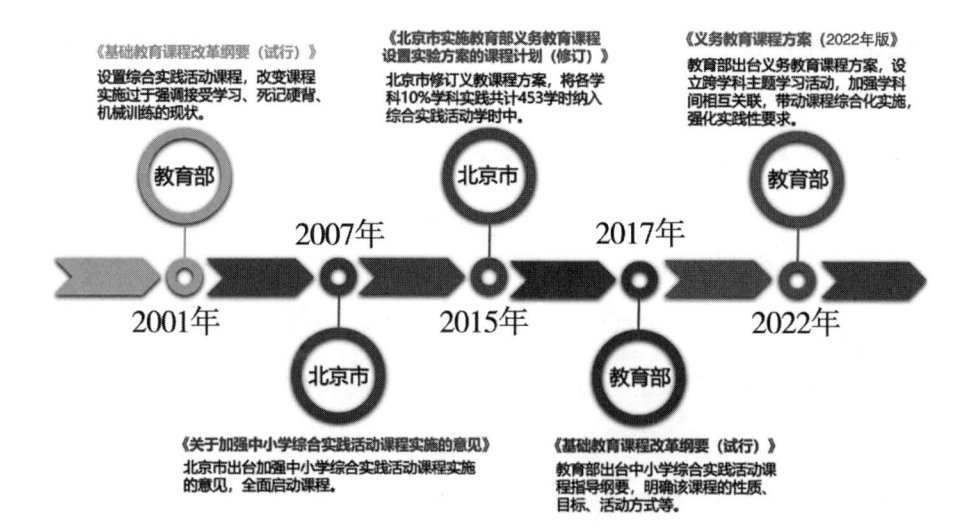

《基础教育课程改革纲要（试行）》
设置综合实践活动课程，改变课程实施过于强调接受学习、死记硬背、机械训练的现状。

《北京市实施教育部义务教育课程设置实验方案的课程计划（修订）》
北京市修订义教课程方案，将各学科10%学科实践共计453学时纳入综合实践活动学时中。

《义务教育课程方案（2022年版）》
教育部出台义务教育课程方案，设立跨学科主题学习活动，加强学科间相互关联，带动课程综合化实施，强化实践性要求。

教育部 —— 2007年 —— 北京市 —— 2017年 —— 教育部
2001年 —— 2015年 —— 2022年
北京市 —— 教育部

《关于加强中小学综合实践活动课程实施的意见》
北京市出台加强中小学综合实践活动课程实施的意见，全面启动课程。

《基础教育课程改革纲要（试行）》
教育部出台中小学综合实践活动课程指导纲要，明确该课程的性质、目标、活动方式等。

其次，在五个重要发展阶段，探索出有助于课程全域扎根的实施路径，并依据政策、文件制定课程区域评价的统一化标准并逐步更新与完善。在政策、文件的引领下，助力区域综合实践活动课程的全域扎根。

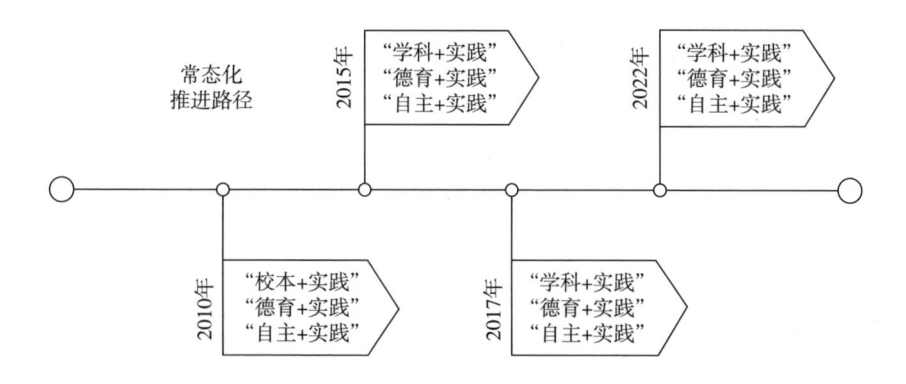

常态化推进路径

2015年："学科+实践""德育+实践""自主+实践"
2022年："学科+实践""德育+实践""自主+实践"
2010年："校本+实践""德育+实践""自主+实践"
2017年："学科+实践""德育+实践""自主+实践"

2010年，开展区域调研，依据不同学校课程开展现状及需求，确定综合实践活动课程推进路径为"校本+实践""德育+实践""自主+实践"。2015年，北京市推进10%学科实践，据此将"校本+实践"路径转变为"学科+实践"，并在"学科+实践""德育+实践"的具体内容上进行了更新。2017年，《中小学综合实践活动课程指导纲要》明确了综合实践活动的四种主要活动方式，据此在"自主+实践"的具体活动方式进行了更新。2022年，新义务教育课程方案提出开展跨学科主题学习活动，据此在"学科+实践"具体内容上进行了更新。

每一种课程推进路径都制定了详细的评价标准，例如：2010年的"校本+实践"路径，指标项分一级、二级，评价等级分A、B、C、D四个等级。2015年，"校本+实践"路径转变为"学科+实践"路径，因此，相应的指标项、评价等级也进行了调整。2017年、2022年，"学科+实践"的路径按照中小学综合实践活动课程指导纲要、新义务教育课程方案的要求又重新做了调整，更加强调学科知识的应用及学科间的融合（见表1）：

表1 "校本+实践""学科+实践"的四次调整

时间	综合实践活动课程推进路径	指标项		评价等级			
		一级指标	二级指标	A	B	C	D
2010年	"校本+实践"	课程管理	按照政策文件要求开足开齐综合实践活动课程。学校综合实践活动课程管理组织结构合理，制度健全。	……			
		教师指导	学校教师积极参与综合实践活动课程教学，有开展教学改革和实践创新的意识和行动。	……			
		学生活动	学生参与热情高，学习活动过程资料丰富，且具有研究性。	……			
		家校社合作	统筹区域社会资源，重视家长委员会建设及家长人力资源支持，定期收集家长的意见和建议，并合理采纳意见和建议。	……			
2015年	"学科+实践"	课程管理	以学生核心素养发展为目标，构建学校综合实践活动课程体系；学校综合实践活动课程管理组织结构合理，制度健全。	……			
		教师指导	学校教师积极参与综合实践活动课程教学，有开展教学改革和实践创新的意识和行动。	……			
		学生活动	学生参与热情高，学习活动过程资料丰富，且具有研究性。	……			
		家校社合作	统筹区域社会资源，加强与社会教育机构的合作，提供丰富的实践学习资源。	……			

续表

时间	综合实践活动课程推进路径	指标项 一级指标	指标项 二级指标	评价等级 A	评价等级 B	评价等级 C	评价等级 D
2017年	"学科+实践"	课程管理	以学生核心素养发展为目标，基于综合实践活动课程指导纲要，构建学校综合实践活动课程体系；学校综合实践活动课程管理组织结构合理，制度健全。	……			
		教师指导	学校教师积极参与综合实践活动课程教学，有开展教学改革和实践创新的意识和行动。	……			
		学生活动	学生参与热情高，学习活动过程资料丰富，且具有研究性。	……			
		家校社合作	统筹区域社会资源，重视家长委员会建设及家长人力资源支持，协同指导学生开展学科实践活动。	……			
2022年	"学科+实践"	课程管理	以学生核心素养发展为目标，基于综合实践活动课程指导纲要，构建学校综合实践活动课程体系；学校综合实践活动课程管理组织结构合理，制度健全。	……			
		教师指导	学校教师积极参与综合实践活动课程教学，有开展教学改革和实践创新的意识和行动，能开展多学科融合及跨学科主题综合实践活动。	……			
		学生活动	学生参与热情高，学习活动过程资料丰富，且具有研究性。	……			
		家校社合作	统筹区域社会资源，强化科研等专业支撑，为学生开展学科实践活动提供保障。	……			

（二）探索了综合实践活动课程体系深化拓展的路径

在2010年、2013年的调研中，学校认为丰富课程资源、提升教师专业化能力是推进综合实践活动课程发展的主要因素，因此，在综合实践活动课程全域扎根的同时，通过问题导向明确课程发展重、难点，探索出了区域综合实践活动课程纵深生长的方法与路径。

1. 基于课堂教学的研究性学习课型范式的开发

在2010年的调研中了解到，学校在综合实践活动课程实施方面普遍存在综合实践活动课程应该如何上课的问题，因此，为解决该问题，朝阳区中学综合实践活动课程教研室通过课题研究，带领 20 多位教师历时 2 年共同研发出研究性学习的十五种课型范式，并征集相关案例上百节（见表2）：

表 2　研究性学习的十五种课型范式

准备阶段	实施阶段	总结阶段
研学导入起始课	课题背景介绍课	研究观点形成课
发现问题探究课	研究方法指导课	课题结题指导课
确定课题指导课	过程问题解决课	课题结题答辩课
制订方案行动课	中期成果汇报课	课题成果展示课
课题开题答辩课	数据资料处理课	过程反思交流课

在综合实践活动中，研究性学习被赋予了"课程"的意义，具有了专门的属性。为了规范研究性学习的开展，也为了给教师提供研究性学习指导的模式，围绕研究性学习实施的三个阶段，开发出了十五种课型范式，这十五种课型范式可以集中开设，也可以按照课题研究的进程灵活开设。课型范式为专、兼职教师组织学生开展研究性学习提供了方法。

2. 开发了注重教师广泛参与的多学科融合课程主题

2014—2015 年，为解决 10% 学科实践活动如何开展的问题，朝阳区中学综合实践活动课程教研室组织全区来自 32 所学校的 64 位教师开发出 "走进植物园开展多学科实践活动" 系列主题课程（见表3），最终共有 71 所学校应用此课程开展了 10% 学科实践活动，此次活动为朝阳区各中学校开展 10% 学科实践活动提供了模板、思路与方法。

表 3　"走进植物园开展多学科实践活动"系列主题课程

序号	课程名称
1	如何游览北京植物园？
2	找寻植物园中的历史人物

续表

序号	课程名称
3	探寻植物园中的人文景观
4	在植物园中观察植物
5	你对植物园了解多少？
6	万生苑植物寻根
7	植物园的历史足迹
8	植物园的管理和发展

2021—2022年，为解决双减背景下的跨学科主题学习活动如何开展的问题，朝阳区中学综合实践活动课程教研室组织朝阳区所有中学开展了"冬奥"跨学科主题实践活动。活动共征集到学校学科教师开发的110个跨学科主题实践活动资源，使用该资源的学生近2万名。此次活动不仅提升了学校教师跨学科主题实践活动的设计能力，也进一步丰富了综合实践活动课程的课程资源。

3. 形成了丰富的校内外综合实践活动课程资源

在朝阳区实现综合实践活动课程全域扎根、纵深生长、自主多元发展的过程中，形成了丰富的校内外综合实践活动课程资源。我们将课程资源整理为三大类：学科实践类、社会大课堂类、自主实践类（见表4）。课程资源的开发主要是针对学校在课程实施不同阶段的需求。

表4　朝阳区中学自主开发校内外综合实践活动课程资源目录

资源类型	资源内容	开发时间	学校需求
学科实践类	走进植物园	2015年	10%学科实践活动如何开展？
	走进社会大课堂开展系列实践活动（6册）	2016年	10%学科实践活动如何开展？
	冬奥	2021年	双减背景下的跨学科主题学习活动如何开展？

续表

资源类型	资源内容	开发时间	学校需求
社会大课堂类	走进博物馆（20家）	2016年 2017年	10%学科实践活动如何开展？
自主实践类	《综合实践活动》23册	2019年	多形式下的综合实践活动如何开展？
	《劳动教育》（7册）	2020年	劳动教育背景下的综合实践活动如何开展？

例如：2017—2018年，为解决多形式下的综合实践活动如何开展的问题，朝阳区中学综合实践活动课程教研室带领46位教师编写了46个主题实践活动，在每个主题实践活动中融合了考察探究、设计制作、职业体验、社会服务等多种形式（见表5）。此活动一方面为学校教师开展多形式下的综合实践活动提供了案例与模板，另一方面丰富了区域综合实践活动课程的课程资源。

表5 以高中"'一带一路'助力中国梦"主题为例

学段	课题	问题	活动方式
高中	深入探讨丝绸之路经济带的发展重点	为建设丝绸之路经济带，沿线国家需要达成哪些共识？	考察探究
		"一带一路"是如何让中国高铁走向全世界的？	职业体验
		"一带一路"背景下我国的物流行业发展面临哪些机遇与挑战？	设计制作
		如何应对"一带一路"背景下的国际贸易壁垒？	考察探究
		"一带一路"是如何推动沿线国家货币实现直接交易的？	考察探究
		哪些人文交流与合作活动可以更好地促进沿线国家民众心灵相通？	社会服务

（三）助力形成了课程中的学校、教师、学生自主多元的成长模式

1. 区校联动下的课程特色化发展模式

2010年，北京市教育学会综合实践分会启动了百所综合实践活动课程特色校的评选活动。因此，为进一步推动区域整体综合实践活动课程的水平，朝阳区以此为平台，激励有基础、有需求的学校向特色化的方向发展，一方面，用特色化的课程激励学校更好地开展综合实践；另一方面，将学校特色化的课程实施经验辐射到更多的学校，从而带动更多的学校不仅开齐开足课程，还要开好课程。朝阳区中学综合实践教研室自2013—2022年间，在区校联动的机制下，为学校量身定制综合实践活动课程特色发展愿景方案，在9年间共有14所中学校被评为北京市综合实践活动课程特色校，这些特色校为朝阳区综合实践活动课程的发展积累了丰富的经验，也为朝阳区整体推进综合实践活动课程贡献了示范、引领的力量。

为了更好地建设综合实践活动课程特色校，朝阳区中学综合实践活动课程教研室为学校量身定制特色发展策略，与学校共同制订"学校综合实践活动课程特色发展愿景方案"，助力学校特色化发展。目前朝阳区已成为北京市综合实践活动课程特色校最多的一个区县。在区校联动助力学校特色发展的过程中，朝阳区总结出助力学校课程特色发展的有效策略，主要体现在课程规划与实施两个方面。在课程规划方面，主要从课程内容梳理、课程标准制定、课程方案实施等方面制定策略；在课程实施方面，主要从教师培养、资源建设等方面制定策略。

2. 具有自主发展意愿的综合实践专兼职教师发展模式

我们通过加强多种平台建设，在增强学校课程实施动力的同时，也不断增强教师内在发展的动力。

培训平台：综合实践活动对于教师来说是一门全新的综合性课程，打破了学科的界限，强调学科之间的交叉与融合，对教师的能力提出了很高的要求。需要对学科教师进行培训，通过培训提升教师课程理论和操作层面的水平。

业务评比平台：竞赛等方式可以有效地促进综合实践活动指导教师间的学习和交流，我们通过各种形式的基本功比赛、教学设计竞赛等，促进教师提升教学基本功。通过课堂教学评比、案例评比、教学设计评比、论文评比、特色校评比等活动，提高了综合实践活动教师的业务水平，促进了综合实践活动课程教学质量的提升。

观摩展示平台：通过经验的展示与交流，帮助学校及教师梳理和展示本校特色，深化探索实践，也帮助其他教师在学习的基础上思考自身及学校经验，形成自己的课程实施亮点，最大限度实现资源、经验共享。13年间，我们先后举办了30余次市级展示活动，其中我区"走进社会大课堂开展系列实践活动"的实践经验,由北京市基础教育研究中心面向全市进行普及推广。

课题研究平台:多次组织市、区级课题研究,多所学校参与课题研究,增强了课程实施的动力,促进了教师的专业成长,提升了综合实践活动课程的实施水平。

专业实践平台:无论是教材编写,还是社会大课堂课程资源的开发利用,抑或 15 种课型范式、社会热点课程开发,我们都邀请一线教师参与其中,教师通过参与促进了自己的专业发展。

3. 聚焦创新人才培养的学生评价模式

朝阳区中学综合实践教研室与朝阳区青少年活动中心自 2014 年开始组织社会大课堂成果评选、主题活动评选等多项活动。朝阳区中学教研室与朝阳区青少年活动中心自 2014 年开始组织社会大课堂成果评选的活动,参与学生的人数突破万人,获奖比例由 50% 提升至 80%,推荐至北京市的成果获奖数量也位居首位。在朝阳区中学教研室组织的走进植物园成果的评选中,参与学生多达 3000 人,获奖人数占总人数的 90%。在朝阳区中学教研室与朝阳青少年活动中心组织的冬奥跨学科主题活动成果评选中,参与学生多达 5000 人,获奖人数占总人数的 95%。其中,八十中学高中组获奖成果、日坛中学初中组获奖成果被选入北京科教频道播出。综合实践活动课程的区域推进创建了聚焦创新人才培养的学生评价模式。

五、 建设综合实践活动课程资源

在综合实践活动课程发展的二十二年间,为指导一线学校与教师有效开展综合实践活动，作者带领区域的综合实践活动教师、学科教师围绕课程资源建设进行了10年的实践与探索，开发出了1.0、2.0、3.0版的综合实践活动课程资源包，接下来，与大家分享课程资源的内容。

（一）综合实践活动课程资源之1.0版

1.0版综合实践活动是基于北京植物园这个市级的社会大课堂资源单位的资源。以下是1.0版课程的完整内容：

> 课程名称：走进植物园开展综合实践活动
>
> 课程内容：
>
> **主题一：如何游览北京植物园？**
>
> 5个问题：
>
> 1. 查找从你家到北京植物园的最佳出行路线及方式，并画出路线示意图。
>
> 2. 自绘"北京植物园示意图"。
>
> 3. 通过讨论，设计"北京植物园一日游"旅游路线图，在自绘图中标出你设计的路线及相关景点。
>
> 4. 在北京植物园周边有哪些值得推荐的餐饮与商店，在自绘图上标出位置。
>
> 5. 在游览北京植物园过程中遇到突发事件后你会怎么办？你有哪些应急的措施和办法吗？
>
> ·活动评价：植物园什么时间最适合游览？去植物园要注意哪些问题？植物园周边的停车状况如何？如何设计植物园的最佳浏览路线？去植物园前需要做哪些准备？诸如此类的问题你是否思考过，请完成一份植物园的出行攻略。

主题二：找寻植物园中的历史人物

5个问题：

1. 植物园中的"曹雪芹纪念馆"曾经被世人争议究竟应该是"纪念馆"还是"故居"，有哪些历史依据来给出结论？

2. 敦敏在曹雪芹的一生中充当怎样的角色？

3. 在"梁启超墓地"的碑上，为什么称号不用墓主人的名讳？碑上的字、字体有哪些来历？

4. 梁启超与近代史的重大事件有哪些关联？

5. 孙传芳是谁？

·活动评价：你在植物园中寻访到了哪些历史人物？他们代表了哪些历史时期？他们在历史上的作用如何？请完成一份史评。

主题三：探寻植物园中的人文景观

5个问题：

1. 植物园里为什么会有两座"碉楼"？

2. 中原地区佛教寺庙的基本建筑格局是怎样的？

3. 请你找到刻有郑板桥诗的石头。诗中的景象是怎样的？哪些是看得见，哪些是看不见的？请选择一种方式将它描绘出来。

4. 请找到《与历史对话》这组塑像，结合当时的历史背景，编写两人之间的对话，内容是樱桃沟中的一二·九运动。

5. 能否用一首诗或者一首曲来描述你眼中的海棠？

·活动评价：植物园内有哪些人文景观适合拍照、摄影？可以拍摄哪些题材的作品？请拍摄一组有主题的摄影作品，制作成《植物园××主题摄影集》，要有对主题和作品的描述。

主题四：在植物园中观察植物

6 个问题：

1. 请画出你在植物园中观察植物的路线图。

2. 你发现有哪些植物是不容易辨别的？你有辨别的好方法吗？

3. 请找出北京植物园中你熟知的 10 种植物，尝试对它们进行分类，并说明你的分类标准。

4. 在北京植物园中，松柏种植有很多。请你找出至少三种，仔细观察后，说出根、茎和叶等方面的特征？

5. 你知道"珙桐"的别名吗？请你在植物园中找到"珙桐"，在路线图中标出它所在的位置。

6. "水杉"被人们认识与熟悉的过程是曲折与漫长的。请收集资料，了解重新发现水杉的经过。现在植物园内的水杉已经成林，你知道水杉的种子是如何传播的吗？

· 活动评价：植物园中的哪些植物在日常生活中是不常见的？请记录 5 种以上日常生活中不常见的植物，可以制作成标本、画册、相册等，要对你记录的植物加以描述，介绍其生长的环境、特点等信息。

主题五：你对植物园了解多少？

5 个问题：

1. 请找到"水杉古桩"，在地图上标出所在的位置。

2. 从"水杉古桩"到刻有"保卫华北"石碑的距离是多少？

3. 移植水杉时为什么选择在樱桃沟，这里具有什么优势？如何更好地保护水杉？

4. 植物园中湖区的水源来自哪儿？是如何补给的？

5. 请测量植物园内最大湖区的面积，介绍你的测量方法。

·活动评价：游览植物园，你最想了解的是什么？你的感受是怎样的？你会怎样向同学、朋友、游客介绍北京植物园？请设计制作一本介绍北京植物园的游览手册。

主题六：万生苑植物寻根

5个问题：

1. 找到并观察具有气生根的植物，列出名称并描述其特点。

2. 沙漠植物的成长与沙漠环境有哪些关系？

3. 在"万生苑"中找到"沙漠玫瑰"，并说出与之生活环境相似的五种植物。解释它们都生活在哪种环境中，它们有哪些结构特点与环境相适应？

4. 请记录下你不认识的五种植物，了解它的特点及生长环境。

5. 园中设计的路线是否合理？请你介绍一条游览"万生苑"的路径，画出路线图，并标出路线中的重点观赏植物名称。

·活动评价：关于热带雨林现在有两种观点：一种是以美国为首的第一世界国家，他们要求保护雨林；另一种观点来自巴西，作为发展中国家，巴西有很多外债，所以巴西会经常性地开采雨林来偿还外债。面对以上的两种观点，请思考雨林对环境具有怎样的重要性？可以采用论文、案例分析、事实记载、报告等多种形式论述你的观点。

主题七：植物园的历史足迹

5个问题：

1. 请在植物园示意图中标出以下景点的位置。

梁启超墓、十方普觉寺（卧佛寺）、一二·九纪念碑。

2. 请在植物园示意图中找到以下图片拍摄的地点，并指出拍摄的角度。

3. 找到"北纬40°N"标志线，在植物园示意图上标出位置。用什么观测方法可以确定这里是"北纬40°N"？

4. 从"琉璃牌楼"到下列各地的方向是什么？

东南门、万生苑、水源头。

5. 北纬40°N为什么被誉为地球金项链？这条线附近为什么是优质牛奶和葡萄酒的产地？

• 活动评价：你能从"北纬40°N"雕塑上的图案、文字上获取哪些信息？请完成一份自创的主题作品。作品要有明确的主题，可以是手工作品、绘画作品、文学作品等。

主题八：植物园的管理和发展

5个问题：

1. 哪个部门会监督植物园的管理和发展？

2. 你能在植物园内找到哪些公共设施？这些设施建设得是否合理？如果不合理，存在什么问题？

3. 植物园的环境情况怎样？请用文字或图片记录你所看到的。

4. 人们游览植物园的目的有哪些？

5. 植物园的哪个区域最受大家喜爱，理由是什么？

> ·活动评价：北京植物园是人们休闲、健身、学习的地方，每天都有来自四面八方的游客，如何更好地促进植物园中教育的发展、旅游业的发展、娱乐和健康业的发展？请根据你的兴趣围绕一个或多个方面提供一些好的建议。

1.0版的课程是围绕一个社会大课堂基地集中开发的综合实践活动课程资源包，这个课程资源包具有以下特点：

第一，问题来源于社会大课堂。

该课程共包括八个主题，围绕北京植物园中的资源提出了41个问题。每个问题都与社会大课堂中的资源相关。例如：从你家到北京植物园的最佳出行路线及方式有哪些？在"梁启超墓地"的碑上，为什么称号不用墓主人的名讳？植物园里为什么会有两座"碉楼"？"珙桐"在植物园中的哪个位置？移植水杉时为什么选择在樱桃沟，这里具有什么优势？"万生苑"中设计的路线是否合理等。

在以往的综合实践活动课程设计中，有很多课程的内容与社会大课堂中的资源联系不紧密，甚至无关，因此，出现了学生走进社会大课堂中无所事事，既浪费了时间，也容易引发安全事故。在1.0版的综合实践活动课程中，课程的内容覆盖到了社会大课堂中大量的资源，有些内容需要学生仔细观察，有些内容需要学生认真思考，有些内容需要学生开展调查。

例如：在"主题二：找寻植物园中的历史人物"中，问题3是在"梁启超墓地"的碑上，为什么称号不用墓主人的名讳？碑上的字、字体有哪些来历？关于这个问题，学生在实地考察的基础上，后期查阅了大量的文献，最终给出了如下的解释：

关于碑文：梁启超墓呈长方形，立有"凸"字形墓碑。阳面镌刻"先考任公府君暨先妣李太夫人墓"14个大字。在实地观察中，我们实在看不清碑阴面的全部内容。因而，经上网查证了解到其刻的是"中华民国二十年十月，男梁思成、思永、思忠、思达、思礼，女适周、思顺、思庄、思懿、思宁，媳林徽音、李福曼，孙女任孙敬立"。墓碑没有任何表明墓主生平事迹的文字，据说这是梁启超先生生前遗愿。梁启超曾嘱咐他的子女，将来行葬礼时，可立一小碑于墓前，题新会某某、夫人某某之墓，碑阴记我籍贯及汝母生卒，子女及婿、妇名氏、孙及外孙名，其余浮词不用。

关于碑文字体：我国从古至今的墓碑，一般用四种字体：一是楷书字体，二是魏碑字体，三是汉隶字体，四是篆书字体。但梁启超墓碑的碑文字体好像并不纯粹属于其中的某一种，而是一种方形的美术字，我们起初怀疑是黑体字，但经查证，我们认为这应该取材于梁启超自己的书法作品。在中国近现代史上，梁启超是个博学多才的人。在书法艺术上，他初崇唐楷，老师康有为尊碑抑帖，难免影响到梁启超，梁启超后来攻魏碑及

> 汉代隶书。而他的楷书也受到隶书、魏碑的影响，方正，端严，高古，肃穆。中国书法家协会原副主席陈永正说过"梁氏一生，遵循传统书学中的'古法'，努力探索新路，以其清隽平和的韵致、恂恂儒雅的气度，给以'阳刚'为主体的碑学书法带来'阴柔'之美，丰富了中国书法的文化意蕴"。因而，我们相信梁思成先生在设计他父亲这座墓时，是沿用了梁启超的书法，以"梁启超体"作为碑文的字体。

除了查阅文献，小组学生还进行了认真思考，他们得出如下的结论：

> 通过观察，我们认为植物园里的梁启超墓实际上是梁氏家族墓园，这里埋着包括梁启超在内的多位梁氏家族成员。但作为梁启超墓的设计者梁思成并不在其中。那么，梁思成先生的墓在哪呢？
>
> 经求证，原来梁思成先生被埋在了八宝山公墓，他妻子的墓也在那里。林徽因的墓地在北京八宝山革命烈士公墓，整座墓体是由梁思成亲手设计。墓碑上只有"建筑师林徽因墓"七个字。梁思成先生因生前是全国人大常委，骨灰安放于党和国家领导人专用骨灰堂，跟林徽因墓离得很近。

再例如：在"主题三：探寻植物园中的人文景观"中，问题1是植物园里为什么会有两座"碉楼"？

关于这个问题，学生们开展实地调查，询问了路人，咨询了"游客咨询中心"，拿到了植物园地图，根据地图他们不仅顺利找到了碉楼，而且还发现，植物园中的碉楼不止两座，还有第三座。以下是小组的成果：

碉楼是清代旗营用以训练的设施，乾隆十二年（1747），清政府为平息大金川（今四川阿坝州大金县）地区的叛乱，于香山设健锐营，并与旗营仿金川地区的居住建筑建造碉楼，用以训练。

曾建有68座各式碉楼，各旗碉楼数量、规则不同，正白旗共建有9座。如今，清朝建造的碉楼在香山地区仅存6座半，其中2座完整位于北京植物园北湖东西两侧。

为了寻找碉楼，我们先向路人问了路，刚入植物园的我们飞快地走到了曹雪芹纪念馆附近（离碉楼不过几十米），然而并没有一个确切的方位。于是我们借助路边指示地图找到了"游客咨询中心"，在那里拿了一张地图（此后我们一直在通过地图确定我们的位置及路线，不敢想象没有地图的我们要走多少弯路，甚至能否完成任务），我们根据地图上所标记的碉楼图像顺利地找到了碉楼，但我们发现了3座。我们顺利且快速地到达前2座完整的碉楼（上文提及的）时，我们通过介绍及自己的判断，已经知道了第三座根本不需要去，但对万物充满好奇心的我们决定"访一访"第三座碉楼，我们爬上了一个杂草丛生、道路不平的小山坡，历尽"千辛万苦"后的我们只看到了它的破败（还能看见掉落的一些砖瓦）与无人问津（旁边的草长10厘米），不过对于发现了一块"新大陆"的我们还是格外兴奋。

1.0版的综合实践活动课程，将社会大课堂中的资源转化为可供学生探究的问题，通过问题引导学生开展参观、考察、调查、观察等实践活动，在活动中，不仅仅停留在"是不是""有没有"的层面，更多的还要激发学生积极探索未知、寻求真理的层面，例如，在找寻植物园的第三座碉楼就是学生积极探索未知、寻求真理的很好印证。

第二，应用学科知识开展跨学科实践。

综合实践活动是一门培养学生综合素质的跨学科实践性课程。因此，在综合实践活动中要开展跨学科实践。但是，综合实践活动不等同于学科实践，学科中的实践活动往往问题来源于学科知识，而且问题的解决一般也有固定统一的答案。而综合实践中的跨学科实践，问题来源于现实生活中，问题的解决往往没有固定统一的答案。而且，最重要的一点，综合实践的跨学科实践是基于问题的解决，问题涉及的领域不同，应用的学科就不同，而学科实践是在明确学科的前提下才提出适用于学科解决的问题。

因此，要对开展跨学科实践有一个正确的认识。

例如：在"主题一：如何游览北京植物园"中，问题2如何自绘北京植物园示意图？

关于这个问题，学生们将应用地理学科绘图的方法来绘制植物园示意图。

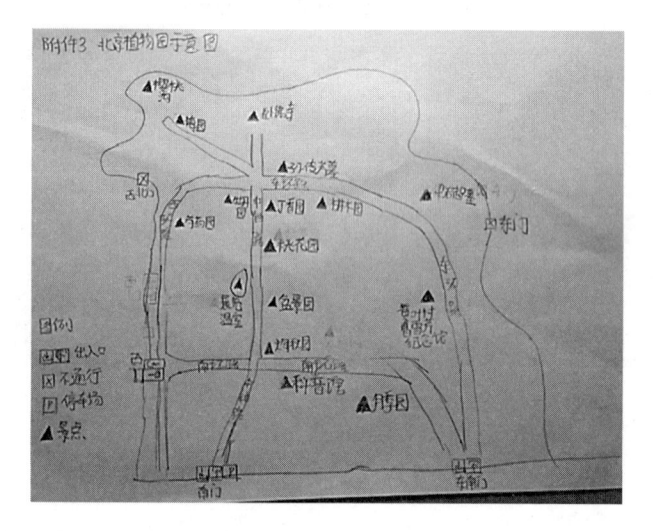

再例如：在"主题四：在植物园中观察植物"中，问题4在北京植物园中，松柏种植有很多。请你找出至少三种，仔细观察后，说一说根、茎和叶都有哪些特征？

关于这个问题，学生们将应用生物课上所学的知识来描述根、茎、叶的特征。

> 在北京植物园中，松柏植物很多。松柏类植物四季常青，在城市绿化中应用广泛。我在北京植物园中观察比较了以下三种松柏类植物，总结概括其各自特点。
>
> 1. 白皮松：主干较明显，树皮灰褐色或灰白色，裂片脱落后露出粉色内皮。针叶三针一束，粗硬。

白皮松的针叶，三针一束

2. 侧柏：主干明显，树皮薄，浅灰褐色，纵裂成条片；枝条向上伸展或斜展；叶子呈鳞形，先端微钝，小枝中央叶的露出部分呈倒卵状菱形或斜方形，两侧的叶呈船形，先端微内曲。

侧柏鳞状叶

3. 黑松：主干明显，树皮粗厚，裂成块片脱落；枝条开展，树冠宽圆锥状或伞形。针叶二针一束，深绿色，有光泽，粗硬。

黑松针叶二针一束

再例如：在"主题五：你对植物园了解多少"中，问题 5 请测量植物园内最大湖区的面积，你有哪些测量方法？

关于这个问题，学生们将应用数学所学的测量方法测量湖区的面积。

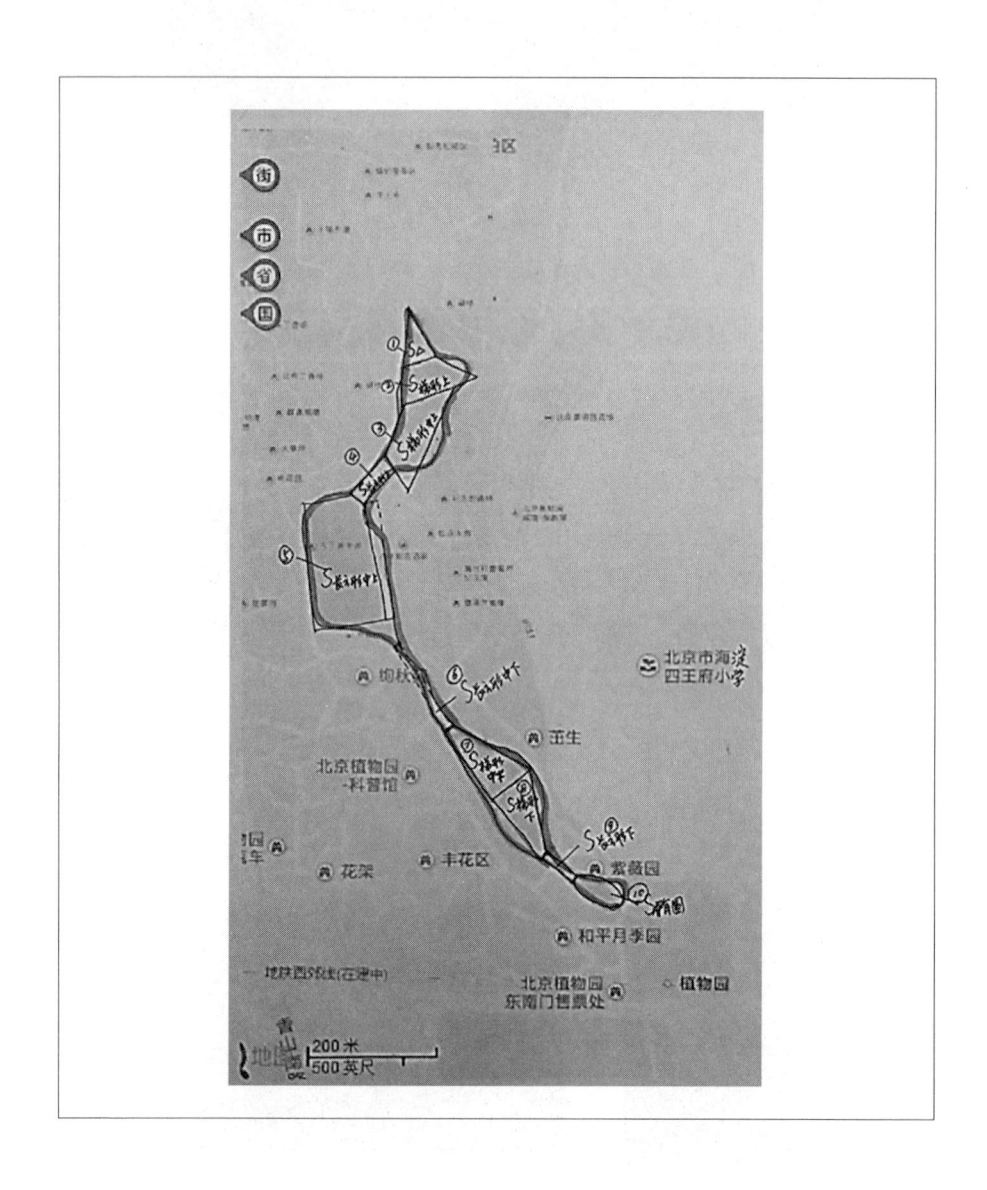

> 答：
> 一、把整个湖分割成：四块长方形，四块梯形，一块三角形，一块椭圆形。
> 二、利用比例尺测出算出各个图形面积所需要的条件
> 三、计算过程：如图，从上往下看
> $S_{长方形上} \approx \dfrac{60 \times 65}{2} = 1950 m^2$，$S_{梯形} \approx 55 \times \dfrac{(140+60)}{2} = 5500 m^2$
> ① $S_{梯形中} \approx \dfrac{(245+54) \times 55}{2} = 7397.5 m^2$，② $S_{梯形中} \approx \dfrac{(85+25) \times 85}{2} = 4675 m^2$
> ③ $S_{梯形下} \approx \dfrac{85 \times (25+85)}{2} = 4675 m^2$，④ $S_{长方形中} \approx 54 \times 25 = 1350 m^2$
> ⑤ $S_{长方形中} \approx 110 \times 180 = 19880 m^2$，⑥ $S_{长方形中} \approx 25 \times 162 = 4050 m^2$
> ⑦ $S_{长方形下} \approx 54 \times 25 = 1350 m^2$ ⑧ $S_{椭圆形} \approx \pi AB = 43 \times 40 \pi = 5400.8 m^2$（取π的近似值 3.14）
> 六、$S_{湖} \approx 1950 + 5500 + 7397.5 + 4675 + 4675 + 1350 + 19880 + 4050 + 1350 + 5400.8$
> $= 56228.3 (m^2)$
> $\approx 0.056 (km^2)$
> ≈ 56 公顷

再例如：在"主题七：植物园的历史足迹"中，问题 3 找到"北纬 40°N"标志线，在植物园示意图上标出位置。用什么观测方法可以确定这里是"北纬 40°N"？

关于这个问题，学生们将应用地理知识中的观测方法来确定北纬 40°N。

· 方法一：

可以通过立竿见影的方法观测方法确定这里是"北纬 40°N"。

即：纬度 = 90 - 阳光与地面的夹角，因此，利用一根杆子就能简单求出纬度。在一天里，影子最短的时候立一根杆子，测出影子和杆子的长度，杆/影 = Tan（纬度）。

· 方法二：

在设计与实施综合实践活动课程中，要引导学生主动运用各门学科知识分析解决实际问题，使学科知识在综合实践活动中得到延伸、综合、重组与提升。学生在综合实践活动中所发现的问题要在相关学科教学中分析解决，所获得的知识要在相关学科教学中拓展加深。因此，在1.0版课程的设计中，很多问题的解决要应用到学科中的知识，有些知识是学生已经通过学科学习掌握的，需要通过实践活动加以应用，将间接经验转化为直接经验，例如：测量湖区的面积。有些知识是学生还未曾学习了解的，需要通过实践活动进行进一步的学习，例如：通过观测来确定北纬40°N。应用学科知识开展跨学科实践既是文件中对综合实践活动的规定，也是真正培养学生综合素质的有效途径。

第三，开展活动评价关联学生未来发展。

北京植物园的综合实践活动课程共设计出八个主题，每个主题的最后都设计了活动评价。活动评价既是主题活动的最终成果，也是对学生综合评价的一个重要指标。活动评价的设计突出了与学生未来发展的关联。

例如：在"主题八：植物园的管理和发展"的活动评价中，设计了如下的活动评价：北京植物园是人们休闲、健身、学习的地方，每天都有来自四面八方的游客，如何更好地促进植物园中教育的发展、旅游业的发展、娱乐和健康业的发展？请根据你的兴趣围绕一个或多个方面提供一些好的建议。

小组成员在实地考察、查找资料的基础上提出了如下的建议。

- **我的建议：**

北京植物园很美，我个人非常喜欢植物园。步行在植物园中，感觉远离城市置身在绿树红花之中、湖光山色之中，与大自然零距离接触，感觉自由、舒畅。但是，我也感觉到植物园太大了，如果只是闲庭信步走哪里算哪里还好，一旦有参观计划，就会感觉如果不合计好会走许多的冤枉路。主要原因是植物园的分区不明确，如果园区里建设相应的区域，比如健身区、娱乐区、学习区、DIY手工操作区等，就可以让游园目的明确的游客少走很多冤枉路。

我以"植物园中教育的发展"谈谈自己的几点设想：

1. 关于植物展览区。 可以在万生苑里设立一个与植物动手操作相关的活动，如：叶脉书签的制作、微观盆景的制作、自制花草标本的纪念品等可以让来园参观的孩子动手操作的项目。经营管理科设计参观的游览册，儿童在参观植物展览区后，认识一些植物，并相应地得到奖励，如花籽、植物园特制的书签等。

2. 关于黄叶村。 十一期间曹雪芹纪念馆正在修整，不知道修整后的纪念馆对儿童的教育能起到怎样的作用。我建议在纪念馆里，设立讲解员定时介绍曹雪芹的生平，对参观的儿童进行文化教育。黄叶村的整体设计有返璞归真的感觉，院子中的瓜架、古井都很好地保留了黄叶村的村居风貌。如果在这里组织儿童做简单的农事活动，一定会在吸引人的同时，更好地发挥了院子里设施的作用。

3. 关于梁启超墓。 在梁启超墓旁的牌示中尽量多地介绍梁启超的生平，在历史中的重要作用。针对儿童可以讲述一些梁启超小时候的故事，对参观的儿童起到激励鼓舞的作用。对梁启超墓的建筑特色进行介绍，可以从建筑方面、与周围环境的融合等方面进行介绍，参观的儿童可以多角度学习。

期待北京植物园更好地发挥作用，让北京植物园成为北京市民休闲、娱乐、健身、教育的好去处。

后记：

经指导老师建议，把此报告以邮件方式传给了北京植物园的邮箱，很快就得到了北京植物园的回复。植物园的管理人员对报告内容进行了反馈，我已针对植物园的回复，对报告进行了调整。植物园的回信内容如下：

李星伦同学：

首先感谢你选择植物园进行调查研究，感谢你对植物园的肯定和喜爱，对于你提出的宝贵意见，我们会认真地思考，同时你提出的园区建设意见很好，有可能我们会予以采纳，谢谢你的认真与细致，有了你们这样热爱植物园的游客，植物园才能变得更加美好和优秀，欢迎你常来植物园。

（邮件截图）

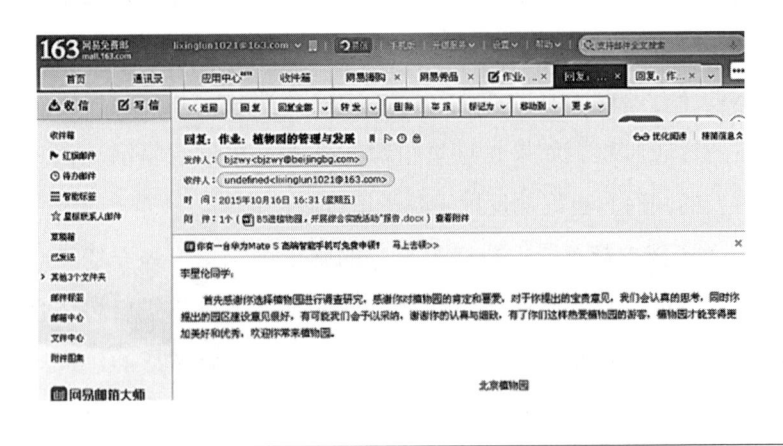

该活动评价不同于学科中的评价，学科中的评价往往有固定统一的答

案，只有正确与错误之分，而综合实践活动中的评价往往没有统一固定的答案，因此，评价的方式是多元的。在这个活动评价中，学生要围绕一个或多个方面提出一些好的建议，这样的活动对于学生未来的发展既是一种锻炼，也是一种积累，为学生未来的人生规划奠定了基础。

例如：在"主题五：你对植物园了解多少？"中，活动评价为游览植物园你最想了解的是什么？你的感受是怎样的？你会怎样向同学、朋友、游客介绍北京植物园？请设计制作一本介绍北京植物园的游览手册。

小组成员在实地考察、查找资料的基础上设计出了如下的游览手册。

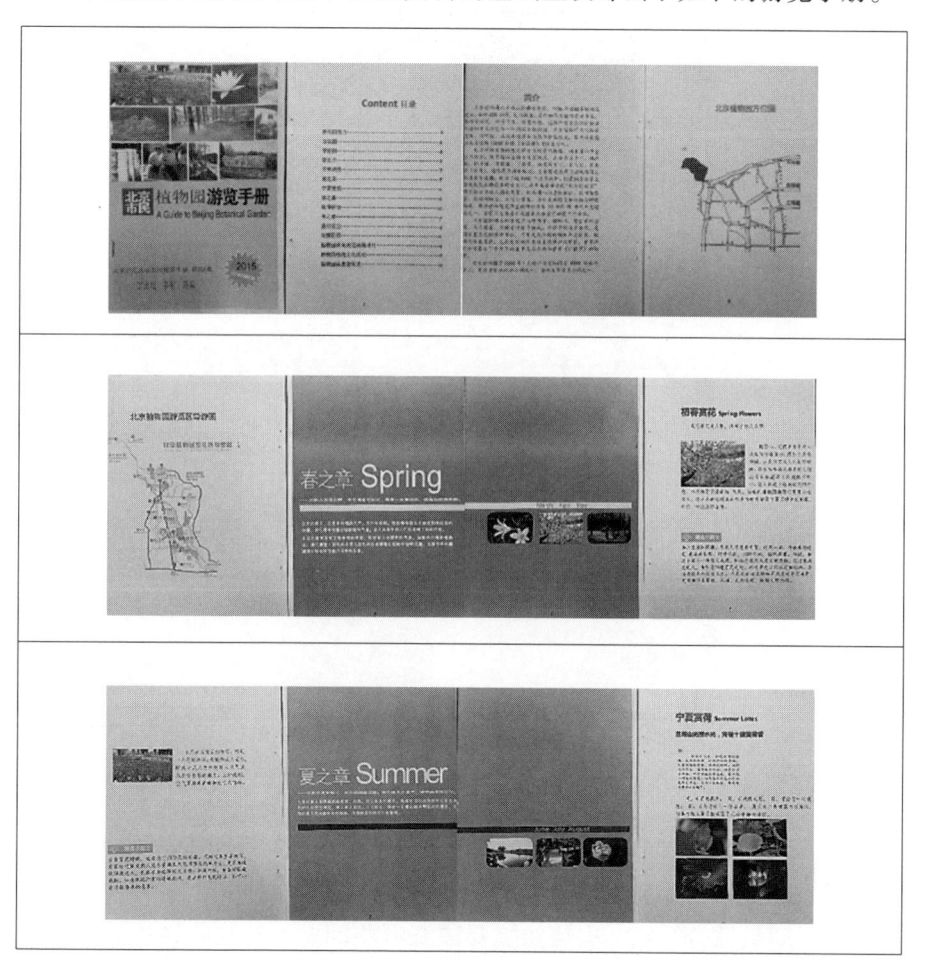

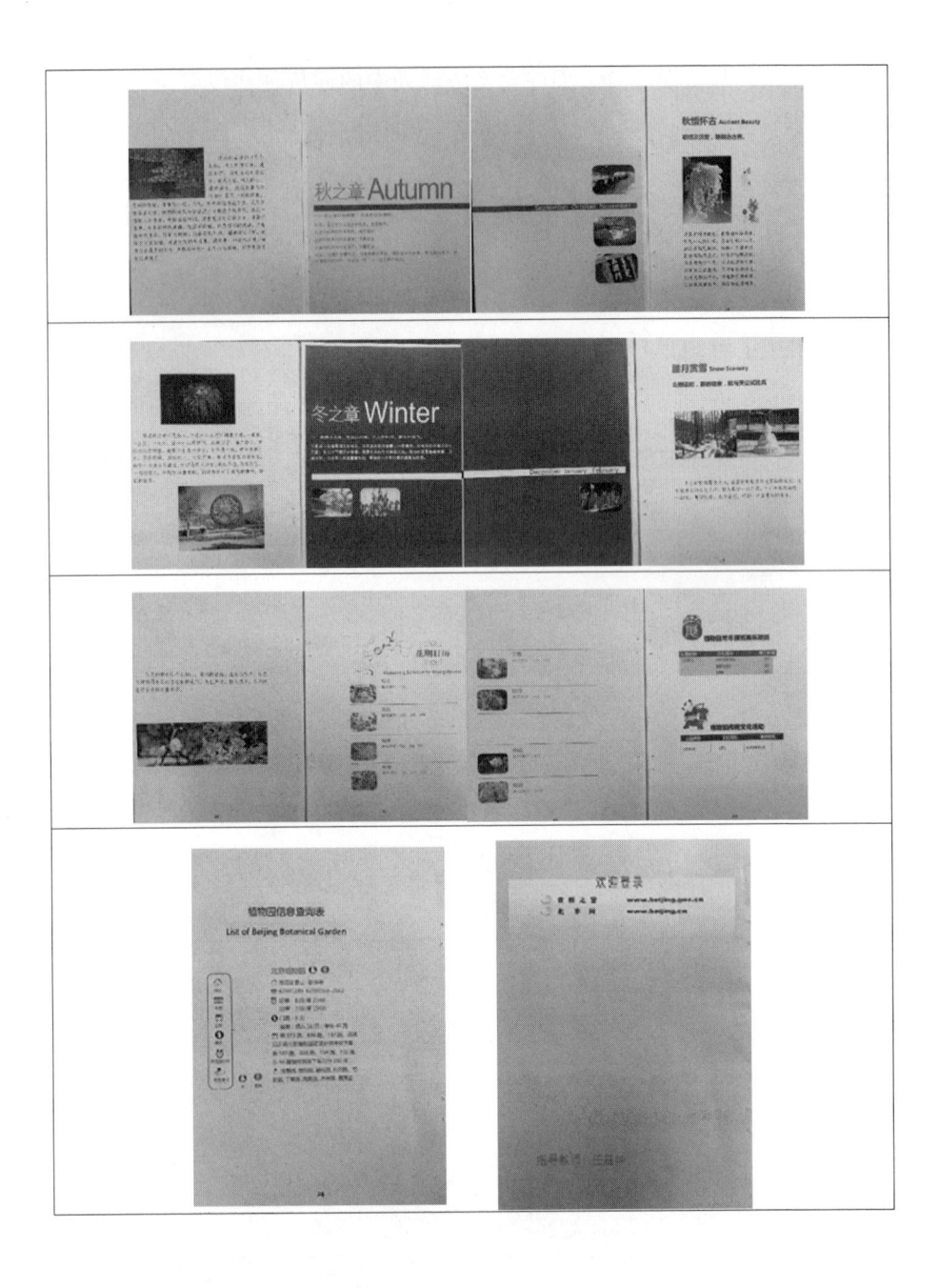

再例如：在"主题一：如何浏览北京植物园？"中，活动评价为植物园什么时间最适合游览？去植物园要注意哪些问题？植物园周边的停车状况如何？如何设计植物园的最佳浏览路线？去植物园前需要做哪些准备？诸如此类的问题你是否思考过，请完成一份植物园的出行攻略。

小组在实地考察、查找资料的基础上设计出了如下的出行攻略。

植物园旅游攻略

1. 到达植物园

·自驾到达植物园

请从西五环香山出口（38号）驶出，沿香泉环岛至香山路即可到达。

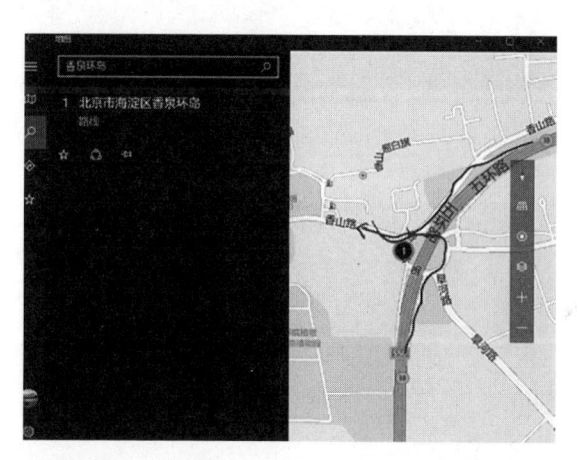

·公交到达植物园

请乘坐以下公交车到达植物园东南门，331路、505路、563路、563区间路、运通112路，植物园南门站下车。

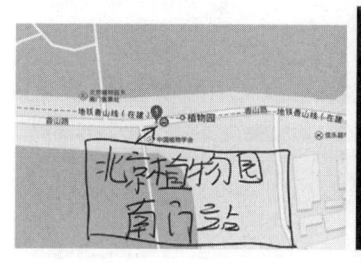

2. 上午——文化之旅

· 曹雪芹纪念馆

（1）建议从东南门进入，沿东环路走大约 500 米，沿途会有指向标。

Tip：黄叶村曹雪芹纪念馆为曹雪芹纪念馆全称。

（2）请沿当前道路继续行驶 200 米。

（3）到达这里，沿右岔路走。

（4）到达如上图所示。

·曹雪芹纪念馆简介

全名：黄叶村曹雪芹纪念馆

开馆：1983年4月22日

北京曹雪芹纪念馆是新中国为纪念清朝作家曹雪芹而建造的纪念馆之一，另外两个是辽阳曹雪芹纪念馆，南京曹雪芹纪念馆。北京的是曹雪芹晚年住处。

·梁启超墓

（1）原路从曹雪芹纪念馆驶出，之后，沿着东环路继续北上650米。

Tip：在东环路上中途会遇见纪念馆碑林。

（2）东环路于东门交界口，此处继续直行。

（3）在路口处右转，沿路走 50 米到达梁启超墓。

（4）到达梁启超墓。

· 梁启超墓简介

梁启超墓其实是梁启超家族墓园，梁启超、他的两位夫人、弟弟梁启雄还有三位儿子均葬于此地。墓地总面积1.8公顷，墓分东、西两部分：东部为墓园，西部为附属林地。墓园背倚西山，坐北朝南，北高南低，面积达4300平方米。四周环围矮石墙，墓园内栽满松柏。

3. 中午

中午饭的解决，回退至两者之间，寻找餐厅，见标志R。

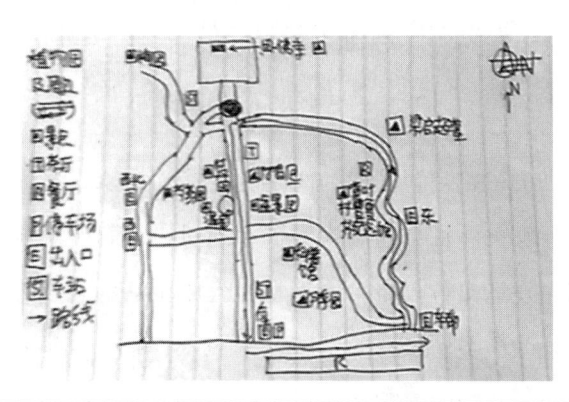

4. 下午——植物之旅

下午的旅程主要在中轴路上进行，基本路线如图所示。

·小提示：

（1）中轴路上春天可看景点：桃花园、芍药园、牡丹园、丁香园、月季园，主要集中在中轴路北侧，月季园在南侧。

（2）中轴路上夏天可看景点：丁香园、月季园。丁香园在中轴路北侧东，月季园在南侧。

（3）中轴路上秋天可看景点：绚秋苑、月季园。中轴路南侧东。

（4）中轴路上年年可看景点：展览温室，中轴路西侧。

5. 返程

中轴路过了展览温室的十字路口左转，之后沿此路一直走下去，就回到东南门了。

从以上活动的评价内容来看，对学生的能力要求是多元的。通过提出建议，让学生能够关注社会的健康发展，通过设计宣传手册，提升学生的审美能力，通过设计出行攻略，培养学生健康生活的态度等。通过活动评价可以更好地让学生关注未来的发展。

以上，针对1.0版的课程总结出了三个特点，即问题来源于社会大课堂、应用学科知识开展跨学科实践、开展活动评价关联学生未来发展。但是，1.0版的课程也存在一定的不足。

课程开发出来后，在朝阳区17所初中学校进行了试用，参与的学生超过5000人，征集了大量的学生完成的活动成果，制作了73份学生活动的展板，1.0版课程在学生与老师中得到了较大的肯定。但是，从学校使用该课程以及征集上来的学生作品中，我们发现以下两个问题，第一，有些学校对该课程进行了二次的开发。有些学校认为课程中的问题让学生利用一天时间完成有些困难，因此，在问题的数量上进行了精简。有些学校则认为有些问题对于该校的学生来说难度上有些大，例如：让学生写一篇历史人物的史评，关于史评学生从未接触过，因此，教师认为学生完成不了，因此，将任务修改为让学生查找与历史人物相关的资料。第二，学生在解决任务单中的问题时，缺少研究方法的指导，因此，学生形成的成果规范性较差。例如：在针对植物园的管理与发展主题中，学生要针对植物园中的一些不良现象写一份倡议书，而倡议书的书写格式与体例规范学生大多都未能掌握。另外，在活动中，学生们还要开展对植物的观察、人物的访问、群体的问卷调查，但由于没有具体方法的指导，学生们的调查缺少调查提纲，问卷缺少卷首语，甚至出现了很多问卷并没有发出去的情况，而这些问题的产生，既有课程设计本身的不足，也有教师指导不到位、不专业的实际情况。因此，在1.0版课程设计之后，一方面，需要从课程实施的角度对课程的设计进一步的改良；另一方面，需要对参与课程使用的教师进行相应的培训与指导，提升教师指导学生开展综合实践活动的能力。

因此，在1.0版课程设计的基础上，一方面，加强对教师的培训与指导。另一方面，总结1.0版课程的特点及不足，为进一步研发2.0版课程提供参考与思路。

（二）综合实践活动课程资源之 2.0 版

走进社会大课堂开发综合实践活动课程的流程为：选择社会大课堂资源单位→组建课程开发教师团队→实地考察↔研讨交流↔课程设计→修订完善。

其中，在实地考察、研讨交流、课程设计的环节要进行多次。也就是边考察边研讨，边研讨边设计。

1.0 版课程在试用过程中的问题在前面已经做了说明，因此，针对问题开展研讨，确定了解决 1.0 版课程中问题的方法与策略。策略一，为问题的解决设置不同的梯度；策略二，为问题提供方法的建议；策略三，给出每一种方法的指导与框架。

在以上基础上，研讨出 2.0 版综合实践活动课程的设计思路与体例。

2.0 版课程的开发，开发组分成了 20 个小组，共开发出 22 个市级社会大课堂资源单位的综合实践活动课程。随着研究的不断深入，课程组成人员在开发 2.0 版课程资源包的过程中不断的实践、探索，又形成了 2.0.1、2.0.2、2.0.3 的课程资源包二级版本。接下来，就来介绍 2.0 版课程资源包的主要内容。

资源内容：走进社会大课堂开展综合实践活动。

社会大课堂基地的确定，是在教师推荐、北京市"四个一"活动、就地就近的基础上确定的，最终选定了 20 家社会大课堂资源单位作为 2.0 版综合实践活动课程开发的基地。基地目录如下：

序号	社会大课堂基地	课程名称	课程版本
1	北京晋商博物馆	走进晋商博物馆	2.0.1
2	北京市翱翔实践园	走进翱翔实践园	2.0.1
3	北京市朝阳循环经济产业园	垃圾分类益处多，环境保护靠你我	2.0.1

续表

序号	社会大课堂基地	课程名称	课程版本
4	北京市方志馆	方志承载京风物，弘扬地情爱燕都	2.0.1
5	北京税务博物馆	感受税务历史，增强纳税意识	2.0.1
6	北京陶瓷艺术馆	走进北京陶瓷艺术馆感受艺术的魅力	2.0.1
7	国家动物博物馆	走进国家动物博物馆	2.0.1
8	青少年行知实践园	走进青少年行知实践园	2.0.1
9	青少年阅读体验大世界	体验阅读，让阅读更精彩	2.0.1
10	首都图书馆	体验阅读之美开启阅读之门	2.0.1
11	北京松堂关怀医院	以老人需求为中心进行服务的行动研究	2.0.2
12	中华民族园	不同民族居民建筑的对比与研究	2.0.2
13	索尼探梦科技馆	探究光与声音在生活中应用的奥秘	2.0.2
14	农业博物馆	关于农业科技推动农业发展的调查	2.0.2
15	北京方志馆	关于生活中各种"志"的研究	2.0.2
16	国家动物博物馆	我们的生存环境对动物产生了什么影响？	2.0.2
17	中国科技馆	关于自然界中各种光学现象的研究	2.0.2
18	朝阳区公共安全馆	火灾及轨道交通遇险逃生能力的研究	2.0.2
19	北京排水科普馆	污水再生与利用的研究	2.0.2
20	富国海底世界	关于海底世界生物的研究	2.0.2
21	故宫	发现故宫	2.0.3
22	颐和园	探秘颐和园	2.0.3

围绕这22家社会大课堂基地，课题组共开发出了22个综合实践活动课程。在2.0.1版、2.0.2版、2.0.3版课程的不断实践中，最终将2.0版综合实践活动课程资源包的体例确定如下：

1. 完成四个一

读一本书

例如：《小牛顿科学馆》《物理之光》《最好的告别》。

看一部纪录片

例如：《舌尖上的中国》第一季第 7 集；《我们的田野》《我是中国的孩子》《失控的生命》。

写一篇日志/报告

例如：以老人需求为中心进行服务的行动研究报告。地理环境对少数民族民居建筑特色影响的研究报告。"眼见不一定为实"的实验报告。

完成一个作品

例如：制作一个鸡骨骼、鱼骨骼的标本。设计并制作一副 3D 眼镜。制作一个"眼球结构"模型。

2. 体验四个真

真情境——亲耳听、亲眼看、亲身感受……

真问题——不知道的、不了解的、学习发现的、感兴趣的……

真体验——观察、实验、调查、学习、动手、讨论……

真解决——知道了、了解了、知道解决的办法、明确研究的思路、今后努力的方向……

3. 解决四个问题

在课程中，围绕一个研究课题提出四个能在场馆中开展实践活动的真问题。

例如：课题——火灾及轨道交通遇险逃生能力的研究。

问题1：你家有防护面具吗？如果起火，如何戴上防护面具在火场中逃生？

问题2：初级火灾如何扑灭？你会使用灭火器吗？

问题3：地铁发生危险时应该如何撤离？

问题4：你知道下列交通安全标识吗？它们有哪些意义呢？

4. 开展四次评价

序号	十大基本能力
1	表达、沟通与分享
2	尊重、关怀与团队合作
3	独立思考与解决问题
4	了解自我与发展潜能
5	欣赏、表现与创新
6	主动探索与研究
7	生涯规划与终身学习
8	运用信息与科技
9	规划组织与实践
10	文化学习与国际了解

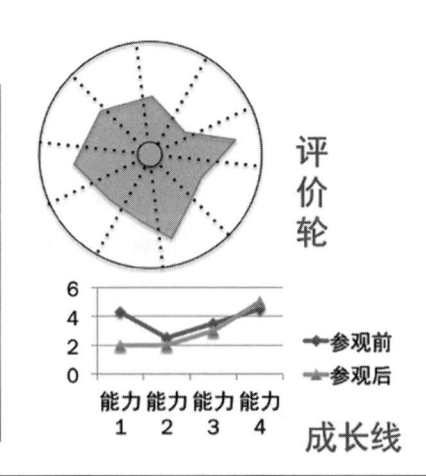

与1.0版课程相比，2.0版课程具有哪些特点呢？

2.0版的综合实践活动课程具有以下特点：

第一，将活动资源最大化，实现"1+1>2"。

走进社会大课堂，大课堂里为学生提供了大量的资源，但是，学校组织学生开展外出的实践活动，在本地的活动，时间一般是一天或者半天的时间，除去路上消耗掉的时间，可用于在社会大课堂中开展活动的时间基本上只有2—4个小时。那么，在2—4个小时的时间要围绕一个课题开展研究显然是不科学合理的，有些活动甚至没有时间开展。在对学生的一次调查中，有的学生提到，"我们还没有找到博物馆中我们要观察的物品，参观的活动就结束了，可是没有看到物品我们就没法拍照，没有照片我们就无法开展后续的创作"。因此，在这么短的时间围绕一个课题开展综合实践活动，会让学生的看只停留在表面，无法仔细观察；会让学生的体验以完成任务为主，无法引发思考；会让学生的研究敷衍了事，无法真正解决问题。那么，如何在有限的时间既能利用好社会大课堂中的资源又能完成好一个课题的研究成为开发2.0版课程重点要解决的问题。通过研究，我们得出如下的结论，将整个社会大课堂的活动分为三个阶段，即参观前、参观中、参观后。通过这样的三个阶段的划分，大大延长了学生走进社会大课堂开展综合实践活动课程的时间，时间充裕了，学生们的课题研究就能真正地开展，而在课题研究中所用到的资源也大大丰富了，从而实现了活动资源"1+1＞2"的效果。

首先，来介绍参观前、参观中、参观后的这三个阶段。其中，参观前，是学生在走进社会大课堂前，先要通过网络收集、阅读书目、观看纪录片等方式对社会大课堂中的资源有一个较为全面的了解，并且要重点关注所要研究课题的相关领域内的资源信息。通过参观前的准备，学生们基本已对所需进一步获取的资源以及在社会大课堂中需要开展的活动做好了充分的准备。从而避免由于准备不充分而在后期的参观考察中活动开展不顺利，甚至活动无法开展的状况发生。参观中，是学生根据参观前的准备，有计划、有目的地走进社会大课堂中开展各项活动。例如：对展品进行细致的观察、对场馆中的人员的调查、对现场资源的收集等。学校组织学生走进社会大课堂中参观的时间是很有限的，因此，学生们需要在参观前设计好相应的参观路线，为所要观察的展品设计好观察记录表，为要开展的调查设计好调查提纲或问卷，准备好收集资料的工具等。参观中是整个调查中获取一手资料最重要的阶段，因此，参观中也是决定整个课题研究成功与否的关键。参观后，是学生回到学校，对参观中收集到的各种资料与数据进行分析整理，得出结论，形成研究成果，在班级或年级进行展示交流，开展评价与反思。参观后是学生对整个研究过程的梳理与总结。在以往开展的社会大课堂活动中，学校往往会忽略参观后学生的活动，有些学校会让学生通过写的方式写出参观的感受，而有些学校甚至没有任何参观后的活动。而参观后的活动对于学生的成长起着至关重要的作用。学生的成就感、社会责任感、对自我的认识、未来发展的需要、创新能力都会在参观后的总结、交流、评价中提升。

活动资源"1+1＞2"的效果就是在参观前、参观中、参观后的阶段中实现的。第一个"1"是指社会大课堂中的资源，第二个"1"是参观前通过网络、读书、看纪录片获取的资源，而在这个过程中，学生所获取的资源远远大于社会大课堂中的资源，也远远大于所研究课题所需的资源，因此，实现了"1+1＞2"。

例如：2.0.1版课程"走进国家动物博物馆"中的参观前准备

・参观前准备

问题1：你了解动物的种类和分布吗？

动物是我们人类的朋友，它们和我们的生活密不可分，它们和我们一样具有珍贵的生命，是自然界不可缺少的一部分。关注你身边的动物，对自然界中动物的种类和分布进行调研，将收集到的信息进行整理与记录。

◇方法一：文献收集

在参观考察前，收集整理自然界中动物的种类、分布和现状，完成关于"动物种类和分布"的文献综述。

◇方法二：地理绘图

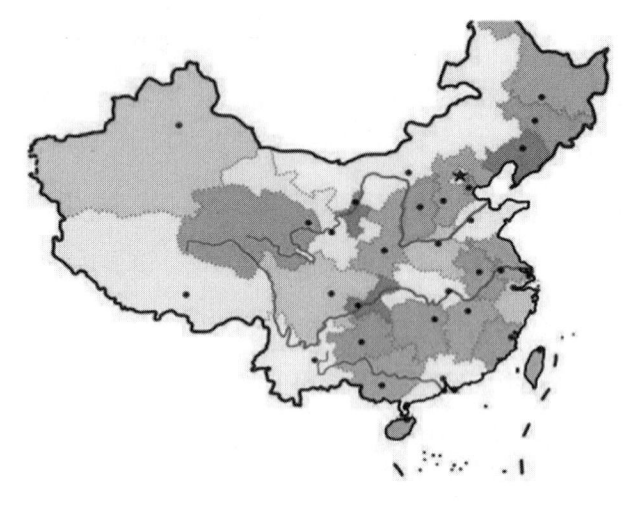

请根据文献收集中所查到的动物的种类和分布情况，利用地理课中所学地理知识，在地图上绘制出我国主要动物种类和分布的情况。

在2.0.1版课程的设计中，虽然通过参观前的资料收集让学生能对所研究课题与社会大课堂资源有所了解，但是由于受到所研究课题的限制，学生所收集的资料只是做到了"1+1=2"，并不能实现"1+1>2"的效果。因此，在2.0.2版课程的设计中，进行了改良。

例如：2.0.2版课程"走进国家动物博物馆"中的参观前准备

· 参观前准备

1. 读一本书

◇推荐书名：《昆虫记》

◇适合学段：小学

	推荐理由：本书是一部概括昆虫的种类、特征、习性和婚习的昆虫学巨著，同时也是一部富含知识、趣味美感和哲理的文学宝藏。字里行间都透露出作者对生命的尊敬与热爱。

◇推荐书名：《国家动物博物馆精品研究——动物多样性》

◇适合学段：初、高中

	推荐理由：本书依托国家动物博物馆，以图文并茂的方式，生动形象地介绍了国家动物博物馆馆藏的动物珍品，集中展示我国动物研究和动物保护的研究成果，代表了我国动物研究与环境保护相结合的水平，倡导保护动物、保护环境、维护生态平衡、人类与自然和谐共处的生态环境理念。

·读书笔记

阅读书目：

内容简介：

你的收获：

2. 看一部纪录片

◇推荐纪录片：《我们诞生在中国》

	推荐理由：该片以中国三个野生动物家庭为主线，讲述了栖息于四川竹林的大熊猫、隐居于雪域高原的雪豹、攀缘于神农架的金丝猴，三个中国珍稀野生动物家庭的暖心成长与生命轮回的故事。

◇看纪录片收获

内容简介：
深刻片段：
观看感受：

3. 登录资源网站，了解相关资源

请登录国家动物博物馆的网站，了解相关资源，关注开、闭馆时间、票价等相关信息。

网址：http://www.nzmc.org/index.html

· 查网站信息

- 开、闭馆时间：　　　　　　・票价：
- 馆内资源：
- 我感兴趣的资源/活动：

2.0.2版课程中的参观前准备，改变了2.0.1版课程中以问题的形式让学生收集相关资料，而是通过读一本书、看一部纪录片、登录社会大课堂资源网站的方式让学生更多地了解相关领域的知识，了解的内容既不局限于研究课题本身，也不局限于社会大课堂中的资源，通过读书、看纪录片、网络收集，真正实现了活动资源"1+1＞2"。

第二，将学科知识应用在问题解决中，实现跨学科。

综合实践活动中常用的研究方法包括文献研究、观察记录、调查访问、实验探究等。在2017年教育部发布的《中小学综合实践活动课程指导纲要》中指出，综合实践活动课程是一门培养学生综合素质的跨学科实践性课程，因此，在开展课题研究中，学生们除了根据研究的需要选择适当的研究方法外，还运用了学科中的知识与方法用于问题的解决中，同时，在问题解决的过程中还进一步拓宽学习的领域，获得了更多的知识。因此，为了将跨学科知识与方法的应用融入在综合实践中，在综合实践活动课程的设计中，将学科实践也作为综合实践活动开展的一类研究方法。

例如：2.0.1版课程"走进北京税务博物馆"中所设计的解决问题的方法

- 研究课题：探寻中国税收文化的古往今来
- 研究问题：

问题1：中国古代的税收制度有哪些？现代生活中有哪些"税"？

问题2：在古都北京城中，为何把税关设立在崇文门？

问题3："秦代咸阳亭铜权"的背后蕴含着怎样的历史意义？

问题4：古今税率有何不同？

· 实践方法：

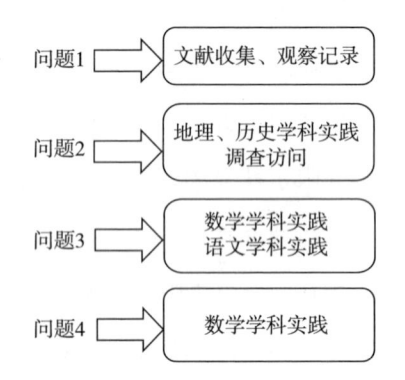

问题1 ⇒ 文献收集、观察记录

问题2 ⇒ 地理、历史学科实践 调查访问

问题3 ⇒ 数学学科实践 语文学科实践

问题4 ⇒ 数学学科实践

· 方法举例：

问题3："秦代咸阳亭铜权"的背后蕴含着怎样的历史意义？

《说文解字》中记载：税，租也。禾指谷物，泛指农作物。从"税"字的表义部分"禾"可知：百姓按照规定向国家缴纳农作物，这是中国古代税收最主要的形式。因此，度量衡器物在中国古代税收中起到了重要作用。让我们一起探寻税务博物馆，从度量衡文物中感知古代税收文化吧！

方法一：数学学科实践

请将你看到的度量衡文物进行分类，填写在下列表格里。

	名称	称量对象	年代
度			
量			
衡			

根据对度量衡器物的参观学习，试着完成下面换算：

1 石 = ( ) 升		2 斛 = ( ) 升	
3 斗 = ( ) 勺		4 勺 = ( ) 粟	
5 斤 = ( ) 两		6 两 = ( ) 铢	

再例如：2.0.2版课程"走进国家动物博物馆"中所设计的解决问题的方法

- 研究课题：我们的生存环境对动物产生了什么影响？
- 研究问题：

问题1：动物是如何"进化"的？

问题2：蜘蛛是昆虫吗？乌贼和蜗牛有很近的亲缘关系吗？

问题3：大熊猫已经能够人工繁殖了，为什么还是濒危动物？

问题4：怎样把在国外买来的宠物带回国？

- 实践方法：

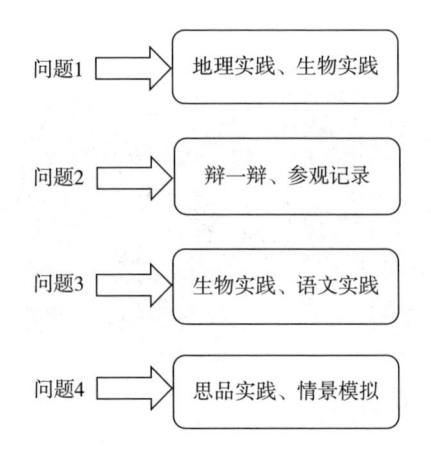

问题1 → 地理实践、生物实践

问题2 → 辩一辩、参观记录

问题3 → 生物实践、语文实践

问题4 → 思品实践、情景模拟

- 方法举例：

问题1：动物是如何"进化"的？

为了更好地适应环境，地球上的生命从肉眼看不见的单细胞生物进化成多细胞的藻类、菌类、植物和动物。生物朝着不同的方面进化，最终形成我们看到的多彩的动物世界。

方法二：生物实践

1. 在场馆中，你能找到哪些能飞的动物？它们的飞行器官是什么？有什么共同的特点？

生物分类	飞行器官	共同特点
昆虫纲		
鸟纲		
哺乳纲		

2. 在场馆中找到不同类型动物的上肢骨骼标本，观察有什么不一样？分析为什么会不一样？

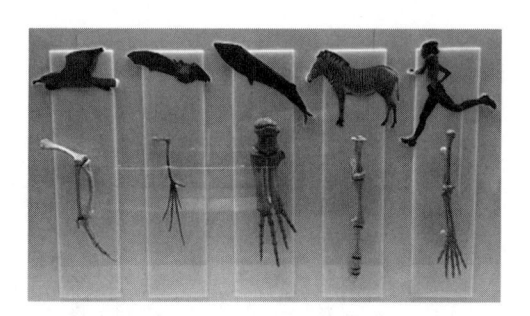

类型	上肢骨骼特点	运动方式	不同原因
鸟的翅膀			
蝙蝠的翼			
鲸鱼胸鳍			
马的前蹄			
人的手臂			

2.0.1版和2.0.2版中的解决问题方法主要是应用了学科教学中的教授给学生的一些方法，例如：数学计算的方法、语文写作的方法、美术绘图的方法等。在方法的表述上都统一为"学科+实践"，例如：数学实践、地理实践、语文实践等。但从"方法"的角度来说，这样的表述太过于宽泛，因此，表述上缺乏规范性。因此，在专家的指导下，将2.0.1版和2.0.2版中的"学科+实践"方法的表述改良为"学科+具体的方法"，例如：数学计算、语文写作、地理测量等，这种表述方法应用在了2.0.3版的综合实践活动课程中。

例如：2.0.3版课程"走进故宫博物院"中的实践方法

- 研究课题：在故宫中探寻中国的"礼"文化
- 研究问题：

问题1：故宫建筑中体现了哪些等级制度？

问题2：明清时期的午门进出有哪些规定？

问题3：太和殿的广场曾经举行过哪些大典？

问题4：故宫宫殿中的"字"想告诉人们什么？

- 实践方法：

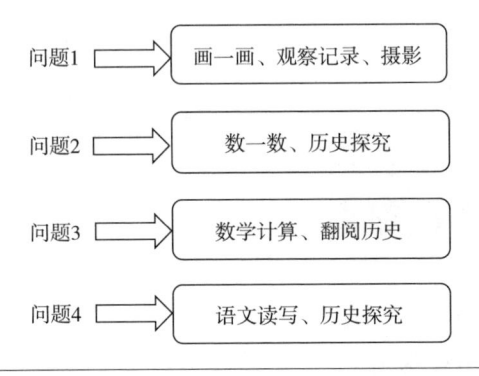

问题1 ⇒ 画一画、观察记录、摄影

问题2 ⇒ 数一数、历史探究

问题3 ⇒ 数学计算、翻阅历史

问题4 ⇒ 语文读写、历史探究

·方法举例：

问题4：故宫宫殿中的"字"想告诉人们什么？

故宫每个大殿中，都有皇帝御笔亲题的匾额。这些匾额集中反映了封建帝制的最高治国理想和策略。让我们走进每一座宫殿了解这些字背后的治国理想与策略吧！

方法一：语文读写

外朝三大殿的牌匾都是哪位皇帝的御书？你能准确读出这些字吗？请把这些字以及发音写在下面的方框中。这些字句均出自哪里？皇帝想通过这些文字告诉人们什么？

宫殿	牌匾	出自	寓意
中和殿	中殿执允 [zhōng jué zhí yǔn]	《尚书》云："人心惟危，道心惟微，惟精惟一，允执厥中。"	意思是舜帝告诫大禹说，人心是危险难测的，道心是幽微难明的，只有自己一心一意，精诚恳切地秉行中正之道，才能治理好国家。"允"就是诚信的意思。
	皇建有极		
	（多给出一些牌匾，让学生完成其他三列内容及注音）		

方法二：历史探究

养心殿西暖阁有雍正帝的一副对联，该对联引自唐代张蕴古《大宝箴》一文，但是雍正帝改了两个字，他改了哪两个字？雍正帝想表达自己怎样的帝王形象？

唐代张蕴古《大宝箴》一文：
养心殿西暖阁有雍正帝的一副对联：

改良后的学科实践方法，不仅在表述上更加准确，而且在具体内容上也更加聚焦学生对学科知识的学以致用。在课题研究中应用学科中的知识与方法，既是对已有学科知识、方法的应用与理解，更是对学科知识的拓展与延伸，也让综合实践活动与学科课程之间相互依存、相互培合、相互促进。

第三，将学生核心素养落在成果中，实现多样化。

中国学生发展核心素养的核心是培养全面发展的人，而综合实践活动课程的核心素养涵盖了中国学生发展核心素养中的所有内容，这是任何一门学科课程所不能替代的。而在综合实践中全面提升学生的核心素养最有效的一种方式就是在最终的课题成果形成中。因此，在综合实践活动课程的设计中，在课题成果的设计上，为学生提供了丰富的成果形式，通过多样化的成果形式一方面是激发学生参与的热情，另一方面是鼓励学生在成果形成的过程中能够坚持不懈、能够勇于挑战、能够不断创新，从而更好地提升自身的核心素养。

例如，在以下的课程中，开发组为学生设计了如下的成果形式，而丰富多样的成果形式更有助于全面提升学生的核心素养。

课程	成果形式	提升核心素养
走进北京税务博物馆 2.0.1版	成果1：思维导图 成果2：短剧表演 成果3：演讲稿	人文底蕴 学会学习 责任担当
走进朝阳循环经济产业园 2.0.1版	成果1：思维导图 成果2：宣传语评比 成果3：中英文演讲	健康生活 责任担当 实践创新
走进北京排水科普馆 2.0.2版	成果1：设计城市中水的循环示意图 成果2：设计家庭冲洗马桶用的中水流程图 成果3：设计制作珍爱水资源的宣传材料一份（电子小报、宣传手册、演讲活动等） 成果4：以"珍爱水资源"为主题，写一份倡议书	科学精神 学会学习 健康生活 责任担当

在宣传语的设计、书签的设计中有创新能力的培养，在演讲、写倡议书中有责任感的培养，在写书法、绘地图的活动中培养学生健康生活等。

2.0版的课程在活动资源的最大化、跨学科实践的问题解决、全面提升学生核心素养方面，相比1.0版课程有了较大的改良。具体表现在：第一，改良了1.0版课程中无法可依的现状。这里的"法"指的"研究方法"与学科中的方法。2.0版的课程在每一个问题的解决中，都给出了部分参考的方法，其中，既包括研究方法也包括学科中的方法，并且，方法中还给出了具体的指导，例如：问卷调查中关于问卷设计的格式以及开展问卷调查的基本流程等。学生不仅在研究方法的应用上更加规范，而且对于教师的指导也是一种辅助，帮助教师更好地指导学生开展活动。第二，改良了1.0版中活动不充分的现状。在2.0版课程中，通过参观前的准备、参观中的实践、参观后的总结让整个活动不再仅仅受限于社会大课堂活动中有限的时间，而是将时间延续到参观前与参观后。不仅实现了资源的最大化，还保障了学生活动的有效性。第三，改良了1.0版本中活动评价单一的模式。1.0版的课程每一个主题只有一种评价的方式，因此，学生在完成评价的过程中，由于兴趣的不足、知识的欠缺、能力的短板而影响最终的评价，因此，在2.0版的课程设计中，将最终成果的表现形式依据学生核心素养的培养与提升进行了多样化的设计，这样，不仅大大激发学生的兴趣，也鼓励学生勇于挑战、不断创新，从而更好地提升自我的核心素养。但在2.0版的课程的试用过程中，也发现了课程的一些不足。在2.0版的课程中，参观前学生会通过网络收集、阅读图书、观看纪录片等方法了解与社会大课堂以及研究领域相关的信息，在这个过程中，学生所获取的资源远远超出社会大课堂活动所要求的内容，因此，学生们会提出很多很多的问题，有些是与研究课题相关的，有些则是与研究课题甚至与即将走进的社会大课堂中的资源无关的，但由于课程的限制，教师往往会抑制学生的思维，紧紧围绕活动的主题开展，忽略了学生的实际需要，因此，2.0版的课程并不能真正符合学生开展综合实践活动的真实需要。因此，课题组成员开展了第三次课程的研讨，研讨交流2.0版课程的不足，从而为开发3.0版综合实践活动课程奠定基础。

（三）综合实践活动课程资源之3.0版

综合实践活动的3.0版，是在总结综合实践活动2.0版课程的基础上，结合课程试用过程中出现的主要问题，改良后设计完成的。首先，3.0版课程的设计融合了1.0版、2.0版中的一些课程的特点。例如，1.0版的课程充分利用了社会大课堂中的资源，问题密切学生的现实生活，活动的评价与学生未来发展相关联等，2.0版的课程实现了活动资源"1+1>2"、开展跨学科解决问题、设计多样化的成果全面提升学生核心素养等。其次，3.0版课程针对2.0版课程试用中产生的问题做了进一步的改良。1.0版、2.0版的课程都是围绕社会大课堂中的资源来发现问题、确定课题，但是，学生根据自己的兴趣与生活实际会提出很多与指定社会大课堂中资源无关的问题或课题，因此，为了解决这个问题，课题组成员开展了深入的研究，最终，形成了3.0版课程的设计思路。即先让学生提出问题，然后根据问题解决中的需要来选择适用于活动开展的社会大课堂基地，这样，既符合了综合实践活动所遵循的自主性、开放性的原则，也更加充分地利用了社会大课堂中的资源。之前1.0版、2.0版的课程中，都是围绕一个社会大课堂基地来研发课程，而3.0版的课程则是在研究课题的大背景下，根据研究的需要来确定所需要的社会大课堂资源，因此，有可能是一个资源单位，也有可能是多个资源单位。这样的改良，大大提升了综合实践活动中对社会大课堂资源的利用。

3.0版课程的设计的关键在于主题的选择，即哪些主题是综合实践活动推荐的，哪些主题是当下社会的热点，哪些主题是可以整合的。因此，围绕以上三个思考开展了以下的研究。

首先，梳理综合实践活动规定的主题。

《中小学综合实践活动指导纲要》中，推荐了部分综合实践活动的主题，以初中为例，在纲要中，按照四种主要的活动方式，7—9年级共推荐了55个活动主题，如表所示：

年级	考察探究活动	社会服务活动	设计制作活动		职业体验及其他活动
			信息技术	劳动技术	
7—9年级	1. 身边环境污染问题研究 2. 秸秆和落叶的有效处理 3. 家乡生物资源调查及多样性保护 4. 社区（村镇）安全问题及防范 5. 家乡的传统文化研究 6. 当地老年人生活状况调查 7. 种植、养殖什么收益高 8. 中学生体质健康状况调查 9. 中学生使用电子设备的现状调查 10. 寻访家乡能人（名人） 11. 带着课题去旅行	1. 走进敬老院、福利院 2. 我为社区做贡献 3. 做个养绿护绿小能手 4. 农事季节我帮忙 5. 参与禁毒宣传活动 6. 交通秩序我维护	1. 组装我的计算机 2. 组建家庭局域网 3. 数据的分析与处理 4. 我是平面设计师 5. 二维三维的任意变换 6. 制作我的动画片 7. 走进程序世界 8. 用计算机做科学实验 9. 体验物联网 10. 开源机器人初体验	1. 探究营养与烹饪 2. 多彩布艺世界 3. 我是服装设计师——纸模服装设计与制作 4. 创作神奇的金属材料作品 5. 设计制作个性化电子作品 6. 智能大脑——走进单片机的世界 7. 模型类项目的设计与制作 8. 摄影技术与电子相册制作 9. 3D设计与打印技术的初步应用 10. 现代简单金木电工具和设备的认识与使用 11. 基于激光切割与雕刻的创意设计 12. 立体纸艺的设计与制作 13. "创客"空间 14. 生活中的仿生设计 15. 生活中工具的变化与创新	1. 举行大队建队仪式 2. 策划校园文化活动 3. 举办我们的"3·15"晚会 4. 民族节日联欢会 5. 中西方餐饮文化对比 6. 少年团校 7. 举行建团仪式（14岁生日） 8. 职业调查与体验 9. 毕业年级感恩活动 10. 制定我们的班规班约 11. 军事技能演练 12. "信息社会责任"大辩论 13. 走近现代农业技术

其次，了解当下社会发展的热点。

综合实践活动涵盖了中国学生发展的核心素养中的六大素养，它的核心就是培养全面发展的人，所以，综合实践活动的主题要聚焦学生未来的发展。因此，聚焦当下社会的发展热点，从社会发展的热点中梳理综合实践活动的主题。

中国未来10年有发展的十大行业，这十大行业包括人工智能领域、大健康领域、大数据领域、新物流领域、新能源领域、环境保护与改造领域、旅游领域、智能家居领域、新零售领域、新型保险领域。

最后，整合学校、社会中的活动。

综合实践活动是基础教育课程改革的一个亮点，受到学校、家庭、社会的广泛关注，因此，在社会中、家庭中、学校中都会组织很多的实践活动，这些活动虽然极大地丰富了学生的学习与生活，但也在很大程度上增加了学生的负担，如何为学生减负，如何真正发挥综合实践活动的教育功能，课题组成员通过探讨，认为整合现有学校、社会中的活动通过综合实践活动开展也是选择综合实践活动主题的途径之一。课题组成员对自2001年至今的社会中、学校中的活动进行了如下的梳理。

自2001年至今，教育部、北京市出台了多个与综合实践活动课程内容相关的文件，例如：在2008年4月，北京市教委出台的《北京市中小学可持续发展教育指导纲要》中，明确指出，综合实践活动课程是可持续发展教育的主要途径之一。该纲要具体指出，要充分利用首都城市与农村的丰富教育资源，拓展综合实践活动的空间，引导中小学生在实践体验中养成保护环境、节约资源的意识与习惯。通过活动，帮助学生了解人与自然、人与社会相互依存的关系，人类活动与决策对环境和资源的影响，发展学生的节约意识、节俭习惯、沟通与合作能力、学习与研究能力以及解决问题的能力，指导学生形成可持续发展的自觉意识和生活方式。该纲要进一步拓展了综合实践活动的空间，丰富了综合实践活动的课程资源，明确了综合实践活动的主题内容。除此之外，北京市中小学生培育和践行社会主义核心价值观"四个一"活动项目、教育部等部门关于开展"节能在我身边——青少年科学调查体验活动"、中国科协关于开展"节约纸张、保护环境——青少年科学调查体验活动"、教育部关于组织开展"我们拒绝毒品青少年禁毒宣传教育行动"、教育部关于开展节粮教育、教育部水利部关于开展节水教育水土保持教育、教育部关于开展法制宣传教育、教育部关于中小学消防安全教育、教育部关于进一步加强中小学时事教育、教育部深入开展学雷锋活动实施方案、教育部关于做好"我的中国梦"主题教育活动、教育部关于开展"节约粮食，从我做起——青少年科学调查体验活动"、教育部关于开展"爱粮节粮"主题活动、教育部关于开展"礼敬中华优秀传统文化"系列活动、国务院关于进一步加强学校校园及周边食品安全工作的意见、教育部关于《推进共建"一带一路"教育行动》、北京市教委关于"世界艾滋病日"宣传活动、北京市教委关于在全市中小学开展"重家教树家风传美德共育人"主题教育实践活动、北京市教委关于筹建《法治与校园》学生记者站活动、北京市教委关于开展"少年传承中华传统美德"系列教育活动、教育部关于"礼敬中华优秀传统文化"系列活动、北京市教委关于举办北京学生海洋意识教育主题系列活动、北京市教育关于举办国戏杯学生戏曲大赛活动、北京市教育关于开展中小学健康教育系列活动、教育部关于举办"全国中小学生电影周"活动、教育部关于开展高雅艺术进校园活动、教育部关于在中小学开展"崇尚英雄精忠报国"主题班会活动、教育部关于举办"中华通韵"诗词创作征集活动、北京市教委关于实施2022年冬奥会和冬残奥会北京市中小学生奥林匹克教育计划的活动、教育关于开展全国推广普通话宣传周活动、教育部关于开展"我心中的冬奥吉祥物"主题活动、北京市教委关于开展"民族情复兴路"主题活动、北京市教委关于开展"共建无烟校园共享健康北京"主题创意大赛活动、北京市教委关于"我和家长一起锻炼"的主题摄影活动、教育部关于在清明节期间开展"传承清明祭英烈"宣传教育活动、教育部关于进一步规范儿童青少年近视矫正工作的通知、教育部关于在全国中小学组织开展"我爱祖国同唱国歌"的活动、北京市教委关于开展"应急宣传进万家"和"安全生产月"活动、教育部关于开展"圆梦蒲公英"主题活动、北京市教委关于开展微电影创作活动、北京市教委关于开展"诚信建设万里行"主题宣传活动、北京市教育关于开展学生近视防控宣传活动、教育部关于开展"共抗疫情爱国力行"主题宣传活动、教育部关于开展全国"爱眼日"宣传教育活动、教育部关于制止餐饮浪费培养节约习惯的行动方案等,为综合实践活动提供了大量的可用于开展社会实践活动的主题,极大地丰富了综合实践活动的课程内容。

通过以上的实践与探索,课题组成员共梳理出小学、初中、高中适合开展的46个大主题,101个小主题或课题,233个问题,目录如下:

年级	主题领域	研究课题	提出问题
一年级上	探寻生命的秘密	主题:探寻生命的秘密	问题1:什么是生命? 问题2:生命是怎么来的? 问题3:生命有哪几个阶段? 问题4:什么是死亡?
	我眼中的二十四节气	主题一:节气物候我知道 主题二:节气习俗事事通	问题1:什么是节气? 问题2:距离我们最近的节气里有哪些物候? 问题3:距离我们最近的节气有哪些习俗?
一年级下	小纸张大学问	主题一:和纸一起玩 主题二:废纸大变身	问题1:纸可以做什么? 问题2:有哪些有趣的纸类游戏? 问题3:生活中,有哪些用纸浪费的现象? 问题4:废纸怎样大变身? 问题5:如何制作再生纸?
	有趣的中国桥	主题一:认识有趣的中国桥 主题二:制作简易的桥模型	问题1:你知道哪些有趣的桥? 问题2:桥的背后藏着哪些有趣的故事? 问题3:建设桥梁对人类有哪些帮助? 问题4:如何制作一架简易的桥模型?

续表

年级	主题领域	研究课题	提出问题
二年级上	神奇的影子	主题一：影子形成的原因 主题二：有趣的影子游戏 主题三：我是皮影小传人	问题1：影子是如何形成的？ 问题2：有哪些好玩的影子游戏？ 问题3：如何设计制作简易的皮影人物？
二年级上	耳朵的选择	主题一：耳朵的"秘密" 主题二：耳朵的"选择" 主题三：听有规，心有爱	问题1：耳朵怎样听到声音？ 问题2：课堂上说"悄悄话"会不会影响听讲？ 问题3：走进"无声的世界"，我们可以做什么？
二年级下	美丽的剪纸	主题一：发现剪纸的美 主题二：制作创意剪纸	问题1：什么是剪纸？ 问题2：在哪里可以找到剪纸？ 问题3：如何制作剪纸？
二年级下	我做家庭小帮手	主题一：家务劳动知多少 主题二：家务劳动小技巧 主题三：我做家庭小帮手	问题1：什么是家务劳动？ 问题2：做家务有哪些技巧？ 问题3：怎样做一名家庭小帮手？
三年级上	滴水的启示	主题一：走近水 主题二：水资源现状 主题三：保护水资源	问题1：水在生命起源中的作用是什么？ 问题2：水对身体的作用有哪些？ 问题3：水资源面临怎样的现状？ 问题4：你身边有哪些水资源浪费的现象？ 问题5：如何保护水资源？
三年级上	我爱家乡	主题一：我眼中的美丽家乡 主题二：家乡文化推广	问题1：你对自己的家乡了解多少？ 问题2：家乡有哪些新变化？ 问题3：如何介绍家乡的特色与文化？ 问题4：如果需要秀一秀你的家乡，你会做点什么？

续表

年级	主题领域	研究课题	提出问题
三年级下	我们的传统节日	主题一：中国传统节日我知道 主题二：中国传统节日我会过	问题1：中国传统节日有哪些？ 问题2：中国传统节日使用什么样的历法？ 问题3：中国传统节日都有哪些习俗？ 问题4：中国的春节怎么过？
三年级下	追寻丝绸之路的足迹	主题一：丝绸之路上的文物古迹 主题二：丝绸之路上的文化古迹	问题1：陕西历史博物馆的鎏金铜蚕有多珍贵？ 问题2：羯鼓这种乐器是何时传入我国的？ 问题3：我国的蹴鞠是如何传播与交流的？
四年级上	新材料改变生活	主题一：走进新材料的世界 主题二：生活中的新材料 主题三：新材料的创新与推广	问题1：什么是新材料？ 问题2：新材料在我国的发展状况如何？ 问题3：食品包装中出现了哪些新材料？ 问题4：新材料的使用可以让我们的出行更快捷吗？ 问题5：新材料在生活中有哪些妙用？ 问题6：如何召开一场新材料宣传推介会？
四年级上	渴了喝什么	主题一：饮料的选择 主题二：饮料的制作	问题1：饮料中所含的主要成分有哪些？ 问题2：哪种饮料好喝又健康？ 问题3：小学生适合喝运动饮料吗？ 问题4：如何制作一款健康又美味的饮料？
四年级下	我做社区小主人	主题一：一起文明养宠物 主题二：共建社区书屋	问题1：社区居民饲养宠物的现状如何？ 问题2：社区居民应该如何文明养犬？ 问题3：如何设计制作一份号召社区居民文明养犬的宣传单？ 问题4：你身边的社区书屋的使用情况如何？ 问题5：什么样的社区书屋会受到大家的欢迎？
四年级下	走进新能源	主题一：探秘新能源 主题二：利用新能源	问题1：三种主要的化石燃料是如何形成的？ 问题2：如何区分可再生能源和不可再生能源？ 问题3：生活中有哪些常见的新能源设备？ 问题4：如何设计制作新能源房屋模型？

续表

年级	主题领域	研究课题	提出问题
五年级上	风的力量	主题一：玩转风车 主题二：风能的利用 主题三：风帆助航比赛	问题1：如何设计制作风车？ 问题2：风能的优势有哪些？ 问题3：风能的应用有哪些？ 问题4：风帆助航的原理是什么？ 问题5：如何使风帆小车快速前进？
五年级上	走在"一带一路"上的我们	主题一：探访古代丝绸之路 主题二：了解现代"一带一路"	问题1：什么是丝绸之路？ 问题2：丝绸之路上都有哪些贸易？ 问题3：小学生眼里的"一带一路"是怎样的？ 问题4："一带一路"沿线国家都有哪些美食？ 问题5：如何在"一带一路"上推广我国的历史文化遗产？ 问题6：如何争当"一带一路"宣传员？
五年级下	与木材对话	主题一：赏心悦"木" 主题二：栋梁之"材"	问题1：木材从哪里来，都有何不同？ 问题2：如何识别木材的好与坏？ 问题3：木材能承受多大的重量？ 问题4：木质结构中的榫卯结构有何应用原理和优点？ 问题5：如何实现废旧木材的再利用？
五年级下	探秘农具的前世今生	主题一：神秘的传统农具 主题二：先进的现代农机	问题1：农具是如何产生与变迁的？ 问题2：传统农具有哪些种类及用途？ 问题3：农机是如何为农业增效的？ 问题4：如何提升农民使用农机的热情？
六年级上	身边的智能生活	主题一：我了解的人工智能 主题二：人工智能与生活 主题三：人工智能与编程	问题1：什么是人工智能？ 问题2：我国的人工智能发展状况如何？ 问题3：语音识别技术在人工智能中有哪些应用？ 问题4：人工智能对人类的发展有哪些利与弊？ 问题5：如何让更多的人了解人工智能？ 问题6：如何设计制作一款人工智能产品？
六年级上	我们长大了	主题一：探究身高的秘密 主题二：成长的"警戒线" 主题三：男生和女生	问题1：在成长中，男生、女生的身高有哪些变化？ 问题2：进入青春期，青少年的生理和心理有哪些变化？ 问题3：身体的哪些部位如同"警戒线"？ 问题4：青春期阶段，异性交往需要注意哪些事项？

续表

年级	主题领域	研究课题	提出问题
六年级下	老吾老，以及人之老	主题一：养老我知道 主题二：关爱老人从"心"做起 主题三：养老行动我先行	问题1：我国目前养老的需求和现状如何？ 问题2：各类养老方式的情况如何？ 问题3：关爱老人，物质和精神哪个更重要？ 问题4：如何做一名合格的养老护理员？ 问题5：如何让更多的人关注、关爱老人？ 问题6：小学生能为老人做什么？
六年级下	印"相"校园	主题一：我了解的摄影 主题二：美景美人我来拍 主题三：做个"策展人"	问题1：照相机的发展经历了怎样的过程？ 问题2：手机拍照可以替代照相机拍照吗？ 问题3：如何记录我眼中的最美校园？ 问题4：如何拍摄毕业照？ 问题5：如何策划班级影展？
七年级上	材料	课题一：关于塑料在生活中的应用调查 课题二：废旧塑料的科学回收与再利用	问题1：塑料是如何生产出来的？ 问题2：塑料在生活中有哪些应用？ 问题3：如何宣传推广旧塑料回收再利用？ 问题4：将废旧塑料实现回收与再生利用有哪些方法？ 问题5：有哪些"降解"塑料的办法与措施？ 问题6：如何将废旧塑料制作成生活中的创意小作品？
七年级上	传统文化	课题一：京剧脸谱绘制的研究 课题二：京剧艺术的传承与发展研究	问题1：京剧中生、旦、净、丑扮相有哪些特点？ 问题2：京剧脸谱的色彩和图案勾描中的讲究有哪些？ 问题3：如何设计制作一个京剧脸谱？ 问题4：如何品味京剧中的唱、念、做、打？ 问题5：怎样学唱一个京剧名段？ 问题6：如何开展京剧进社区的活动？
七年级下	健康	课题一：关于初中生体质健康现状的调查与研究 课题二：加强初中生体质健康的行动与计划	问题1：你的体质健康水平合格了吗？ 问题2：影响青少年体质、健康的因素有哪些？ 问题3：吃什么食物对我们的身体健康有利？ 问题4：保护视力应采取哪些行动？ 问题5：如何制作初中生阳光体育锻炼宣传海报？
七年级下	技术	课题一：关于互联网影响人们生活的调查 课题二：互联网时代下的职业探索	问题1：互联网给学习方式带来哪些改变？ 问题2：如何让更多的人享用互联网带来的便利？ 问题3：在互联网上怎么保护个人隐私？ 问题4：如何推广适用于中学生的App应用？ 问题5：如何通过互联网开展社会调查？

续表

年级	主题领域	研究课题	提出问题
八年级上	社会服务	课题：身边志愿服务的需求调查与行动研究	问题1：校园中的志愿服务有哪些？ 问题2：怎样在校园里设计并组织一场爱心义卖？ 问题3：社区垃圾如何变废为宝？ 问题4：为方便社区老人出行，我们可以做些什么？ 问题5：志愿者在博物馆中可以发挥哪些作用？ 问题6：如何做一名合格的博物馆讲解员？
八年级上	现代农业	课题一：现代农业发展现状调查 课题二：现代农业的推广与应用	问题1：现代农业与传统农业相比有哪些特点？ 问题2：现代农业包含哪些新技术？ 问题3：如何更好地推广现代农业技术？ 问题4：如何为植物进行杂交育种？ 问题5：如何利用无土栽培技术绿化校园或社区？ 问题6：如何设计"综合式新农园"？
八年级下	人工智能	课题：机器人在生活中的应用探究	问题1：智能机器人在生活有哪些应用？ 问题2：如何让智能机器人走进家庭变身成为家庭一员？ 问题3：如何与机器人协同工作？ 问题4：如何设计制作一款扫地机器人？ 问题5：机器人在未来将面临哪些挑战？
八年级下	新能源	课题一：当今社会新能源汽车发展的现状调查 课题二：新能源汽车的设计与推广	问题1：什么是新能源汽车？ 问题2：新能源汽车的能源从哪儿来？ 问题3：新能源汽车能否给热岛降温？ 问题4：如何推荐一款新能源汽车？ 问题5：政策为新能源汽车的发展如何保驾护航？ 问题6：如何设计制作一款新能源汽车？
九年级上	非物质文化遗产	课题一：中国地方戏生存现状调查 课题二：中国地方戏的传承与发展	问题1：我们身边还现存哪些地方戏？ 问题2：在传承与发展中地方戏面临怎样的生存危机？ 问题3：现代地方戏中有哪些创新？ 问题4：如何为梅兰芳大师设计名片？ 问题5：如何设计一出具有新时代特色的地方戏？ 问题6：地方戏如何走进校园？

续表

年级	主题领域	研究课题	提出问题
九年级上	"一带一路"	课题一：探寻丝绸之路上的文化传播者 课题二："一带一路"上语言的传播与应用研究 课题三：初中生"一带一路"研学旅行方案设计	问题1：中国古代丝绸之路上有哪些著名的中外文化传播者？ 问题2：中国古代的四大发明是如何走向世界的？ 问题3：如何在"一带一路"的背景下推广汉语，实现文化传播？ 问题4：如何为孔子学院设计利于汉语学习的创意教室？ 问题5：作为一名孔子学院的国际汉语教师需要具备哪些素质？ 问题6：如何设计"一带一路"研学旅行主题活动？
九年级下	环保	课题一：电子垃圾的处理现状调查 课题二：食物垃圾处理器的设计 课题三：建筑垃圾的回收与利用	问题1：废旧电器去哪儿了？ 问题2：如何开展电子垃圾环保宣传进社区活动？ 问题3：厨余垃圾应如何处理？ 问题4：如何设计制作一款家用食物垃圾处理器？ 问题5：建筑垃圾如何回收？ 问题6：如何解决社区建筑垃圾随意堆放的问题？
九年级下	现代物流	课题一：现代物流的现状调查 课题二：物流运输的优化与提升	问题1：什么是现代物流？ 问题2：供应链对物流行业的影响有哪些？ 问题3：快递究竟有多"快"？ 问题4：如何开设一家校园物流公司？ 问题5：如何促进物流行业的可持续发展？ 问题6：如何优化快递三轮车车厢的使用空间？
十年级上	让中华传统美德"礼内化于心，外化于行"	课题一：文明礼仪的传承与发展 课题二：高中生文明礼仪的实践	问题1：古代社会和现代社会对文明人的标准有何相同和不同之处？ 问题2：如何看待中华传统美德"礼"的当代价值？ 问题3：高中生礼仪行为的现状如何？ 问题4：如何促进学校（社区）形成守礼尚礼的良好风气？ 问题5：如何帮助冬奥会志愿者文明有礼地开展志愿服务？ 问题6：如何设计制作一款创意"礼"品？

续表

年级	主题领域	研究课题	提出问题
十年级上	生态文明城市为生活添一片绿色	课题一：改善城市环境的城市植被绿化设计 课题二：城市生物多样性的保护	问题1：所在城市生态系统现状如何？ 问题2：城市植被在改善城市环境中发挥着怎样的作用？ 问题3：生物多样性面临哪些威胁？ 问题4：如何加强生物多样性的保护工作？ 问题5：如何设计一种适用于家庭的阳台生态系统？
十年级下	开启人工智能时代	课题一：当今社会人工智能应用的现状调查 课题二：智能机器的设计与推广	问题1：人工智能在当代社会生活中应用的现状如何？ 问题2：人工智能如何进行语音识别？ 问题3：如何利用人工智能原理设计一款机器人？ 问题4：如何推荐一款智能教育机器人？ 问题5：政府如何支持人工智能产业的发展？ 问题6：人工智能的发展前景如何？
	勾画共享社会蓝图	课题一：关于共享经济对人们生活影响的调查 课题二：未来共享生活方式的构建	问题1：我们身边有哪些"共享神器"？ 问题2：共享经济改变了人们的哪些生活方式？ 问题3：共享经济背景下的法律法规是否健全？ 问题4：共享经济背景下如何加强自身的安全保护？ 问题5：如何构建未来的共享生活方式？ 问题6：如何利用共享理念解决小区停车难的问题？ 问题7：如何经营一家共享书店？
十一年级上	锦绣中华华彩霓裳	课题一：中华传统服饰文化的历史发展与现状调查 课题二：中华传统服饰文化在现代服饰中的创新设计 课题三：中华传统服饰文化的宣传与推广	问题1：中华传统服饰是如何发展与演变的？ 问题2：中华传统服饰中有哪些图案与配色？ 问题3：中华传统服饰的元素在现代服饰设计中有哪些应用？ 问题4：如何设计一款以中华传统服饰为主题的服装？ 问题5：如何展现中华传统服饰的美？ 问题6：在新时代，如何让中华传统服饰发扬光大？

续表

年级	主题领域	研究课题	提出问题
十一年级上	无所不能的激光技术	课题一：激光技术的发展与普及 课题二：激光在生活中的应用	问题1：我国激光科技发展的现状如何？ 问题2：如何向大众普及激光科学的知识？ 问题3：如何为毕业典礼的舞台设计出绚丽的光影效果？ 问题4：如何制作一款激光条形码扫描器？ 问题5：如何利用激光特性进行医疗诊断？ 问题6：如何推荐一款激光打印机？
十一年级下	万能的金属钛	课题一：探究金属钛的特性 课题二：钛的合理开发及应用	问题1：钛与其他金属相比，有哪些特性和应用？ 问题2：如何制取钛白粉？ 问题3：如何设计一款新型的钛金属保温杯？ 问题4：钛产业发展存在哪些问题？其发展前景如何？ 问题5：如何做好钛金属的科普宣传？ 问题6：如何推广一款实用的钛金属制品？
十一年级下	"一带一路"助力中国梦	课题：深入探讨丝绸之路经济带的发展重点	问题1：为建设丝绸之路经济带，沿线国家需要达成哪些共识？ 问题2："一带一路"是如何让中国高铁走向全世界的？ 问题3："一带一路"背景下我国的物流行业发展面临哪些机遇与挑战？ 问题4：如何应对"一带一路"背景下的国际贸易壁垒？ 问题5："一带一路"是如何推动沿线国家货币实现直接交易的？ 问题6：哪些人文交流与合作活动可以更好地促进沿线国家民众心灵相通？
十二年级	防范伤害护卫和谐青春	课题一：关于日常安全用药的调查 课题二：中学生拒绝毒品的行动研究 课题三：艾滋病的防范教育与关爱行动	问题1：如何安全用药？ 问题2：如何设计一款多功能户外急救箱？ 问题3：毒品有哪些危害？ 问题4：如何对毒品说"不"？ 问题5：艾滋病离我们的生活有多远？ 问题6：如何成为"预防艾滋病"志愿者？
十二年级	太阳光能筑就绿色家园	课题一：太阳能光伏发电的应用与普及 课题二：太阳能在建筑中的创新应用	问题1：太阳能光伏发电的原理是什么？ 问题2：太阳能光伏发电在生活中有哪些应用？ 问题3：如何利用光伏发电技术帮助贫困户享受到太阳能政策带来的福利？ 问题4：太阳能在现代建筑中有哪些应用？ 问题5：如何成功推荐一款适合的光伏产品？ 问题6：如何设计制作一座太阳能房子？

主题确定了，接下来，就是设计3.0版的课程体例，课程体例在2.0版课程的基础上进行了改良。一方面，是整合了2.0版课程设计的思路，按照活动的三个阶段进行课程的总体规划；另一方面，按照《中小学综合实践活动课程指导纲要》中对综合实践活动四种主要活动方式的规定，按照不同的活动方式设计了体例。因此，3.0版课程的体例设计如下：

> 每个主题的体例框架如下：
>
> **第一部分：大主题背景说明**
>
> ※内容包括：（1）主题所属的领域的说明，在社会、生活中的地位；（2）关注该主题领域的意义价值；（3）与社会主义核心价值观的关联；（4）对学生终身发展的影响。
>
> **第二部分：开放小主题研究**
>
> ◎读一本书
>
> ◎看一部纪录片
>
> ◎文献收集
>
> 1. 发现、提出问题；2. 制订方案、计划。
>
> **第三部分：推荐小主题研究**
>
> ◎研究导航
>
> 1. 发现、提出问题；2. 实践与探索；3. 交流、展示成果；4. 反思与改进；5. 拓展与延伸。
>
> ※说明："研究导航"为一个完整的课题研究，该课题下包括5—6个问题的研究，这些问题可以围绕一个或两个完整的课题提出，所有

问题要与课题相关，问题之间要有衔接。问题的实施可以采用四种主要形式，即"考察探究""社会服务""设计制作""职业体验"。一个完整课题下的问题尽量要涉及这四种形式。

每一种形式的体例如下：

考察探究	（1）选择方法（提出假设、研制工具） （2）获取证据 　　方法一、方法二、方法三…… （3）得出结论（提出解释或观点）
社会服务	（1）服务背景 （2）制订服务计划 　　步骤一：明确服务对象 　　步骤二：制订服务计划 　　步骤三：服务前准备 （3）开展服务行动
设计制作	（1）创意设计（形成设计构思，完成设计图纸）方法一、方法二…… 　　我的设计 （2）选择材料、工具 （3）动手制作 　　步骤一、步骤二、步骤三……

职业体验	(1) 情境设计（选择职业情境或者模拟设计一个职业情境） (2) 职业了解 　　方法一、方法二、方法三…… (3) 实际演练 　　体验一、体验二、体验三……

※备注："方法导航""技能导航""学科导航"融入在问题解决中。

第四部分：主题评价与拓展

◎绘制我的成长线

◎我将收获……

接下来，以初中八年级下册"新能源汽车的未来不是梦"为例呈现一个完整的主题体例框架：

第一部分：大主题背景说明

※内容包括：(1) 为什么发展新能源汽车；(2) 国内新能源汽车发展现状；(3) 体现社会主义核心价值观；(4) 对学生终身发展的需求。

第二部分：开放小主题研究

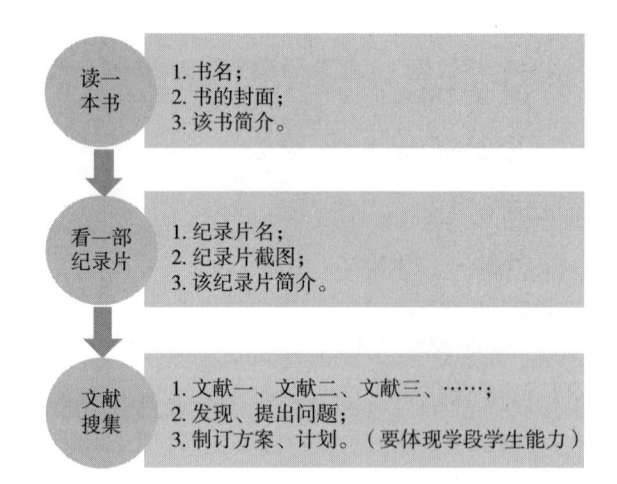

读一本书
1. 书名；
2. 书的封面；
3. 该书简介。

看一部纪录片
1. 纪录片名；
2. 纪录片截图；
3. 该纪录片简介。

文献搜集
1. 文献一、文献二、文献三、……；
2. 发现、提出问题；
3. 制订方案、计划。（要体现学段学生能力）

第三部分：推荐小主题研究

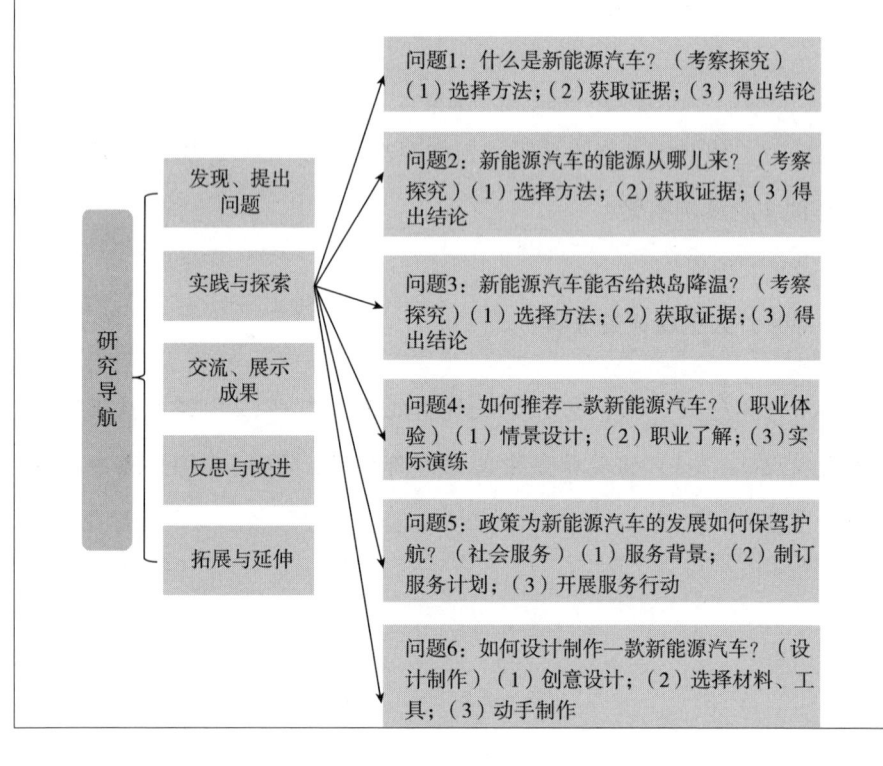

研究导航
- 发现、提出问题
- 实践与探索
- 交流、展示成果
- 反思与改进
- 拓展与延伸

问题1：什么是新能源汽车？（考察探究）（1）选择方法；（2）获取证据；（3）得出结论

问题2：新能源汽车的能源从哪儿来？（考察探究）（1）选择方法；（2）获取证据；（3）得出结论

问题3：新能源汽车能否给热岛降温？（考察探究）（1）选择方法；（2）获取证据；（3）得出结论

问题4：如何推荐一款新能源汽车？（职业体验）（1）情景设计；（2）职业了解；（3）实际演练

问题5：政策为新能源汽车的发展如何保驾护航？（社会服务）（1）服务背景；（2）制订服务计划；（3）开展服务行动

问题6：如何设计制作一款新能源汽车？（设计制作）（1）创意设计；（2）选择材料、工具；（3）动手制作

第四部分：主题评价与拓展

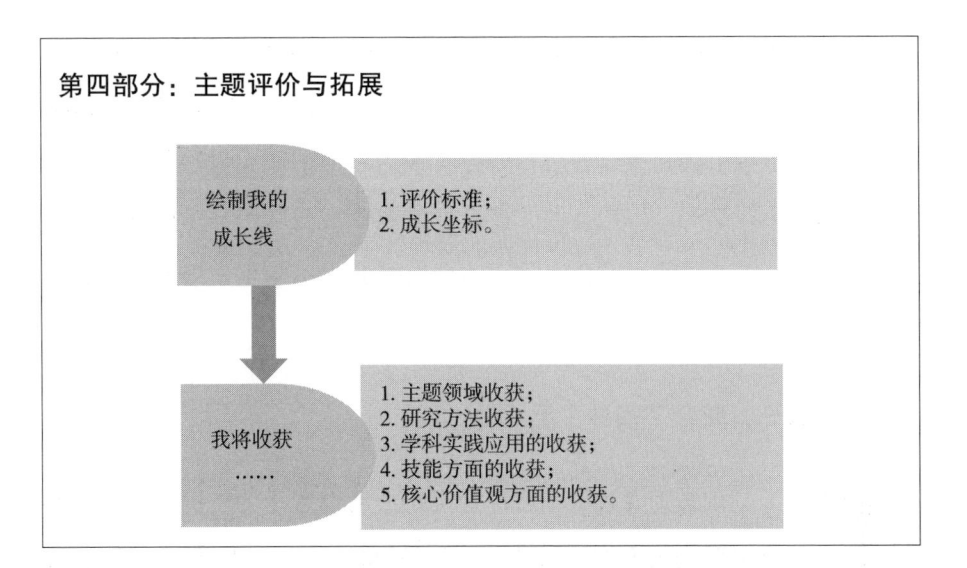

```
绘制我的        1. 评价标准；
成长线          2. 成长坐标。

  ↓

我将收获        1. 主题领域收获；
……              2. 研究方法收获；
                3. 学科实践应用的收获；
                4. 技能方面的收获；
                5. 核心价值观方面的收获。
```

3.0版的综合实践活动课程，整合了1.0版、2.0版课程的有效做法，并在活动主题的确立上参考了指导纲要、依据了当前社会发展的需要、整合了现有学校社会中的活动，按照指导纲要中提出的四种主要活动方式进行整体设计与开发。北京社会大课堂为综合实践活动的开展提供了丰富的资源，可以说是综合实践活动一本立体的教科书，但是，社会大课堂中的资源众多，学生的活动时间有限，如何开展综合实践活动，如何开好综合实践活动是学校面临的一大难题，因此，通过课程资源建设的不断实践与探索，将课程资源作为学校开展综合实践活动课程的抓手，更好地为学校提供资源与模板，解决学校在开设课程中面临的主要困难，帮助学校更好地开设综合实践活动。

1.0版、2.0版、3.0版综合实践活动课程资源包，为学校提供了课程菜单，1.0版课程是围绕一个社会大课堂资源专门设计出了多个不同主题的课程，2.0版课程是围绕不同的社会大课堂资源专门设计出不同主题的课程，3.0版课程是根据主题的需要来选择相应的社会大课堂资源开展活动，学校可以根据活动的需要来选择相应版本课程的菜单。

1.0版、2.0版、3.0版的课程资源的实践与探索有以下几个创新点。第一，通过整合综合实践活动的四种主要活动方式来开展综合实践活动；第二，将各学科中的知识与方法和综合实践活动中的研究方法并列作为课题研究的方法；第三，将社会主义核心价值观作为教师引导学生确定主题的主要方向；第四，通过综合实践活动全面提升中国学生发展的六大核心素养。

创新点一：整合了四种主要活动方式

2001年，基础教育课程改革将综合实践活动设置为一门国家规定的必修课程。它的主要内容包括研究性学习、社会实践、社区服务、信息技术、劳动技术。研究性学习是综合实践活动的核心。直到2017年9月，教育部出台了《中小学综合实践活动课程指导纲要》，在纲要中进一步明确综合实践活动的课程内容及主要活动方式。课程的内容融入活动方式中。以下是四种主要的活动方式及内容说明：

活动方式	内容说明
考察探究	考察探究是学生基于自身兴趣，在教师的指导下，从自然、社会和学生自身生活中选择和确定研究主题，开展研究性学习，在观察、记录和思考中，主动获取知识，分析并解决问题的过程，如野外考察、社会调查、研学旅行等，它注重运用实地观察、访谈、实验等方法，获取材料，形成理性思维、批判质疑和勇于探究的精神。考察探究的关键要素包括：发现并提出问题；提出假设，选择方法，研制工具；获取证据；提出解释或观念；交流、评价探究成果；反思和改进。
社会服务	社会服务指学生在教师的指导下，走出教室，参与社会活动，以自己的劳动满足社会组织或他人的需要，如公益活动、志愿服务、勤工俭学等，它强调学生在满足被服务者需要的过程中，获得自身发展，促进相关知识技能的学习，提升实践能力，成为履职尽责、敢于担当的人。社会服务的关键要素包括：明确服务对象与需要；制订服务活动计划；开展服务行动；反思服务经历，分享活动经验。
设计制作	设计制作指学生运用各种工具、工艺（包括信息技术）进行设计，并动手操作，将自己的创意、方案付诸现实，转化为物品或作品的过程，如动漫制作、编程、陶艺创作等，它注重提高学生的技术意识、工程思维、动手操作能力等。在活动过程中，鼓励学生手脑并用，灵活掌握、融会贯通各类知识和技巧，提高学生的技术操作水平、知识迁移水平，体验工匠精神等。设计制作的关键要素包括：创意设计；选择活动材料或工具；动手制作；交流展示物品或作品，反思与改进。

续表

活动方式	内容说明
职业体验	职业体验指导学生在实际工作岗位上或模拟情境中见习、实习，体认职业角色的过程，如军训、学工、学农等，它注重让学生获得对职业生活的真切理解，发现自己的专长，培养职业兴趣，形成正确的劳动观念和人生志向，提升生涯规划能力。职业体验的关键要素包括：选择或设计职业情境；实际岗位演练；总结、反思和交流经历过程；概括提炼经验，行动应用。

指导纲要提出综合实践的四种主要活动方式，相比 2001 年综合实践活动的四大领域，指导纲要背景下的综合实践更加明确、更加具体、更加综合。

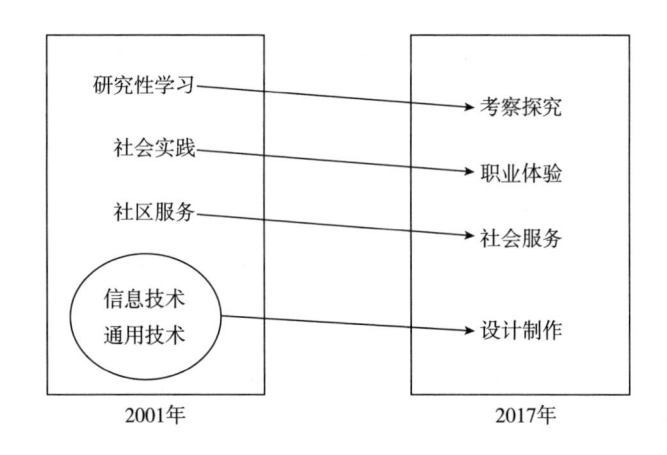

```
研究性学习 ————————→ 考察探究
社会实践   ————————→ 职业体验
社区服务   ————————→ 社会服务
信息技术
通用技术   ————————→ 设计制作
   2001年                2017年
```

纲要进一步明确了综合实践活动的活动方式，即考察探究、设计制作、社会服务、职业体验，除了以上活动方式外，还有党团队教育活动、博物馆参观等。并且进一步明确，活动方式的划分是相对的，在活动设计时可以有所侧重，以某种方式为主，兼顾其他方式，也可以整合方式实施，使不同活动要素彼此渗透、融会贯通。纲要中还将每一种主要活动方式的实施步骤做了具体的说明，即考察探究的关键要素包括：发现并提出问题；提出假设，选择方法，研制工具；获取证据；提出解释或观念；交流、评价探究成果；反思和改进。社会服务的关键要素包括：明确服务对象与需要；制订服务活动计划；开展服务行动；反思服务经历，分享活动经验。设计制作的关键要素包括：创意设计；选择活动材料或工具；动手制作；交流展示物品或作品，反思与改进。职业体验的关键要素包括：选择或设计职业情境；实际岗位演练；总结、反思和交流经历过程；概括提炼经验，行动应用。

因此，在设计 3.0 版课程时，将综合实践的四种主要活动方式整合在每个主题中，每个主题下又有多个课题，在每个课题中，有些活动设计是以某种方式为主，兼顾了其他方式，有些活动方式是整合了多种方式实施，使不同活动要素彼此渗透、融会贯通。

创新点二：将学科中的知识与方法应用在问题解决中

2014 年，北京市教委出台了《北京市基础教育部分学科教学改进意见》，意见指出，要构建开放性的教与学模式，明确提出，学校要组织学生走出校门，中小学校各学科平均应有不低于 10% 的课时用于开展校内外综合实践活动课程。在此基础上，2015 年 7 月，在北京市实施教育部《义务教育课程设置实验方案》的课程计划（修订）中，进一步指出要认真落实北京市基础教育部分学科教学改进意见精神，中小学校各学科平均应有不低于 10% 的课时用于开展校内外综合实践活动课程，在内容上可以某一学科内容为主，开设学科实践活动，也可综合多个学科内容，开设跨学科综合实践活动。在具体实施上，学科实践活动可采取如下形式与研究性学习、社区服务和社会实践统筹安排：一至八年级每学期 15 周、每周半天（3 学时），校内外共同实施，每学期组织 5 次（共 15 学时）校外实践活动（市级 1 次，区级 2 次，校级 2 次）、10 次校内实践活动（共 30 学时）。在北京市义务教育课程设置表中，将此部分课时全部划入综合实践活动。如下表所示：

科目 \ 周学时 \ 年级		一	二	三	四	五	六	七	八	九	九年学时总计
综合实践活动	学科实践活动	3	3	3	3	3	3	3			（备注1）	630—1083（备注2）
	研究性学习、社区服务、社会实践、劳动技术、信息技术										

从以上两个市级文件中可以看出，学科实践活动与综合实践活动之间既有区别又有联系，主要表现为以下几个方面：第一，从主题来源来看，综合实践是从真实生活中发现问题确定课题，课题的选择体现了开放性、综合性。而学科实践活动则不一定都是从真实生活中提出，很多的学科实践活动往往局限于某一个学科，而且活动的主题也大多是教师提出来的，因此，主题的选择较少能具有开放性、综合性。第二，从活动过程来看，综合实践活动体现了实践性，也就是让学生亲身经历活动全过程，在活动过程中学生自定活动目标任务，自主选择活动内容，活动体现了自主性。而学科实践活动虽也体现实践性，但是学生不一定能自主选择活动内容。第三，从活动结果来看，综合实践活动完全是开放的，从问题的提出到过程的参与再到成果的形成，完全具有开放性，也就是说形成的成果是不能预测的，只有经历过活动之后才能知道成果是怎样的，既无法预知，也没有标准答案。而学科实践活动的成果很可能是有固定答案的。因此，从以上三个方面可以看出，综合实践活动与学科实践活动并不能完全画等号。因此，为了让综合实践活动课程成为一门真正的跨学科实践活动课程，也就是说，在综合实践活动中既能让学生将学科知识应用到问题解决中，又能在问题解决中学习学科知识，通过课题研究后，最终将学科中的知识与方法作为一种研究方法设计在问题的解决中。这是1.0版、2.0版课程中应用学科实践方法的创新。

创新点三：在综合实践活动中践行社会主义核心价值观

习近平总书记强调，要切实把社会主义核心价值观贯穿于社会生活方方面面。要通过教育引导、舆论宣传、文化熏陶、实践养成、制度保障等，使社会主义核心价值观内化为人们的精神追求，外化为人们的自觉行动。重视教育手段的运用，做到学校教育、社会教育和家庭教育相结合，把核心价值观贯穿于国民教育的全过程。教育是学校、社会和家庭的共同责任。做什么人，立什么志，具备什么样的道德素养，拥有什么样的世界观、人生观和价值观，教育起基础性作用，充当着关键角色。要针对不同年龄段的青少年采取不同的引导方式，形成课堂教学、社会教育和家庭教育多位一体的育人平台，将核心价值观教育融入学校教育、家庭教育、社会教育的各个环节和各个方面。

综合实践活动是链接学校教育、家庭教育、社会教育很好的一根纽带，因此，在综合实践活动中践行和理解社会主义核心价值观是体现课程价值十分重要的一个方面。

在3.0版课程的设计中，在每一个主题中都在践行和培育学生的社会主义核心价值观。以初中为例，以下是初中每个主题中培育和践行的社会主义核心价值观：

年级	主题	践行核心价值观
七年级上	脸上的国粹	**友善** 君子所以异于人者，以其存心也。君子以仁存心，以礼存心。仁者爱人，有礼者敬人，爱人者，人恒爱之；敬人者，人恒敬之。 ——《孟子·离娄章句下》
	塑料世界面面观	**文明** 取之有度，用之有节，则常足。 ——《资治通鉴》

续表

年级	主题	践行核心价值观
七年级下	互联网时代的我们	**富强** "十三五"时期，中国将大力实施网络强国战略、国家大数据战略、"互联网+"行动计划，发展积极向上的网络文化，拓展网络经济空间，促进互联网和经济社会融合发展。 ——习近平总书记在第二届互联网大会演讲
七年级下	我为健康代言	**富强** 发展体育运动，增强人民体质。体育于吾人占第一之位置。体育之效，在于强筋骨，增知识，调感情，强意志。体育者，人类自养生之道，是身体平均发达，而有规则次序之可言者也。德志皆寄予体，无体是无德志也。文明其精神，野蛮其体魄。 ——毛泽东《论体育之精神》
八年级上	构筑现代农业绿色梦想	**和谐** 我们要建设的现代化是人与自然和谐共生的现代化。既要创造更多物质财富和精神财富以满足人民日益增长的美好生活需要，也要提供更多优质生态产品以满足人民日益增长的优美生态环境需要。必须坚持节约优先、保护优先、自然恢复为主的方针，形成节约资源和保护环境的空间格局、产业结构、生产方式、生活方式，还自然以宁静、和谐、美丽。 ——《党的十九大报告》
八年级上	身边的志愿服务	**友善** 君子所以异于人者，以其存心也。君子以仁存心，以礼存心。 仁者爱人，有礼者敬人。爱人者，人恒爱之；敬人者，人恒敬之。 ——《孟子·离娄章句下》
八年级下	机器人的前世今生	**富强** 科技兴则民族兴，科技强则国家强。 ——习近平在全国科技创新大会、中国科学院第十八次院士大会和中国工程院第十三次院士大会、中国科学技术协会第九次全国代表大会上的讲话
八年级下	新能源汽车的未来不是梦	**富强** 少年强则国强，少年智则国智，少年富则国富，少年独立则国独立，少年自由则国自由，少年进步则国进步，少年胜于欧洲，则国胜于欧洲，少年雄于地球，则国雄于地球。 ——梁启超《少年中国说》

续表

年级	主题	践行核心价值观
九年级上	青山绿水寻佳音	**文明** 优秀传统文化是一个国家、一个民族传承和发展的根本,如果丢掉了,就割断了精神命脉。 ——习近平
九年级上	你好!一带一路	**和谐** "己欲立而立人,己欲达而达人"。 ——《论语雍也》
九年级下	我们身边的物流世界	**敬业** 所谓敬者,主之一谓敬;所谓一者,无适之谓一。 ——程颐
九年级下	垃圾的正确处理	**和谐** 和也者,天下之达道也。致中和,天地位焉,万物育焉。 ——出自《中庸》

创新点四:综合实践是培育学生综合素质的课程

　　中国学生发展的六大素养包括:人文底蕴、科学精神、学会学习、健康生活、责任担当、实践创新。学生发展核心素养,主要指学生应具备的,能够适应终身发展和社会发展需要的必备品格和关键能力。而在《中小学综合实践活动课程指导纲要》中明确指出,综合实践活动是一门培育学生综合素质的跨学科实践性课程。学生的综合素质是涵盖以上六大素养的,因此,综合实践活动是全面培育学生六大素养的综合性、实践性、开放性的课程。因此,在最终设计的3.0版课程中,为了更好地培育学生的六大素养,在实践中,通过问题解决的过程培育学生的核心素养,在实践后,通过成果的形成培育学生的核心素养。

（1）在实践中培育学生核心素养

综合实践活动课程强调学生亲身经历各项活动，在"动手做""实验""探究""设计""创作""反思"的过程中进行"体验""体悟""体认"，在全身心参与的活动中，发现、分析和解决问题，体验和感受生活，发展实践创新能力。

例如：在主题——塑料世界面面观中，为了做到环保，学生运用实验探究的方法亲自体验制作环保塑料。在实验的过程中，学生既要学习制作塑料的方法，理解制作环保塑料对于人类未来健康、长久发展的重要性，还要注重制作中的科学性，能通过实验探究出制作环保塑料的方法。通过学生的亲身实践，培养了科学精神、学会学习、健康生活、责任担当、实践创新的五大核心素养。

再例如：在主题——脸上的国粹中，学生亲自动手制作京剧脸谱。京剧是中国的文化，而文化是人存在的根和魂。因此，该实践活动很好地融入了人文底蕴核心素养的培养。除此之外，为了更好地传承京剧文化，在实践的过程中还引导学生进行实践创新，这样就很自然地融入了实践创新核心素养的培养。

（2）在成果中培育学生的核心素养

综合实践活动既重过程也重结果，指导学生形成研究成果也非常重要。通过撰写报告，学生可以系统地表达研究的思想，从收集资料到信息整合，从论文撰写到反复修改并进行深入思考，这种学习可提高学生的综合能力。分析资料，提炼结论并最终形成研究成果还有利于学生今后与其他同学相互交流。研究成果的形式要多样化，形式多样的研究成果既可以激发学生参与的热情，也是培育学生核心素养的很好途径。

例如：在2.0版走进故宫博物院的课程中，形成的成果包括研究报告和作品两种。

其中，研究报告是关于"在故宫中探寻中国的'礼'文化"的课题研究你完成了吗？请完成你的研究报告。你的报告可以是关于"探寻故宫建筑中等级制度""清代官员服饰中等级制度""故宫大典中的礼教"等内容。

作品包括艺术作品和书法作品。艺术作品是为建筑彩绘填色。故宫彩绘的种类大致有三种，彩画主要做在梁枋上，包括和玺彩画、旋子彩画、苏式彩画。和玺彩画，又称宫殿建筑彩画，这种建筑彩画在清代是一种最高等级的彩画，大多画在宫殿建筑上或与皇家有关的建筑之上。旋子彩画俗称"学子""蜈蚣圈"，等级仅次于和玺彩画，其最大的特点是在藻头内使用了带卷涡纹的花瓣，即所谓旋子。苏式彩画是一大类彩画的总称，它有相对固定的格式，主要特征是在开间中部形成包袱构图或枋心构图，在包袱、枋心中均画各种不同题材的画面，如山水、人物、翎毛、花卉、走兽、鱼虫等，成为装饰的突出部分。请你为下面的一组建筑彩绘白描纹样填一填色吧！

书法作品是临摹故宫中牌匾上的字。作为明清两代的皇家宫殿，北京故宫的匾额是不胜枚举的！乾清宫中的"正大光明"匾，养心殿中的"中正仁和"匾，交泰殿中的"无为"匾，太和殿中的"建极绥猷"匾，中和殿中的"允执厥中"匾，保和殿中的"皇建有极"匾，西暖阁中的"勤政亲贤"匾，养心殿中的"三希堂"匾等，均出自皇家的书法。请你大展宏图，现场临摹一组牌匾上的字吧！

在这个主题所形成的成果中，既有研究报告又有动手完成的作品，研究报告是对整个研究过程、研究结论的梳理与总结，而作品则可以让学生

深入理解作品背后的文化底蕴，在创作的过程中学生还可以发挥自己的想象力和创造力。因此，核心素养中的人文底蕴、实践创新的核心素养得到了培养。

再例如，在3.0版的主题——青山绿水寻佳音的课程中，最终的成果中有一项成果是排演一场京剧片段。因此，成果的完成需要先选取一段京剧，然后学习京剧中的表演，最后，配好服装进行表演。

在学习京剧的过程中，学生们要学习京剧中的唱、念、做、打。其中，学"唱"，要了解故事梗概和这段唱段中的人物心情；完整聆听唱段；按照节奏念唱词，要注意京剧中吐字咬字的要求；跟随唱段音频挥拍唱乐谱；跟随唱段音频唱唱词；模仿唱段视频学做动作；跟随表演视频边唱边做动作，完整表演。学"念"，要完整地读一遍念白；边数板（击拍）边完整读一遍；按照京剧中咬字吐字的要求数板（击拍）读念白；观看表演视频进行模仿，边做动作边读念白。学"做"，要了解故事梗概和此段场景中人物特点；观看表演视频，分析每个动作的要领；分解动作模仿练习；跟随表演视频模仿动作表演。最后是看"打"。这个学习的过程与学科中的学不同，这种学习是非常综合的，而且不是一次、两次就可以学到位，需要不断地练习，不断地巩固才有可能掌握基本的技巧。深刻地体会学习的重要性，文化传承的重要性，实践创新的重要性。通过学生的亲身实践，培养了人文底蕴、学会学习、健康生活、责任担当、实践创新的五大核心素养。

总结

综合实践活动课程是一门独立必修的国家课程，没有固定统一的教材，缺少专业教师的组织与指导，在课程的实施上存在一定的随意性。但是，在前面的论述中，我们可以看到这门课程的开设是具有不可替代性的。综合实践活动课程的开展，从课程的提出到纲要的出台历经十六年，在实施过程中虽举步维艰，但学校、教师在课程的实施中始终在不断地探索。通过探索，学校普遍认为，课程资源的匮乏是制约学校推进综合实践活动课程的一个难点。虽然北京市提供了上百家的社会大课堂基地，但是，这些基地中的资源很多是与学校中的教学脱节的，因此，学校在使用这些资源的过程中显得被动、盲目、随意。另外，基地中的资源无法让一线教师充分地了解，因此，教师在日常的教学中也很难整合校外大课堂中的资源开展教学。在课程资源的开发与建设中，作者虽然带领开发者亲自走进社会大课堂进行考察，与老师共同设计综合实践活动课程，但是，参与课程资源开发的教师毕竟是少数，对于未参与课程资源开发的教师的课程研发水平仍然停留在起点，因此，如何通过研究提升大部分教师的课程设计能力是未来研究的一个方向。

在课程资源开发中，为了更好地设计跨学科的实践性课程，论述了综合实践活动与学科课程的区别与联系。综合实践活动注重直接经验的获得，学科课程注重间接经验的获得，两类课程既有区别又有联系。在本次课程开发的过程中，虽然开发组将各学段学科中的实践目标进行了梳理，但在具体活动的设计中，教师仍然停留在自己本学科的认识上，很难做到真正的跨学科，因此，如何打破学科的界限，如何提升教师跨学科的能力是未来研究的另一个方向。

社会大课堂为综合实践活动提供了一本立体的教科书，为学生链接社会提供了一个窗口。由于研究者所在的区域是北京地区，因此研究的范围划分在了北京地区。而北京外的社会大课堂资源更加丰富，例如：我国的四大古桥，我国的黄河流域，西安的兵马俑，中国的四大名山等，这些都是开展综合实践活动的很好资源，因此，打破区域的限制，研发出更多的有助于学生成长的综合实践活动课程是未来研究的另一个方向。

《中小学综合实践活动课程指导纲要》进一步明确了综合实践活动课程的主要活动形式，让综合实践活动的实施更加趋于规范化、综合化，但是，职业体验、社会服务对于综合实践来说是一个比较新生的事物，如何开展职业体验，如何开展社会服务，这也将成为综合实践活动未来研究的方向。

综合实践作为课程改革的一个新生事物，虽引起学校、社会的广泛关注，但还没有具有示范引领作用的课程模式，在课程推动的过程中，既不能盲目跟风，也不能置之不理，无论是管理者还是一线教师，都要积极参与到综合实践活动的研究中来，为综合实践活动课程的推进贡献自己的力量，让综合实践活动真正发挥它的育人价值，让学生成为真正实践活动的受益者。

参考文献

［1］中华人民共和国教育部．中小学综合实践活动课程指导纲要［M］．北京：北京师范大学出版社，2017．

［2］林黎华．"做有价值的综合实践活动"教学主张及实践探索［J］．福建基础教育研究，2020（11）．

［3］核心素养研究课题组．中国学生发展核心素养［J］．中国教育学刊，2016（10）：1-3．

［4］杨茂庆．于媛娣．综合实践活动课程的本体价值、育人逻辑与实施路径［J］．教师教育学报，2023，10（01）．

［5］徐文彬，罗英．课程、教材与教学之间的关系辨析——基于课程形态的分析［J］．北京教育学院学报，2022，6．

［6］张丰．综合实践活动的课程价值与新时代发展［J］，2022，7．

［7］中华人民共和国教育部．义务教育科学课程标准［M］．北京：北京师范大学出版社，2022．

［8］蔡志刚．幼儿科学素养的定位、内涵与构成探究［J］．教育参考，2022（5）．

［9］李雁冰．科学探究、科学素养与科学教育［J］．全球教育展望，2008（12）．

［10］美国科学促进协会．科学素养的基准［M］．中国科学技术协会，译．北京：科学普及出版社，2001．

［11］高振宇．基础教育课程：综合实践活动课程之"考察探究"：内涵、价值与实施．2017．

［12］赵翔．当代教育评论（第7辑）［C］．考察探究：性质、价值与实施．2018

［13］华中师范学院教育科学研究所主编·陶行知全集·第二卷［M］．湖南教育出版社，1984.

［14］马夕婷．美国：服务性学习如何开展［J］．中国教师报，2021.2.3.

［15］梁书凤．河南工业大学学报（社会科学版），2006.6

［16］马志响．在真实情境创设中激发学生的问题意识——基于综合实践活动教学的思考［J］．生活教育，2022.6.10.

［17］谢金土．综合实践活动主题开发要凸显"五味"［J］．中国教师，2022.5.

［18］俞玥．浅谈综合实践活动课中的"失败"［J］．长江丛刊，2017（29）．

［19］张晓．让学生在走"弯路"中成长——例谈综合实践活动方法指导要点［J］．教育实践与研究，2016（2）．

［20］田慧生．综合实践活动课程实施中的问题与策略［M］．北京：教育科学出版社，2007.

［21］郭遂宁．浅谈如何指导中学生在研究性学习中选题［J］．中学时代，2014（22）．

［22］万伟．综合实践活动课程关键能力的培养与表现性评价［J］．课程教材教法，2014（34）．

［23］孙刚成，杨晨，美子．美国STEM教育发展经验及其对中国的启示［J］．教育与教学研究，2020，34（12）．

［24］许丽美．STEAM教育和综合实践活动异同辨析及优化整合［J］．教学与管理，2021（5）．